Sabiniano Maia Pinto

João Pessoa, 13/09/2012.

A Misericórdia Divina Nos Liberta do Passado

Izoldino Resende de Morais
Pelo Espírito Ernesto

2ª Edição
Julho / 2012

Impresso no Brasil

Capa/Projeto gráfico
Hilário Silva Resende

Revisão:
Mary Ferrarini
Ana Maria Costa
Eliana Alves Batista
Cléia Silva

Preparação de originais
Romildes Carvalho da Silva
Eva Pereira da Silva

PEDIDOS:
Editora e Distribuidora de Livros Espíritas
"Cristo Consolador"
Nome fantasia: Editora e Distribuidora de Livros Espírita Chico Xavier
Rua: Geraldo Teixeira da Costa, 292
B. São Benedito – Telefones (0**31) 3636-7147 /
0800-283-7147
CEP – 33120-520 – Santa Luzia – MG
www.editorachicoxavier.com.br
contato@editorachicoxavier.com.br

Macedônio, Ernesto (Espírito)
A Misericórdia Divina Nos Liberta do Passado / Izoldino Resende de Morais
- Santa Luzia: Editora Cristo Consolador – 2011.
320 p.
1. Romance Espírita 2. Obra Psicofonada.
I. Morais. Izoldino Resende de, II- Título.

ISBN: 978-85-60451-15-9 CDD 130

Todo o produto obtido com a venda do presente livro será destinado a divulgação da Doutrina Espírita e das obras assistenciais promovidas pelo Grupo Espírita "Eurípedes Barsanulfo", de Santa Luzia.

SUMÁRIO

PREFÁCIO

Muitas vezes, ao questionar a vida, o motivo dos sofrimentos e das dificuldades que enfrentamos, queremos saber aonde os caminhos íngremes que trilhamos irão nos levar.

Afinal, qual é o propósito da vida?

Olhando para o alto e contemplando as estrelas distantes na escuridão do Infinito, temos a certeza de que o universo foi criado com absoluta excelência. Tudo funciona magnificamente. A perfeição do Criador se manifesta em cada detalhe, do infinitamente pequeno ao infinitamente grande, inclusive em nós mesmos, criaturas em evolução, por meio do corpo físico que nos permite a expressão.

Deus, nosso Pai de infinito amor, justiça e bondade, nos concede a oportunidade do aprimoramento moral, intelectual e espiritual.

A caminhada evolutiva é longa e árdua.

Uma existência é muito pouco tempo para alcançarmos o magno objetivo.

Assim, é por meio de numerosas vidas sucessivas que corrigimos os erros cometidos em outras experiências reencarnatórias, aprimorando nosso espírito rumo à evolução, iluminados pelos ensinamentos do Mestre Incomparável, Jesus.

Abençoados pelo esquecimento do passado, não dispensamos o concurso da divina misericórdia para enfrentarmos os fantasmas de nossos erros.

Que possamos ter força e ânimo para vencer os embates da vida e trilharmos o caminho de volta ao Pai!

Mary Ferrarini

AGRADECIMENTOS

Aos funcionários da Editora Chico Xavier, pelo amor, carinho e desvelo com que se dispõem ao trabalho tão edificante na divulgação da Doutrina Espírita.

A todos os voluntários, que com tanto carinho se colocam à frente do trabalho em prol de todos os que ainda vivem os martírios do corpo e do espírito.

A todos que, direta ou indiretamente, contribuíram para a realização desta obra.

Aos frequentadores do Grupo Espírita Eurípedes Barsanulfo.

À minha querida esposa, Rosaria, pelo amor, carinho e apoio de sempre.

Aos meus filhos, pois eles são bençãos que nos foram concedidas pela bondade divina.

CAPÍTULO 1

OS ANTEPASSADOS

Estávamos reunidos em intensa conversação em uma das salas próximas do Departamento de Processos Reencarnatórios da Colônia Espiritual Nova Esperança, traçando os últimos detalhes de nossa ida ao plano físico da Terra. Aquele era um momento muito importante para meus companheiros, pois lhes havia sido concedida esta oportunidade para que pudessem conhecer relevantes detalhes sobre a tragédia que se abatera sobre seus antepassados no período em que ali estiveram encarnados. Nesta oportunidade, conheceriam também os trabalhos realizados no Complexo Hospitalar (Casa Transitória) e no Grupo Espírita no qual realizo modesto trabalho. Os dois estavam extremamente emocionados, e tinham certeza de que aquela oportunidade lhes revelaria a causa de tantos sofrimentos vividos por seus familiares. Esses abnegados trabalhadores haviam chegado juntos à colônia e, desde essa época, assumiram tarefas naquele setor. Célio e Celina eram muito dedicados e nutriam pelos companheiros reencarnantes profundo sentimento de carinho. Em datas predeterminadas, dirigiam-se à Terra para visitá-los, pois queriam acompanhar seu desenvolvimento e, mais que isso, estavam sempre dispostos a ajudá-los quando necessário.

Programar uma reencarnação, é divina bênção nos concedendo oportunidade de evolução no curso de nossa trajetória de ascensão. Sentir-se apto e prometer cumprir os compromissos programados é natural, sendo o espírito movido pelo desejo de se ajustar às Divinas Leis. Mas entre prometer e cumprir há uma grande distância, estabelecida pela lei do esquecimento. Diante desse quadro, os dois prosseguiam solidários com seus tutelados.

Preparávamo-nos para visitar uma antiga fazenda, que servira de residência para seus antepassados. Eu os acompanharia até a Terra, para lhes mostrar detalhes de tudo o que havia acontecido com seus familiares. Eles os amavam e, entre os percalços da vida, alguns deles haviam enveredado pelos caminhos obscuros do erro, diante disto sofriam as consequências dos seus atos.

Filhos, estão reunidas em nosso lar as pessoas mais indicadas para nosso progresso espiritual. Diante de um familiar problemático, devemos nos perguntar que lição de vida aquela situação poderá nos trazer. Será que não é o momento de exercitarmos a paciência, o perdão e a aceitação? Ouvimos, diariamente, as pessoas dizerem que toleram e suportam seus familiares, mas se esquecem de que estão reunidos no mesmo lar para aprender a amá-los e a respeitá-los.

Sabemos que em toda a família existe sempre um que se desvirtua do caminho do bem. Nesse momento, não devemos esquecer que fazemos parte dessa história e, que, na maioria das vezes, fomos responsáveis pela derrocada desse espírito em outras encarnações. Se estamos juntos, é exatamente para nos reconciliarmos com aqueles a quem prejudicamos.

A família, meus queridos, é uma escola abençoada cujo objetivo é reunir os espíritos, promovendo seu aperfeiçoamento moral e espiritual, cada um se colocando à disposição para auxiliar o outro. Lembremos que o que muda é somente o palco, mas os personagens são sempre os mesmos.

Chegando à Terra, eu os levei à beira do Rio Grande, que fica na divisa do estado de Minas Gerais com São Paulo. Aproximamo-nos do local, onde há bastante tempo, funcionava a sede de uma fazenda muito próspera. Lá,ainda existiam restos de um casebre que fora quase todo destruído pela ação do tempo.

Eu conhecia aquele lugar e a vida dos antigos donos. Sabia minúcias da dramática situação vivida por eles e, por isso, buscava na prece forças para todos nós. Meus companheiros sofreriam ao saber dos detalhes daquele infeliz acontecimento. Após alguns minutos observando o lugar, Célio indagou:

– Foi neste lugar que viveram Antônio e Manuela?

– Sim, meu amigo, este lugar foi palco de um drama muito triste. Sei que vocês conhecem superficialmente os fatos, mas as cenas que presenciarão aqui serão bastante dolorosas. Portanto, é essencial que permaneçamos em oração, para que não venhamos a entrar na sintonia das trevas, e da tristeza.

Com a voz embargada pela emoção do momento, Celina disse:

– Pelo modo como fala, parece-me que nos surpreenderemos ao tomar conhecimento dos fatos aqui acontecidos! Mas seja o que for que tenha ocorrido, queremos saber como tudo aconteceu, e o que se passou com essa família. O que mais me intriga, é que a família de Frederico vivia longe das influências das grandes cidades! E, pelo que sabemos, seu genro sempre foi um homem bom, trabalhador e honesto. Quanto a sua filha, ela sempre foi uma esposa dedicada e mãe amorosa.

Oh! Senhor Jesus, o que se passou com eles? Que fatores contribuíram para que essa família tenha sido dizimada de forma tão brutal?

Diante da aflição vivida pelos dois companheiros, eu os convidei, para juntos, fazermos uma oração. Intimamente, roguei a Jesus que amparasse todos nós naquele momento. Passados alguns minutos de profundo silêncio e oração fervorosa, na parede daquele velho casebre, apareceu um grande telão e, como a anunciar um filme, começaram a aparecer nele algumas imagens. A primeira imagem foi a de uma linda menina que aparentava ter três anos de idade. Manuela era uma criança feliz. Corria e brincava alegremente pelo imenso espaço que havia em volta da casa grande da fazenda.

Em seguida, presenciamos uma cena que comoveu a todos nós. Seus pais eram pessoas simples, mas deixavam transparecer, nos gestos, o amor e carinho que sentiam pela filhinha amada. Eram pessoas honestas e trabalhadoras e, do ponto de vista que viam a vida, procuravam preservar em demasia os bens que possuíam. E as cenas nos mostravam claramente o modo de vida daquela família.

Aquela criança foi crescendo e, junto com ela, todos os sonhos que uma criança daquela idade poderia ter. Ela descobria o mundo como se estivesse reencontrando novamente aqueles a quem mais amava, seus pais e todos seus amiguinhos da escola onde estudava.

Pelas imagens, Frederico, Teresa e Manuela demonstravam ser almas que viviam harmoniosamente pelo amor e carinho que nutriam entre si. A filha do casal, desde tenra idade, era uma criança extrovertida, espontânea em suas ações, sem maldade em seu coração, e sentia-se bastante à vontade quando conversava com os adultos, principalmente com as pessoas mais idosas, por quem tinha admirável respeito.

O tempo passou, e aquela menina já não era mais uma criança. Com seus treze anos de idade, tornara-se uma linda jovem, e trazia em seu coraçãozinho grandes sonhos e muitas esperanças. Entre esses sonhos, esperava a chegada do seu príncipe encantado. E aguardava fervorosamente a chegada desse momento. Todas as noites, ela sonhava com um rapaz louro, de olhos claros. Este moço chegava à fazenda montado em um cavalo branco, e vinha até sua casa para levá-la com ele.

Um belo dia, depois de haver sonhado com aquele rapaz, a jovenzinha saiu de seu quarto se sentindo nas nuvens. Desceu para o quintal da fazenda e, ao ouvir o canto dos pássaros, começou a cantarolar junto com eles. A natureza estava em festa.

A jovem, de vez em quando, sentia uma forte pressão no peito, e seu coração disparava. Nesses momentos, ela era assaltada pelo mesmo pensamento, de que a qualquer momento, alguém muito especial chegaria à fazenda.

Às dez horas da manhã daquele dia, quando ela caminhava por entre os grandes arvoredos, ouviu o barulho da porteira se abrir e, em seguida, viu dois cavaleiros se aproximarem da casa. Novamente sentiu a pressão no peito e seu coração bateu mais forte. Ela correu até a porta da cozinha e entrou rapidamente dentro de casa. Mesmo assustada, queria saber quem estava chegando. Imediatamente, foi até a porta da sala e puxou a tranca da porta, que se abriu. Naquele instante, deparou-se com a visão do seu sonho. Bem ali, à sua frente, estava o jovem de cabelos louros, olhos claros. Ela não podia crer no que via. Lembrou-se de seus sonhos e pensou: "Meu Deus, ele existe na vida real!"

O rapaz, ao vê-la, também ficou paralisado. Ao perceber que a moça mantinha os olhos fixos nele, olhou-a ternamente. O pai da jovem, que estava dentro de casa, aproximou-se da porta, cumprimentou o amigo, e o convidou a entrar. Em seguida, lhe perguntou:

– Gustavo, quem é esse moço que o acompanha?

E ele respondeu solícito:

– Frederico, este é meu filho, Antônio, você não o conhece, pois há pouco tempo ele chegou de viagem.

Enquanto respondia ao amigo, percebeu que os dois jovens mantinham os olhos fixos um no outro. Seu filho estava paralisado diante daquela encantadora criatura. Ele, então, chamou o filho e falou:

– Antônio, meu filho, quero apresentá-lo a um grande amigo.

Ao ouvir o chamado do pai, o rapaz se assustou e voltou a si.

Assim que apearam, os dois foram convidados a entrar. Passados menos de três quartos de hora de intensa conversação, Frederico, como bom anfitrião, os convidou para almoçar. Na cozinha, uma mesa farta de alimentos os aguardava. Enquanto almoçavam, Manuela, que estava do outro lado da porta, observava pelo buraco da fechadura o moço dos seus sonhos. Antônio não mexeu na comida. Seu maior desejo era poder ver novamente aquela encantadora jovem. Ele estava extasiado com o magnetismo dela, e não conseguia parar de olhar para a porta por onde ela havia entrado.

E as imagens eram mostradas na tela, como se aqueles fatos estivessem acontecendo naquele momento. E as cenas continuaram a ser exibidas.

Mesmo sem terem trocado uma palavra, a partir daquele dia, todas as noites, os dois se encontravam em sonhos. Sonhando, eles começaram a namorar e até faziam planos para se casar.

Já havia se passado algum tempo desde aquele primeiro encontro, e o senhor Gustavo estava preocupado com a atitude do filho, com o modo como se comportava todas as vezes que ia até a fazenda do amigo. Certo dia, quando retornavam da fazenda de Sr. Frederico, ele chamou Antônio para uma conversa mais séria, e foi logo dizendo:

– Antônio, meu filho, todas as vezes que chegamos à fazenda do meu amigo, você não tira os olhos da menina Manuela. Esse seu comportamento tem me causado constrangimento, principalmente pelo modo como olha para ela. E, além do mais, a filha do meu amigo é uma criança! Diante dessa situação, decidi que a partir de hoje você não mais me acompanhará até lá. Quero evitar perder a amizade de pessoas tão boas e honestas como a família de Frederico.

A proibição imposta pelo pai, causou em Antônio grande angústia e sofrimento. Ele sofreu com aquela decisão, mas sempre obediente, aceitou a determinação.

Capítulo 2

O Reencontro

Assim que chegaram em casa, o rapaz foi direto para seu quarto. Sentia-se amargurado, pois sabia que não tinha mais nada a fazer. Desolado com a situação, pensou: "Meu Deus, a partir de agora só nos encontraremos em sonhos".

As cenas seguintes aconteceram em um vilarejo que ficava bem próximo da fazenda onde Manuela morava.

Naquele dia, acontecia uma festa naquela pequena cidade, e ali novamente aqueles dois jovens se encontraram. Depois da troca de olhares, eles se apresentaram um ao outro. Aquele era um momento importante para ambos. Antônio, trêmulo, tomou-a pela mão e carinhosamente lhe disse:

– Minha querida, desde a primeira vez que nos vimos, em sua casa, sonho com você todas as noites.

Assustada com aquela revelação, ela também relatou ao rapaz tudo o que se passava com ela, dizendo-lhe:

– Antônio, mesmo antes de vê-lo pela primeira vez, eu já sonhava com você. Sinto que já nos conhecemos de outros tempos. Não sei como explicar o que se passa comigo, mas esse sentimento está muito forte em meu coração.

Quando ambos entrelaçaram as mãos, sentiram uma forte emoção. Apesar do sentimento de amor que sentiram um pelo outro, eles presentiram que aquele amor estava envolvido em intensas provações, e que teriam pela frente importante compromisso a cumprir juntos.

Alguns dias depois desse encontro, após relatar ao seu pai suas intenções para com a filha de seu amigo, Antônio foi à casa da moça e pediu ao senhor Frederico permissão para namorá-la. Pouco tempo depois, foi oficializado o pedido de casamento.

Apesar de a menina ser ainda muito jovem, o pai da moça assinou a autorização para o enlace matrimonial. Afinal, Antônio era um moço bem-educado, trabalhador e filho de seu companheiro. "Eles são uma família honrada", pensou seu pai.

Passados alguns meses, o casamento foi realizado. Em comum acordo entre os familiares, o casal foi morar na fazenda com os pais da noiva. Eles tinham todo o conforto de que necessitavam para viver uma vida feliz.

Depois do casamento, os pais de Antônio nunca mais os visitaram. E, mesmo depois da morte dos sogros de Antônio, eles não se preocuparam em procurá-los para auxiliar em possíveis necessidades. Não visitavam os netos nem ficaram sabendo das dificuldades financeiras pelas quais o casal passava.

Naquela época, o país atravessava uma grave crise que afetou drasticamente a economia brasileira. A base do comércio na época, era o café. A falta de planejamento e controle sobre a produção era total por parte do governo, que resolveu comprar os estoques de café dos cafeicultores, evitando uma crise ainda maior que a existente. Devido à grande oferta do produto, não conseguiu vender o café. Diante de tal situação, ordenou que todo o estoque de café fosse colocado em navios e jogado em alto-mar.

No interior, devido ao alto custo de estocagem, várias safras não conseguiam mercado consumidor, e toneladas e toneladas do produto foram queimadas. E assim, os grandes produtores naufragaram em dívidas. Muitos tiveram de vender as joias de família para sobreviver. Os que não tinham essas válvulas de escape faliram completamente.

Por determinação do governo, os cafeicultores não poderiam mais cultivar o café. E assim, Frederico teve de acabar com sua plantação. Diante de tamanha crise, sua falência foi uma questão de tempo. Vivendo em tão lastimável situação financeira, ele se viu obrigado a vender quase todas suas terras. Três alqueires foram o que restou daquela imensa fazenda.

Não suportando a situação e não tendo forças nem fé em Deus para enfrentar os percalços da vida, não demorou muito tempo, os pais de Manuela vieram a desencarnar de desgosto.

Fazendo uma pequena pausa para refletirmos, lhes disse:

– Lembremos aqui meus queridos, da passagem do O Evangelho Segundo Espiritismo - Cáp. XVI - Não se pode servir a Deus e a Mamon - Instruções dos Espírtos - Item 9 - A verdadeira propriedade.

"O homem só possui em plena propriedade aquilo que lhe é dado levar deste mundo. Do que encontra ao chegar e deixa ao partir goza ele enquanto aqui permanece. Forçado, porém, que é a abandonar tudo isso, não tem das suas riquezas a posse real, mas simplesmente, o usufruto. Que é então o que ele possui? Nada do que é de uso do corpo; tudo o que é de uso da alma: a inteligência, os conhecimentos, as qualidades morais. Isso o que ele traz e leva consigo, o que ninguém lhe pode arrebatar, o que lhe será de muito mais utilidade no outro mundo do que neste".

–Nossos companheiros, tiveram a oportunidade da riqueza, mas como poderão observar, não souberam desenvolver em si, o desapego aos bens materiais.

Antônio e Manuela tiveram três lindos filhos, dois lindos meninos, uma menina, que era uma flor de formosura. Todos nasceram perfeitos e com saúde.

Com a crise mundial e a morte dos pais de Manuela, a família de Antônio também passou por dificuldades. Na tentativa de amenizar os problemas enfrentados e poder dar aos filhos uma vida digna, Antônio foi ao vilarejo mais próximo em busca de trabalho. Seu primeiro emprego foi como ajudante de caminhão. Ele recolhia os vasilhames de leite nas fazendas e os entregava na cidade de Rio Preto, que ficava a alguns quilômetros de distância de onde morava. Ele era um funcionário dedicado, e aprendeu rapidamente o trabalho de ajudante. E por ser um bom observador, em pouco tempo conseguiu tirar sua carteira de motorista. Pelo fato de dirigir bem, foi nomeado motorista da empresa. Agora, ganhando um pouco mais, tinha um único objetivo em mente: conseguir recursos para fazer uma melhoria em seus poucos alqueires de terra. E, além disso, não queria que sua família sofresse mais com os resultados da crise econômica que ainda assolava o Brasil.

Na ânsia de ganhar bastante dinheiro, Antônio começou a fazer longas viagens. Agora viajava de São Paulo a Belém do Pará. Nos primeiros tempos desta nova vida, às vezes, chegava a ficar até vinte dias longe de seus familiares. Sua maior preocupação era ter de deixá-los sozinhos, à mercê de pessoas de má índole, pois todos nas redondezas, sabiam que ele ficava longe de casa por longos períodos. Ele tinha receio de que alguém os incomodasse.

Certo dia, quando chegou em casa de uma dessas viagens, ele presenciou uma cena que o deixou pensativo: Manuela e os filhos estavam quietos, já não eram espontâneos como antes dele começar a fazer viagens tão longas. Preocupado com a situação, ele pensou: “Meu Deus, tenho passado muitos dias fora de casa e minha família tem ficado muito tempo sozinha. Meus filhos são ainda tão pequeninos e devem sentir minha falta”. Naquele momento de conflito íntimo, lembrou-se de seu amigo de infância. Um pensamento veio forte à sua mente: “Vou convidá-lo para vir morar aqui em casa. Como está desempregado, poderá trabalhar aqui no sítio, cuidando da plantação e do gado". Confiava nele e, acima de tudo, era uma pessoa respeitadora. Haviam crescido juntos, e o considerava como um irmão.

Antônio falou com sua esposa sobre seus planos de trazer o amigo para morar com eles, para fazer-lhes companhia durante sua ausência.

Triste e desolada com aquela possibilidade, Manuela lembrou-se do seu primeiro encontro com aquele homem ali mesmo em sua casa e, apavorada com aquela ideia, disse ao esposo:

– Meu querido, não se preocupe conosco, não existe perigo algum em ficarmos sozinhos, estamos acostumados. Não é necessário que chame esse moço para nos fazer companhia. Aliás, a presença de uma pessoa desconhecida aqui em casa, vai tirar minha liberdade e a de nossos filhos. Para lhe dizer a verdade não simpatizei com aquele homem. Diante disso, eu te peço, pelo amor de Deus, não nos force a ter que conviver com uma pessoa estranha dentro de nossa casa.

Mas ele insistiu:

– Everaldo é uma pessoa de confiança. Fomos criados juntos e o considero como irmão. Além de auxiliar nos trabalhos, ele poderá ajudar a cuidar dos nossos filhos, pois eles também sentem muito minha falta.

A esposa não queria aceitar a situação que estava sendo imposta a ela e aos filhos, principalmente o mais velho. Contrariada com a atitude do esposo, chamou-o para uma conversa e, muito chorosa, lhe disse:

– Aquele moço virá morar em nossa casa por sua vontade. Como já lhe disse, se dependesse de mim, isso não aconteceria!

Antônio, no entanto, não quis ouvir os argumentos da esposa e trouxe o amigo para morar com eles.

Passados três meses, a intimidade maliciosa de Everaldo estava à flor da pele. Ele não era tão sincero quanto Antônio pensava. O dono da casa agora viajava tranquilamente e ficava meses longe de casa, na confiança de que seu fiel amigo estivesse ali, auxiliando e protegendo sua família.

As imagens na tela mostravam a todos nós que Antônio, em sua ingenuidade, confiou sua família a uma pessoa que se intitulava amigo. Mas as cenas a seguir mostrariam aos meus dois companheiros que esta não era a realidade.

Everaldo procurava, por meio de palavras, olhares e gestos, seduzir Manuela. Seu poder de persuasão era forte. Dia após dia, ele a seduzia e dizia a ela que todos os caminhoneiros nunca viajavam sozinhos, tinham sempre a companhia de uma mulher.

E, entre risos maliciosos, acrescentava:

– Manuela, você é muito bobinha, fica aqui vivendo na maior solidão, enquanto seu marido sempre viaja acompanhado de uma mulher. Observe o trabalhão que dá cuidar destas três crianças. Enquanto isso, Antônio viaja e aproveita a vida. Além do trabalho de casa, passa noites e noites sozinha. Você pensa que eu não vejo que anda triste e chorosa? De que adianta o dinheiro que seu marido traz para casa no fim de dois a três meses, se lhe falta o mais importante, a sua presença nesta casa, e o seu carinho! Na verdade, o que quero lhe dizer é que eu posso muito bem substituí-lo, basta que aceite viver comigo.

Ante o esquecimento do passado, a qual somos agraciados a cada nova encarnação, Everaldo não respeitou o lar do amigo, e não descansou enquanto não conseguiu fazer com que Manuela começasse a acreditar em suas palavras.

Célio, demonstrando grande tristeza, indagou:

– Espiritualmente falando, o que ocorreu para que este rapaz forçasse um envolvimento com Manuela? E por que ela teve que passar por esta provação?

– Célio, quando passamos por uma prova, se não vemos motivos na presente encarnação, busquemos a resposta em nossas vidas passadas. Manuela, em outra encarnação, casou-se com um rico fazendeiro. Depois da morte do esposo, sentindo-se só, com o filho ainda jovem, aproximou-se do capataz da fazenda, homem forte e bem-apessoado. Para conseguir se manter em boa situação, prometeu que se casaria com ele em troca de seus favores. Mas isso não aconteceu. Ela se aproveitou da situação, pois sabia que o capataz era perdidamente apaixonado por ela. Na verdade, a viúva só queira receber seus favores. Ele se iludiu com suas promessas de amor eterno, foi enganado, mas jurou que um dia lhe cobraria tal dívida. Eis aí o porquê de Manuela ter vivido tal situação.

Capítulo 3

A Queda

E os acontecimentos vividos por aquela família, continuaram a ser exibidos na tela.

A partir de então, passou a acontecer entre os dois, um processo de obsessão de encarnado para encarnado.

Meus filhos, esse tipo de obsessão é um dos mais difíceis de tratar, pois a desvinculação depende exclusivamente dos envolvidos no processo.

Depois de um longo período fora de casa, Antônio retornou ao lar. Sua esposa, com seu jeito meigo e afetuoso, novamente pediu ao esposo para dispensar Everaldo. Na verdade, ela não queria se envolver com aquele homem. O marido, muito nervoso, mais uma vez, se recusou a ouvir os argumetos de Manuela. E, bastante chateado com aquela conversa, disse à esposa:

– É a última vez que falo sobre esse assunto, e está decidido. Eu não vou dispensá-lo. Ele é meu melhor amigo e um homem trabalhador. Observe bem que, depois que ele veio morar em nossa casa, o sítio está muito bem cuidado, e o gado mais gordo e saudável.

Insensível ao pedido da esposa, deu o assunto por encerrado.

Ela, receosa de falar para o marido sobre o assédio que estava sofrendo por parte daquele que se dizia seu amigo, calou-se.

Antônio, sempre preocupado em ganhar mais e mais dinheiro, novamente saiu em viagem, deixando-a à mercê das investidas daquele lobo devorador. Durante os três meses seguintes, aquele homem continuou com suas investidas. Manuela era uma pessoa honesta e sincera, amava seu esposo. Mas, desde a chegada daquele homem em sua casa, vivia em grande desequilibrio, tinha dúvidas quanto a seus sentimentos.

Em seu íntimo, sentia a falta de seu esposo e, além disso, os filhos estavam crescendo longe do pai. Ela entendia perfeitamente que o esposo tinha de trabalhar para manter a casa, mas mesmo assim sofria com a sua ausência.

O tempo foi passando, e as investidas e propostas do moço eram cada vez mais indecorosas. E envolvida neste sentimento de carência afetiva, sentia-se lisonjeada, deixando-se levar pelas suas doces palavras.

De boa mãe e esposa fiel, agora Manuela se transformara em uma pessoa totalmente dominada pelo poder de sedução daquele homem.

Não demorou muito para que ela, não conseguindo resistir ao assédio daquele homem, passasse a trair o marido. Quando Antônio retornava de suas viagens, não notava nada de errado, pois os dois amantes sabiam disfarçar o ocorrido. Apesar da companhia agradável de Everaldo, ela tinha sempre a consciência pesada por estar traindo seu esposo. No dia seguinte ao encontro amoroso, ela vivia um dia de tormento. Nesse tempo, seus inimigos desencarnados, permaneciam o tempo todo a seu lado lhe incutindo pensamentos negativos. Eles a chamavam de traidora e lhes faziam outras ofensas, impossíveis de mencionar. Aquelas vozes incomodavam-na sobremaneira.

O casal, no entanto, ao se encontrar às escondidas, vivia intensamente aquele momento. O tempo foi passando e Manuela vivia chorando pelos cantos da casa, arrependida por estar traindo o marido.

Aquele rapaz era persuasivo e mau. O envolvimento entre os dois foi tão marcante, que agravou ainda mais o processo obsessivo entre eles. Havia certa dominação entre aquelas duas criaturas. Ela se entregava a ele sem hesitar. Seus filhos ainda eram pequenos, tinham a idade de três a sete anos. Em certos momentos de lucidez, pensava que era uma grande loucura o que eles estavam fazendo. Jamais havia lhe passado pela mente, que seu marido merecesse passar por situação tão constrangedora. Mas, para suprir suas carências afetivas, a esposa de Antônio agora o procurava.

Meus queridos, quantas vezes, temos a certeza de estarmos seguindo por caminhos escusos, mas não temos a força e a coragem suficientes para abandoná-lo?

O arrependimento e a vergonha passaram a martirizá-la noite e dia, como um juiz a condená-la. Não suportando o constrangimento de tal situação, ela entrou em terrível processo de depressão. Ela, agora, era uma pessoa totalmente infeliz e perdera o prazer de viver. Não se sentia merecedora do amor de seu esposo.

Depois de ter passado tanto tempo vivendo naquela situação, a esposa não saberia como falar para o marido fato tão grave e, além disso, não tinha a coragem necessária para pôr fim a tão grande sofrimento. Ela tinha certeza de que, se o marido descobrisse a traição, mataria os dois.

Numa manhã, quando as crianças ainda dormiam e os dois conversavam na cozinha, Manuela disse ao amante:

– Everaldo, tenho andado muito angustiada e triste pela situação que estamos vivendo. Às vezes, penso que vou enlouquecer. Penso que não amo meu marido e que quero ficar com você, mas estou com muita vergonha pelo modo como estou agindo com Antônio!

Ele, homem já vivido, com um sorriso sarcástico no lábios, respondeu em tom de deboche:

– Deixe de bobagem, seu marido sempre te traiu. Eu o conheço bem. Desde o tempo em que vocês namoravam, ele tinha outras namoradas. Portanto, não fique aí pelos cantos com dor na consciência. Vamos aproveitar o máximo que pudermos!

As imagens na tela eram nítidas em afirmar o contrário. Antônio sempre foi um homem honesto.

Em um desses encontros furtivos, Everaldo depois de envolvê-la em um abraço, lhe disse:

– Meu amor, eu te proíbo de falar com Antônio sobre nosso relacionamento. Se isso acontecer, inverto a situação e digo a ele que foi você quem me seduziu. Posso lhe dizer que você vivia a me cortejar e que, por se sentir sozinha, todas as noites ia ao meu quarto, e que eu resisti o quanto pude.

Amedrontada com aquela possibilidade, preferiu se calar. Ela sabia que aquele homem era bem capaz de inventar tal calúnia. Agora não tinha como escapar das mãos dele. Vivendo aquele tormento íntimo, o processo de depressão de Manuela se acentuou ainda mais.

Agora mais tranquilo quanto à segurança da família, viajava despreocupado. Passava noites e noites em claro, sempre à base de remédios. Segundo ele, não podia descansar, pois quanto mais trabalhasse, mais dinheiro teria em mãos. Eram horas e horas nas estradas, exigindo mais que seu corpo físico podia suportar. Com o tempo, o cansaço foi inevitável. Em uma de suas viagens a Mato Grosso, ele sofreu um acidente. Ao dormir no volante, seu caminhão, desgovernado, caiu em uma ribanceira. Por imprudência, Antônio se viu preso nas ferragens do carro. Com as duas pernas quebradas, ficou ali por dois dias, até ser socorrido. Quando chegou ao hospital, suas pernas estavam gangrenadas. O médico, para salvar sua vida, teve de amputá-las imediatamente. Ele teve de ficar internado por alguns meses até se recuperar e poder voltar para seu lar. Alguns dias depois, a esposa foi avisada sobre o acidente sofrido pelo marido. Ela não tinha condições de ir visitá-lo, não podia deixar os filhos sozinhos, nem tinha recursos financeiros suficientes para fazer tal viagem. Seu marido ficou internado por seis meses no hospital, na cidade de Cuiabá, até ser liberado pelo médico para voltar para casa.

Como resultado daquele envolvimento, o pior ainda estava por acontecer. Passados alguns meses que Antônio havia viajado, Manuela descobriu que estava grávida de Everaldo. Todos aqueles problemas aconteceram a um só tempo. Ela grávida e o esposo internado em um hospital. Com a mente perturbada, ela se punia dizendo estar pagando pela traição ao marido e, ao mesmo tempo, se perguntava o porquê de tantos sofrimentos.

Antônio, que permanecia internado, começou a refletir sobre sua vida. Sua consciência o condenava de forma vil pelo abandono aos seus familiares: "Para que tanto dinheiro, se vivo longe daqueles que mais amo, ou melhor, que penso amar"; pensou, enquanto as lágrimas rolavam por sua face. Arrependido, chorava e lamentava sua sorte. A espiritualidade, que tudo sabia, procurou auxiliá-lo, pois em breve ele colheria os resultados de suas atitudes impensadas. Ele havia se comprometido em permanecer junto da esposa, dando-lhe suporte para vencer as provas, mas não era isso que tinha acontecido. Diante do esquecimento do passado e, usando seu livre-arbítrio, perdeu mais uma oportunidade de crescimento espiritual.

Certo dia, ao adormecer, através de desdobramento, seu espírito foi levado até a Colônia Espiritual Casa de Maria. Nesse encontro, quando soube do ocorrido com sua esposa, ele chorou muito. No primeiro momento, sofreu na alma a dor da traição. A equipe espiritual, ao ver o sofrimento daquele espírito, ministrou-lhe um passe reconfortante para aliviar seu sofrimento. Em seguida, levaram-no para ser atendido em um diálogo fraterno com seu anjo guardião. Depois desse encontro, Antônio, mais confortado, prontificou-se a seguir os ensinamentos do Cristo. O amigo espiritual fê-lo recordar-se de várias passagens dos Evangelhos, mas uma delas foi relatada com especial atenção. E assim lhe disse:

– Meu filho, lembre-se das palavras de Jesus que foram narradas pelo evangelista Mateus, 18:21-22, em que ele traduz os ensinamentos do Mestre, quando diz: *"Então Pedro aproximou-se e perguntou-lhe: 'Senhor, se o meu irmão me ofender, quantas vezes lhe deverei perdoar? Até sete vezes?' Jesus respondeu: 'Não te digo até sete vezes, mas até setenta vezes sete'* ".

Tudo lhe foi revelado para que ele abrisse o coração e a alma, para um entendimento maior do compromisso assumido no plano espiritual.

Quando despertou no corpo físico, Antônio começou a refletir sobre o rumo que tomara sua vida e a de seus familiares. Pensava principalmente na esposa. Ele lembrou que, depois do casamento, deixou-a sozinha cuidando de três crianças ainda muito pequenas. Agora sofria, pois pressentia que algo de ruim havia acontecido em seu lar. Lembrou-se do tempo em que a conhecera e de como ela era uma jovem bonita. Tenho certeza de que todos os rapazes das redondezas desejavam tê-la como esposa. E ele disse a si mesmo: "Eu tive a sorte de me casar com ela, e só agora percebo o quanto minha esposa deve sofrer com minha ausência".

Sozinho, sobre seu leito, ele chorava baixinho, arrependido da vida que construíra para si e seus familiares. Agora era tarde demais, viveria o resto da vida em cima de uma cama ou, quem sabe, até poderia andar em uma cadeira de rodas pelo terreiro de sua casa!

Desde que despertou naquele hospital, sua vida se transformou em um eterno sofrimento, não só pelo fato de ter as pernas amputadas, mas por sentir na pele a dor da solidão. Houve momentos em que Antônio pensou não suportar tanto sofrimento. Mas tinha certeza de que havia sido o construtor do próprio destino.

Quando recebeu alta do hospital e foi levado para casa, ainda necessitaria dos cuidados de um enfermeiro. Os curativos deveriam ser feitos todos os dias, para que houvesse uma cicatrização sem riscos de uma nova infecção. Ele percebeu que sua esposa estava triste e abatida. Mas, diante do ocorrido, ele se sentia fragilizado e, emocionalmente deprimido. Então, pensou que a esposa também estivesse chorosa por toda aquela situação vivida por ele. Antônio era um homem bom e, mesmo passando por momentos tão delicados em vários aspectos de sua vida, estava em condições e havia sido preparado espiritualmente para perdoar e aceitar a traição da esposa e do amigo. O máximo que ele faria, seria mandá-lo embora de sua casa. Ele acolheria aquela criança com muito afeto e carinho, e cuidaria dela como seu verdadeiro pai.

Manuela, por sua vez, esquivava-se de ficar próxima do esposo, pois era impossível não perceber que ela estava grávida, sua barriga já estava bem crescida. Após os curativos, ela se mantinha a certa distância, pois temia ver descoberta sua traição. E, envolvida nesses sentimentos, ficou à mercê de uma falange de espíritos, seus inimigos, que haviam sido seus colonos em sua encarnação passada, quando ela era uma fazendeira muito rica.

Todos aqueles espíritos só estavam aguardando o momento para arrastá-la para a lama. Eles queriam, a todo custo, desmoralizá-la. “Ela seria colocada na rua, do mesmo modo como os jogou na rua um dia”, pensavam eles. Aquela mulher os havia mandado embora da fazenda, deixando-os sem teto e comida, e agora era a vez dela viver a mesma situação. Estavam ali para cobrar uma dívida, e não a deixariam em paz enquanto não atingissem seu intento.

Muito chorosa e triste, Manuela tinha a mente fixa em um só pensamento: ia enlouquecer. Sabia que, no momento em que o esposo descobrisse a gravidez, ele a mataria, ou quem sabe a mandaria embora de casa! Ela o conhecia bem e estava certa de que ele não aceitaria tal situação. "E tinha toda a razão!", pensava aflita. "E os filhos, como ficariam sem a mãe?", perguntava a si mesma. E, com esses pensamentos, parou de se alimentar. Estava decidido; o melhor para ela era a morte. Daí em diante, outros pensamentos ainda piores vieram à sua mente. Mesmo contra a vontade do esposo, às escondidas, ela conseguiu expulsar aquele homem de sua casa. Todas as vezes que se aproximava do esposo, tinha uma crise de arrependimento e, para piorar a situação, sua barriga não parava de crescer. Não tinha mais como esconder que estava grávida. Numa manhã, depois de uma noite mal dormida e de sofrer com as perseguições daqueles espíritos, a esposa angustiada, vivendo o auge de seu desespero, tomou uma decisão.

No momento em que apareceram na tela as imagens dos seus pensamentos , Celina não se conteve e gritou:

– Meu Deus! Não é possível que nossa querida Manuela tenha cometido tão brutal crime! Não pode ser! É difícil acreditar que uma mulher amorosa com o esposo e filhos, tenha cometido tal desatino!

Mas as cenas continuaram a relatar os acontecimentos seguintes.

Os pensamentos dela giravam em torno do seu desejo: mataria seus filhos e esposo e depois se mataria. Estava decidida a destruir toda a família de uma só vez.

As horas e os dias se passavam, e aquela pobre mulher tinha sempre os mesmos pensamentos. As imagens demonstravam claramente que, a cada dia, aquela falange de espíritos a envolvia cada vez mais em energias densa e pesadas. Sua invigilância permitiu que, mais uma vez, entrasse em terrível desequilíbrio. Para se livrar de cometer tal crime, teria de ser bastante forte, orar e pedir forças a Jesus. Só assim, se desvencilharia de tão nefasta situação.

Com a mente perturbada, ela pensava: "Quando Antônio descobrir que estou grávida, imediatamente vai saber que o filho não é dele. Ele vai me mandar embora desta casa, e nunca mais poderei ver meus filhos. O que devo fazer?" No auge do desespero, pensou: "Não tem outro jeito, já está decidido...".

Percebemos que Manuela estava envolvida em um lastro de trevas. Mergulhada em seus sofrimentos, ela se deixou levar pelas energias daqueles espíritos vingativos, que queriam, a todo custo, cobrar-lhe uma dívida de seu passado de erros. Ela pensava que matando seus filhos, o esposo e se matando, tudo estaria resolvido.

O mentor espiritual da família estava diante de um quadro desolador. Aquela situação estava sendo uma grande provação para ele. Ao passarem pelo processo de esquecimento, seus pupilos estavam vivendo seu livre-arbítrio. Ele se sentia impotente, pois cada um era responsável por seus atos. Diante do livre-arbítrio de seus tutelados e da Lei de Causa e Efeito, ele não podia fazer outra coisa a não ser orar. Sentia que algo pior ainda estava para acontecer, pois o casal não o ouvia mais. Por mais que insistisse, estava impossível transmitir-lhes seus conselhos e intuições, principalmente à nossa amiga, que se encontrava completamente dominada pela falange de espíritos vingadores. Ele sabia que a proximidade entre aquelas pessoas, naquele lar, não era um acaso. Mas, invigilante quantos às questões familiares, Antônio deixou-se levar pelo apego aos bens materiais. Quanto à sua esposa, também vivia sua prova ao ser tentada a trair o marido. Estava vivendo aquela situação exatamente para vencer, em seu espírito, as dificuldades criadas em sua vida pretérita. Ela não somente traiu o esposo, mas principalmente traiu a si mesma, perdendo portanto, uma oportunidade de crescimento espiritual. Por meio de uma prece fervorosa, rogou ao Pai Celestial e pediu ajuda aos benfeitores do Plano Maior, para que enviassem socorro àqueles que estavam passando por tantos sofrimentos. O pedido de socorro foi encaminhado à Colônia Espiritual Casa de Maria. Em poucos instantes, uma equipe de samaritanos, trabalhadores dedicados, chegou ao local. O grupo era coordenado por Marta, a bondosa e experiente instrutora que, com carinho e desvelo, acolhe os espíritos recém-chegados da Terra. O grupo socorrista ali presente, tinha fortes ligações com Lúcio, o instrutor espiritual daquela família.

As cenas que meus amigos presenciaram a seguir, foram tão desoladoras, que levaram os dois às lágrimas. A equipe chegou à residência de Antônio no exato momento em que acontecia a tragédia. Imediatamente, a equipe deu início aos procedimentos necessários, para o desligamento dos laços fluídicos que ligavam o corpo perispiritual ao corpo físico de nossos companheiros. Pelo grau de violência com que aconteceu a desencarnação daquela família, seus espíritos foram arrebatados de forma violenta de seus corpos. Mas sabemos que o fluido vital continuava em seus corpos. O desligamento teria de ser feito com cautela, para que os espíritos não sofressem ainda mais o impacto do momento.

O espírito que estava prestes a reencarnar, era um dos integrantes da equipe que havia realizado a programação reencarnatória daquela família, e que se colocou à disposição para cumprir a tão difícil missão de ser filho do destruidor daquele lar. Ele foi acolhido e, do mesmo modo, recebeu os cuidados necessários. Diante da situação constrangedora vivida pela família, aquele espírito que estava sendo gerado no ventre de Manuela, que era dotado de elevada moral, colocou-se à disposição para ali reencarnar com a missão de dar sustentação, proteger, amparar e auxiliar aquela família em momento tão delicado.

Depois da morte física, aquele espírito foi levado no colo, como uma criança recém-nascida, com a certeza de que estava vendo a luz do mundo físico. Mas, infelizmente, a luz que ele via naquele momento era a do mundo espiritual.

Pela grande afinidade com aquele grupo familiar, coube à Marta, abnegada trabalhadora da Colônia Casa de Maria, a difícil tarefa de socorrer aqueles amigos. Quando ela e sua equipe adentraram a residência de Antônio, um lastro de luz e um suave perfume envolveram todos.

Ela acolheu os espíritos das crianças nos braços, aconchegando-as e envolvendo-as em energias benfazejas. Enquanto orava em seu favor, os acariciava com ternura. Chamava-os de filhos e, com amor e ternura, como só as mães de verdade são capazes de amar, ela os embalou nos braços. Assim, Antônio e os filhos, foram conduzidos para esta Colônia que tem o abençoado papel de receber os desencarnados, arrancados do corpo físico de forma violenta e brutal.

Sabemos que viver na Terra não é uma situação fácil. No momento em que passamos por grandes provações, pensamos que estamos perdidos, que não existem mais caminhos, ou que todos eles estão fechados. Chega à nossa mente, o pensamento de que Deus nos abandonou e que estamos sozinhos.

Meus filhos, não se esqueçam das palavras do Cristo, quando ele disse que nunca nos abandonaria. Nos momentos difíceis, devemos elevar nosso pensamento até o mais alto e rogarmos a proteção divina. Ao orar, fazemos uma ligação direta com Deus.

Por mais que seja dolorido o caminho por onde se passa, mesmo que seus pés estejam sangrando, continue caminhando rumo à sua evolução. Em certos momentos, você se sentirá sem força, e chegará a pensar que foi desamparado por todos, mas Deus nunca nos abandona.

Meus queridos, não podemos pôr fim à nossa vida física, que, na verdade, nem a nós pertence, mas sim a Deus. Lembre-se que a vida é uma oportunidade concedida por Ele para cumprirmos nossa missão na Terra. Mesmo que você não acredite, Deus está dentro de você esperando que abra seu coração e O deixe fazer parte de sua vida. Depois de uma longa noite escura de raios e temporal, vem a madrugada anunciando a chegada de um novo dia e, com ela, a luz e a esperança de um recomeço.

Muitas vezes, não temos paciência e acabamos nos precipitando, pondo tudo a perder. Foi o que aconteceu com nossa amiga. Infelizmente, nesta encarnação, ela não conseguiu passar pela prova que havia se proposto, que era vencer suas dificuldades na área sexual.

No entanto, os outros três filhos não estavam preparados para passar por provações tão difíceis. Eles também foram levados para a Colônia Casa de Maria para desenvolverem suas capacidades morais e intelectuais. Lá, receberam todos os cuidados que as crianças precisam para se desenvolver. Eles passaram por todas as etapas referentes à infância, do mesmo modo como passariam na Terra.

Marta os adotou como uma verdadeira mãe. Estavam também sob seus cuidados centenas de outras crianças que haviam passado por situações idênticas.

Posso afirmar que, o número de crianças que desencarnam dessa forma, tem subido consideravelmente nos últimos tempos. No plano espiritual, o processo de aceitação é muito mais rápido e eficaz, pois não existe a interferência da matéria. Essas crianças continuam a se desenvolver, mas não têm acesso às lembranças do seu passado. Há milhares de crianças desencarnadas passando por esse desenvolvimento moral e intelectual neste plano.

No entanto, há casos e casos, meus filhos. Há crianças recém-chegadas ao mundo espiritual, que ainda trazem o coração envolvido em ódio. Isso porque somos espíritos milenares, e no recôndito do nosso ser, trazemos impregnados erros e desequilíbrios. Em um boa parte das crianças, esses desequilíbrios se manifestam ainda em tenra idade. Ao despertar no mundo espiritual, não será diferente, e todos esses sentimentos estarão ainda muito fortes, pois, como espíritos desencarnados, sentem-se livres para agir. Eles não conseguem perdoar aqueles que os ofenderam e, do mesmo modo, agrupam-se em bandos e continuam uma verdadeira perseguição, como um caçador que persegue sua caça.

A maioria desses espíritos sofreu a dor de ser abortado. Logo após o aborto, eles começam a perseguir a mãe e todos os envolvidos nesse terrível crime. Em muitas ocasiões, a equipe vai ao socorro desses espíritos, mas eles não aceitam a ajuda ofertada. A equipe lhes fala de Jesus e do perdão, mas eles se encontram com o coração totalmente dominado pelo desejo de vingança.

Podemos afirmar, com certeza, que não existe na Terra nenhuma pessoa que tenha praticado, e até mesmo tomado parte em um aborto, que não sinta no coração e na alma profunda tristeza.

Várias equipes socorristas dessa colônia, também viajam pelas regiões umbralinas em busca dos espíritos que estejam arrependidos de seus erros, e que se disponham a estudar e refazer suas vidas dentro dos ensinamentos do Cristo Jesus. Ao participarem dos cursos e das inúmeras tarefas edificantes, eles retornam à Terra pela reencarnação.

A Colônia Espiritual Casa de Maria é a maior que existe na atmosfera terrestre e, assim como as outras, está bem equipada para acolher os espíritos que vivem seus martírios.

CAPÍTULO 4

O TRABALHO NA CASA ESPÍRITA

Mesmo debaixo de intenso choro, causado pelos tristes acontecimentos ali presenciados, meus companheiros se mantiveram fortes, pois precisavam tomar conhecimento dos fatos.

Depois que Manuela matou os três filhos, ela voltou para casa e pôs fim à vida do marido e, em seguida, tirou a própria vida, tomando veneno. A morte foi imediata.

A dosagem de veneno ingerido por ela foi tão alta que algumas partes do corpo do feto se desintegraram instantaneamente.

Ao despertar fora do corpo, ela se viu perante sua trágica realidade. Diante das cenas que presenciou, ela entrou em completo estado de loucura.

O tempo todo, via as cenas do momento em que matava seus familiares e ingeria a dose de veneno. E, aumentando ainda mais seu sofrimento, ela também havia matado o filho que estava esperando. As cenas se repetiam em sua mente como um filme que não para de reprisar. Numa tentativa de não ver aquelas cenas de horror, fugiu desesperada. Mas era impossível fugir, pois as cenas vinham à sua mente a lhe cobrar pelo crime cometido. À sua volta, os espíritos que a obsedavam tomavam formas monstruosas, e o chefe deles gritava: "Loba assassina! Loba assassina! Você matou sua própria cria! Agora sim, conseguimos o que tanto queríamos. Agora você não tem mais seus familiares e, para nossa alegria, você mesma os matou. Está recebendo de volta todo o mal que nos fez sofrer. Recorde do tempo em que era fazendeira e, para ser mais claro, do momento em que nos expulsou de lá. Saímos dali sem um grão de comida para nos alimentar. Você se lembra disso, sua maldita?"

Manuela, no entanto, não se recordava de nada e, em uma tentativa louca de se livrar de tais monstros, procurava se esconder nos lugares mais escuros daquela região, mas nunca conseguia seu intento. Eles a perseguiam onde quer que fosse. Os gritos de acusações agora estavam gravados em sua mente a lhe cobrar por tais crimes.

Depois de longo período, passando por todo o tipo de perseguição, Manuela foi capturada por seus perseguidores e levada para uma região bastante trevosa, e ali foi aprisionada em uma cela escura, fétida e fria.

Diariamente, o chefe daquela falange ia até sua cela para desacatá-la, e suas palavras eram proferidas com desdém: "Você não imagina como é bom tê-la aqui conosco. Queremos que recorde de todo o mal que já praticou. Há muito tempo você tirou do meu povo um dos bens mais preciosos que uma pessoa precisa para viver: a moradia. Com seu coração de pedra, nos mandou embora sem direito a nada, mesmo depois de termos trabalhado na fazenda por muitas décadas. Vagamos sem rumo por muito tempo. Muitos de nossos filhos morreram à míngua, de fome e frio. É importante que saiba que nosso povo não conseguiu emprego em outras fazendas. Com o coração sangrando, eu te digo que pelas redondezas daquela fazenda existem muitas cruzes fincadas. Lá ficaram muitos de nossos filhos, nosso maior tesouro. Você os tirou de nós sem dó nem piedade, quando nos despejou de sua fazenda. Sei também, que alguns a perdoaram pelo ato infame, mas a maioria não a perdoou, e estamos aqui para cobrar-lhe pela vida deles. Queremos que pague o que nos deve! Acredito que tenha esquecido a maldade que praticou contra nosso povo. Agora sim, começamos nossa vingança. Você matou seus filhos e ainda teve a coragem de trair e matar seu esposo, um homem bom e honesto!"

Com o tempo, seu estado de loucura se acentuou ainda mais.

Após aquele espírito hipnotizá-la, ela atingiu o ponto crítico de demência. Depois de ouvir repetidas vezes que era uma loba, transformou-se naquilo que aqueles espíritos tanto queriam. Ela agora se via como uma loba. Seus braços ficaram cobertos de pelos, tinha unhas enormes e seus dentes cresceram consideravelmente. E assim, ela permaneceu naquele lugar por longo período, sob total dominação e sofrendo todos os tipos de agressões verbais. E, para a torturar ainda mais, lhe impunham castigos impossíveis de descrever.

As cenas apresentadas naquela tela eram por demais desoladoras. Em alguns momentos, era necessário que Célio e Celina fossem envolvidos em energias magnéticas e curadoras, para que se fortalecessem diante dos acontecimentos.

Algum tempo depois daquela terrível tragédia, nossa equipe reuniu-se com seus filhos e esposo, para contar-lhes tudo o que havia se passado com eles. Quando tomaram conhecimento dos fatos, as crianças choraram muito, pois amavam sua mãezinha e sentiam sua falta. Antônio, desolado com tudo o que ouvira, permaneceu em silêncio e chorou. Depois de alguns minutos de sentido choro, ele pediu permissão para falar e, abraçando carinhosamente os filhos, lhes disse:

– Filhos do meu coração, o que tenho para lhes dizer é muito grave, porém é importante que conheçam toda a verdade. Quando vocês nasceram, passávamos por grandes dificuldades financeiras. Para prover os recursos e sustentar nossa família, arranjei um emprego em uma cidade próxima de onde morávamos.

Em pouco tempo, fui promovido na empresa e comecei a ganhar bastante dinheiro. A partir dessa época, viajava constantemente. Eu chegava a ficar fora de casa longos períodos. Preocupado em deixá-los sozinhos, eu comuniquei a mãe de vocês que meu amigo passaria a morar em nossa casa, para que não se sentissem tão sozinhos.

– Meu Deus, só agora percebo o grande erro que cometi! Eu me recordo das inúmeras vezes que Manuela me procurou e implorou para que eu não levasse meu amigo para morar em nossa casa. Meses depois, voltou a pedir que eu despedisse Everaldo, mas eu estava gostando do trabalho dele. Depois que meu amigo foi morar lá em casa, eu já viajava tranquilo. Eu tinha toda a certeza de que vocês estavam em boa companhia. Antes de me acidentar, Manuela voltou a implorar, mas eu fui irredutível, nem quis ouvi-la. Eu era o homem da casa e minhas decisões tinham de ser acatadas, assim eu pensava naquela época. Portanto, não posso culpá-la. Sei que, como amigo que sempre fomos, ele deveria ter respeitado meu lar. Agora me sinto culpado por toda esta tragédia. Confiei em Everaldo e hoje, posso lhes dizer que fui ingênuo e acreditei plenamente naquele que sempre se dizia ser meu amigo, mas me enganei.

– Meus filhos, neste momento, quero lhes pedir perdão por tudo o que nos aconteceu. Eu não deveria ter me apegado tanto aos bens materiais, apesar de saber que são necessários. Eu só pensava em adquirir mais e mais. Eu queria comprar mais terras, gado... Sempre pensei que o conforto fosse tudo. Mas hoje vejo que não é bem assim. Precisamos do dinheiro, para viver, mas não podemos viver pelo dinheiro nem permitir que ele nos domine. O envolvimento de minha esposa com Everaldo foi o resultado de muita solidão e carência afetiva.

A partir desse dia, a família de Manuela foi encaminhada a se matricular na Escola de Evangelização e, em pouco tempo, já estavam participando de algumas tarefas na própria colônia em que estavam.

Alguns anos após a tragédia que avassalou aquele lar, ele e os filhos já haviam se recuperado e estavam aptos a ajudar a mãezinha. Neste tempo, os dois filhos mais novos de Manuela já se preparavam para novamente reencarnar na Terra.

– Observem, meus filhos, como age a misericórdia divina.

– Como nossa companheira se esquivava de nossas rogativas, eu e minha equipe, decidimos que o melhor seria levar seus familiares até lá, pois quem sabe ouvindo a voz dos filhos ela despertasse e aceitasse nossa ajuda.

Após a reunião, fomos até a colônia onde os familiares se encontravam. Depois de um encontro caloroso com Marta, ficou acertado que naquele mesmo dia iríamos ao local onde Manuela se encontrava.

Nossa equipe, sempre acompanhada pelos familiares, foi visitá-la inúmeras vezes. Com todo o carinho, os familiares se aproximavam de Manuela e lhe falavam de Jesus e do grande amor que tinham por ela, mas foi tudo em vão. Ela continuava hipnotizada e tinha a mente ligada a seu ato.

Já havia se passado muitos anos daquela tragédia, Manuela foi resgatada por nossa equipe, pois se cumpria o tempo em que deveria permanecer encarnada na Terra. Ela foi levada ao Complexo Hospitalar (Casa transitória), e ali permaneceu internada. O esposo e os filhos continuaram a visitá-la. Em suas visitas, os filhos tentavam lembrar à mãezinha a boa convivência que eles tiveram quando encarnados. Eles a abraçavam e lhes falavam do carinho que a mãe expressava para com eles, desde quando nasceram naquele lar. Antônio procurava despertar na esposa as lembranças dos tempos de namoro, na tentativa de fazê-la voltar à vida.

Em uma dessas visitas, ela acordou daquela letargia e viu os filhos e o esposo. A alegria tomou conta de todos. A euforia foi tanta que um dos filhos lhe disse, em meio ao choro emocionado:

– Mamãe, estamos aqui para ajudá-la. De nossa parte nós já a perdoamos. Papai também já a perdoou. Não é necessário que a senhora viva atormentada como tem vivido até agora.

Antônio a fez recordar dos bons tempos da juventude, quando a conhecera e se apaixonara por ela. Ele, amorosamente, lhe disse:

– Meu amor, eu te amo e não tenho nada a lhe perdoar! Minha querida, eu sim, quero lhe pedir perdão por todo mal que causei a você e aos nosso filhos. Por que, você não se perdoa? Perante você, e todos aqui presentes, assumo que fui o único responsável pela destruição de nossa família!

Ao ouvir a voz de Antônio, ela começou a gritar:

– Eu sou uma loba! Sou uma loba, não mereço o perdão de Deus! Além de matar meus filhos, tive coragem de matar friamente meu esposo. Sou uma loba, e por isso não mereço mais viver junto de vocês.

O filho mais novo, carinhosamente, lhe disse:

– Mãezinha, ninguém morre; estamos vivos e, do mesmo modo, a senhora também está.

Sem ter noção do que dizia, ela lhe respondeu:

– Vocês sim, eu não! Observem bem minha aparência, meus braços e os dentes, como são grandes. Vocês não estão vendo que sou uma loba? Saiam de perto de mim, porque senão, eu posso matá-los novamente! Eu não mereço o perdão de Deus. Estou condenada a sofrer eternamente.

Pai e filhos, não se cansavam de lhe falar palavras de conforto e carinho, incentivando-a a se perdoar. Nossa equipe sabia do alto grau de subjugação em que ela vivia, pois já havia se passado muito tempo do seu resgate, e aquele espírito continuava na mesma simbiose do tempo em que vivia nas regiões umbralinas. Depois de uma dessas visitas, chamamos a família e lhe comunicamos:

– Meus filhos, já se passou algum tempo que nossa querida Manuela está aqui internada e tem recebido todo o amparo necessário, mas, fechada em seu sentimento de culpa, ainda não conseguiu se perdoar.

Como vocês têm conhecimento, este hospital foi criado para acolher nossos companheiros que retornam ao mundo espiritual, e precisam de um tempo para se refazerem de suas dificuldades mais urgentes. Ele tem conexão direta com um Grupo Espírita, que realiza importantes trabalhos em favor dos espíritos mais necessitados.

Ali, são realizadas reuniões de caráter mediúnico, com o objetivo de ajudar os espíritos que passam por grandes sofrimentos. Nessas reuniões, eles têm a oportunidade de falar por intermédio dos médiuns. Esses contatos mediúnicos são importantes, para que os espíritos falem de seus sofrimentos e suas dores, pois, por meio do contato com o encarnado, eles recebem os fluidos animalizados e assim, são beneficiados com o bálsamo que refrigera suas dores. A cada encontro, o espírito é levado a refletir sobre a imortalidade da alma e aprende que todos nós somos responsáveis por nossos atos.

Nossa equipe estudou o caso de nossa amiga com carinho, e ficou acertado que, em breve, a levaremos para participar dessa reunião. Chegamos à conclusão que somente por meio deste trabalho, conseguiremos avançar na sua melhoria. E, rogamos a Jesus que nesta oportunidade ela perceba sua real condição de espírito filho de Deus.

As reuniões mediúnicas realizadas nos Grupos Espíritas, muito têm auxiliado os espíritos sofredores. Pela psicofonia, ela poderá desenvolver um diálogo com o dirigente ou doutrinador da reunião. Sabemos que esse tratamento poderá se prolongar, mas não descansaremos enquanto ela não se libertar das amarras do arrependimento e da autopunição, e se livrar dessa simbiose em que vive. A presença de vocês nessa reunião contribuirá consideravelmente para sua recuperação.

Já escolhemos o médium que terá essa incumbência, ele está sempre presente às reuniões e portanto, vibra em perfeita sintonia com o trabalho a ser realizado.

Enquanto isso, continuaremos a ajudá-la por meio da oração e de passes magnéticos.

Na semana seguinte, no horário combinado, nossa equipe, juntamente com nossa paciente, dirigiu-se à sala onde aconteceria a reunião de desobsessão. Estavam presentes várias equipes de trabalhadores do Complexo Hospitalar.

No plano físico, o ambiente estava preparado para os trabalhos da noite. No horário estabelecido, o dirigente deu início à reunião com a oração Pai Nosso. Em seguida, foi feita a leitura de O Evangelho Segundo o Espiritismo. Assim que o doutrinador iniciou a segunda parte da reunião, e deu permissão para a comunicação dos espíritos ali presentes, Manuela, auxiliada por seu mentor espiritual, manifestou-se por intermédio do médium. Ela não conseguia falar, apenas emitia um grunhido de uma loba acuada.

Os médiuns que participavam da reunião, demonstrando profundo respeito pelo espírito comunicante, oraram em seu favor. E Manuela foi envolvida carinhosamente pelas energias emanadas daquelas preces. Um dos médiuns mentalizou a luz do Sol envolvendo-a. Durante todo o tempo de sua permanência no ambiente, ela ficou envolvida nessa luz. O doutrinador, compadecido com o sofrimento daquele espírito, lhe disse:

– Minha amiga, Deus esteja presente em seu coração. E que Jesus, o médico das almas, envolva seu espírito com Sua luz.

– Observe melhor o lugar onde se encontra. Ouça a música, e deixe que esta energia de paz envolva seu coração. Sua presença entre nós é muito importante. Saiba que existe uma falange de amigos espirituais, que também querem ajudá-la nesta hora difícil de sua caminhada. Eleve seu pensamento a Deus, nosso Pai, pense em nosso Mestre Jesus, que deixou o Plano Celestial e veio à Terra em busca de todos os que se encontram em sofrimento. Jesus disse que não veio para os sãos, e sim para os pecadores. Seus familiares se encontram aqui, eles te amam e estão esperando o momento de abraçá-la e matar a saudade dos tempos distantes.

– Pai, somos ainda muito pequenos e frágeis. E diante desta fragilidade, pedimos que ilumine nossos corações ante as provas da vida, as quais as maiores são as do perdão e da abnegação. E rogamos Senhor, força e coragem nos momentos difíceis de nossa caminhada evolutiva. Ampare e reconforte o coração de nossa companheira aqui presente, fazendo-a despertar para a verdadeira vida, a qual nos designaste.

Os médiuns ali presentes e nossa equipe espiritual, imbuídos do sentimento de amor e carinho, continuaram a envolvê-la em muita luz. A cada palavra do doutrinador, percebemos que algo acontecia àquele espírito. Muito lentamente, Manuela começou a voltar a si. Naquele momento, as lágrimas rolaram na face do médium.

Ela chorou silenciosamente, mas naquele dia não conseguiu falar. O doutrinador disse a ela que os amigos espirituais ali presentes, continuariam a ampará-la. E disse-lhe ainda, que ela teria outras oportunidades para retornar à reunião, e que seria bem acolhida pela casa. Enquanto ela era retirada do ambiente pelos mentores espirituais, o doutrinador proferiu uma prece em seu favor.

Ao término da reunião, o médium que havia dado passividade ao espírito Manuela, disse ao dirigente, que aquela que havia se manifestado por intermédio dele, tinha o aspecto de uma loba, pois sentiu seu corpo peludo, seus dentes e unhas crescidos.

Passados alguns meses desde aquela reunião, foi programada uma nova comunicação. Durante todo esse tempo, Manuela continuou em tratamento intensivo. Além das visitas dos familiares, recebia todo o carinho e o amparo de que necessitava para seu despertar. Diariamente, recebia passes magnéticos na tentativa de amenizar suas dores morais.

Manuela foi levada novamente, à reunião mediúnica. Seus entes queridos também a acompanhavam, pois a presença deles ali, em muito contribuiria para o seu despertamento.

No momento em que se aproximou do médium e houve a ligação entre a mente dos dois, ela começou a emitir um gemido quase imperceptível aos ouvidos humanos. O dirigente da reunião dirigiu-lhe palavras de carinho e rogou a Deus que a amparasse, dando-lhe discernimento, sabedoria e fortaleza nos momentos mais difíceis. Depois de dizer-lhe mais algumas palavras de incentivo, pediu a um dos médiuns, para que fizesse uma prece em favor da nossa campanheira. Intuído pelos amigos espirituais, o médium fez a Prece de Cáritas. Assim que terminou, aquele espírito sofrido se pronunciou, e essas foram suas palavras:

– Eu não mereço; eu não sou gente, sou uma loba. Só uma loba é capaz de fazer o que eu fiz. Matei meus filhos, meu marido e acabei com minha própria vida. Sou condenada ao sofrimento eterno. Não mereço o perdão de Deus, porque fui covarde, não enfrentei as consequências dos meus erros. Para esconder meu crime, cometi outros crimes ainda piores. O que fiz não tem perdão!

O dirigente, envolvido em grande sentimento de compaixão, com sabedoria lhe dirigiu a palavra:

– Minha querida, você não é uma loba, e sim um espírito eterno, filha de Deus, nosso Pai. Olhe para suas mãos sobre a mesa e observe seus dedos. Que lindas mãos você tem! Olhe para seus pés e veja o quanto são perfeitos, como também é perfeito todo seu corpo. Você é um ser perfeito! Abra seus olhos espirituais e procure se perdoar, como fizeram seus familiares.

Ao ser envolvida em energias renovadas de paz e equilíbrio, Manuela começou a sentir e a perceber suas mãos e seus pés. Quando notou que não era uma loba, como imaginava ser, emocionou-se e chorou. Enquanto soluçava, o dirigente continuou a lhe falar palavras de reconforto. Procurou, por meio de palavras simples, traduzir a bondade e o amor de Deus para com seus filhos. Agora, mais calma, Manuela novamente foi levada à enfermaria do hospital. A reunião foi encerrada sob intensa alegria e forte emoção.

No mundo espiritual, os mentores espirituais também oraram em agradecimento pelo despertar de Manuela. O esposo, ali presente, deixava transparecer seu sofrimento, pois se sentia como único culpado pela desdita de sua esposa e de toda sua família. Ele havia jogado sua querida esposa nos braços de seu amigo, e sofreu as consequências de seu ato. Todo aquele drama vivido lhe serviria de lição. Repreendia a si mesmo por não ter ouvido os apelos da esposa. Mesmo já tendo passado muito tempo, a voz dela era como um punhal a lhe ferir a mente e o coração. Ele, machista como a maioria dos homens, não teve a humildade necessária para refletir e ponderar sobre o pedido da mulher. No pouco tempo em que permanecia em casa, não percebeu que, logo depois da chegada de Everaldo à sua casa, sua esposa mudara muito e entristecera consideravelmente.

Naquele momento, lembrou-se que não tinham o hábito de orar em casa. Apesar de conhecerem os ensinamentos de Jesus, nunca procuraram seguir uma religião. Viviam às cegas, mortos para a vida espiritual, apenas trabalhando, comendo, bebendo e dormindo. Compreendeu que apesar de vivo, estava morto para a vida a qual tinha se proposto antes de reencarnar.

Ele era um homem trabalhador e fazia de tudo para que não faltasse nada em seu lar. Mas tinha consciência de que falhara perante sua família. Aquele era um momento importante, pois havia aprendido uma grande lição. Ele se lembrou das palavras de Jesus, quando Ele disse: *"Buscai antes o Reino de Deus, e todas estas coisas vos serão acrescentadas".(Lucas, 12:31).*

Manuela permaneceu internada na enfermaria daquela casa de recuperação. Diariamente, as equipes iam até seu leito, lhe aplicavam passes magnéticos, oravam e mantinham com ela um diálogo fraterno, para auxiliá-la em sua recuperação.

Seus filhos, apesar de estarem percorrendo outros caminhos em sua caminhada evolutiva, sempre iam visitá-la. O esposo, que nesse tempo havia sido tranferido para o complexo, estava sempre ao lado da esposa. Os encontros dos dois eram sempre marcados de muito carinho e respeito. A esposa de Antônio estava fazendo grandes progressos em seu tratamento. Em dias predeterminados, uma das equipes de tarefeiros da colônia, levava Manuela ao Grupo Espírita para participar dos trabalhos realizados no Departamento Social de nossa Casa. Com o tempo, mais reconfortada, também se envolveu naquele trabalho de assistência aos mais necessitados.

Depois de muito estudo, e trabalho junto aos encarnados, aquele espírito já se encontrava bem mais equilibrado e em condições de continuar sua caminhada evolutiva na Terra. Aproximava-se o tempo de uma nova reencarnação.

Certo dia, dirigiu-se aos benfeitores espirituais do hospital e solicitou uma oportunidade de poder voltar à reunião mediúnica. Ela queria agradecer pela ajuda que havia recebido daquele grupo. No dia combinado, Manuela foi levada pelos mentores espirituais à reunião. No momento oportuno, ela se manifestou por intermédio do mesmo médium e, em seguida, disse:

– Meus amigos, estou aqui para agradecer-lhes pela ajuda que recebi, pelas orações que me fortaleceram e me ajudaram a despertar para uma nova vida. Não sei como cheguei a esta casa, mas sei que aqui fui muito amparada.

Na primeira vez que me comuniquei nesta reunião, não consegui expressar uma só palavra. Eu uivava como uma loba, pois tinha tal aparência. O tempo foi passando e, a cada encontro, eu me sentia mais forte e confiante. A ajuda de todos foi importante para o meu despertar. Trago em meu espírito, as marcas dos meus erros do passado, mas posso lhes dizer que hoje consigo aceitá-los, com a certeza de que em breve, vou ter nova oportunidade para saldá-los em uma nova reencarnação na Terra. Obrigada por tudo. Serei eternamente grata a todos vocês. Cada instante que permaneci nesta reunião, foi muito importante para mim, e só agora tenho consciência disso.

Companheiros, sigam em frente neste trabalho de amor. O trabalho edificante é o grande alicerce da alma, onde encontramos a sustentação para continuarmos superando as dificuldades que a vida nos oferece. Hoje, tenho certeza de que *a misericórdia divina nos libertará do passado* através da reformulação de nossas atitudes no bem. Agradeço a todos pelos importantes aprendizados que recebi nesta Casa abençoada.

Tenho certeza de que, se tivesse conhecido o Espiritismo naquela época, não teria praticado tantos delitos. Hoje conheço os princípios básicos da Doutrina Espírita e tomei conhecimento da Lei de Causa e Efeito, que é a mesma Lei de Ação e Reação. Deus, que é todo bondade, nos dá muitas oportunidades e assim, por meio das reencarnações, poderemos saldar nossos débitos. Levarei comigo as inúmeras lições de amor que aqui aprendi. Com a incansável ajuda dos amigos espirituais aqui presentes, tenho confiança de que vou conseguir êxito nas provas que preciso vencer.

Reencarnarei novamente para continuar o que foi deixado no meio do caminho. Foi-me facultada a oportunidade de renascer num lar espírita, porque, como espírita, terei força para passar pelas muitas provações que surgirão em meu caminho. Tenho grande esperança de superar os erros que, por ignorância, cometi.

– Em minha última encarnação, eu precisava passar por provações na área da sexualidade, mas infelizmente falhei. Sei que pesa sobre meus ombros, a questão do suicídio e do assassinato de meus familiares. Hoje sei que, todos nós temos o livre-arbítrio, e diante da Lei de Causa e Efeito, tomei conhecimento que em outras encarnações cometi crimes ainda piores.

Rogo a Jesus que me dê força e coragem, para que eu possa retornar a este plano com o galardão do dever cumprido.

Antes de deixar o recinto, pediu permissão para fazer uma prece. Ela elevou o pensamento a Deus e, com uma prece, agradeceu a bendita oportunidade. Em seguida, despediu-se de todos.

Capítulo 5

A Volta ao Passado de Manuela

Celina, intrigada com as colocações de Manuela, perguntou:

– O que de fato aconteceu com Manuela em sua encarnação como esposa de um rico fazendeiro?

– Celina, quero que você e Célio conheçam alguns detalhes dessa encarnação à qual você se referiu!

– Nesta época, ela se chamava Ambrosina e foi casada com um rico fazendeiro. Depois da morte do esposo, ela se deixou envolver por sentimentos mesquinhos, enveredando pelos caminhos obscuros do mal.

Todos os nossos problemas começam com os pequenos desequilíbrios. Eles são como erva daninha que nasce no meio de uma plantação de trigo. Sem que percebamos, aparece uma pequena sementinha, que depois vai se multiplicando, até chegar aos milhares. Em determinado momento, você não sabe o que é o trigo e o que é a erva daninha. E foi isso o que aconteceu com ela depois da morte de seu esposo.

Jovem, bonita, todos os rapazes queriam conquistá-la. Era invejada por todas as moças da região em que morava e possuidora de uma inteligência privilegiada. Era uma pessoa muito evoluída para a época. No entanto, quando ela chegava a uma roda de homens e lhes dirigia a palavra, sabia como fazer valer sua opinião e era respeitada e admirada. Todos queriam conquistá-la a qualquer custo.

Ela se apaixonou perdidamente desde o primeiro momento em que viu aquele que seria seu marido. Essa paixão foi tão avassaladora que, em poucos meses de namoro, eles se casaram. Ambrosina tinha pelo esposo um amor doentio e nutria por ele um ciúme obsessivo.

Apesar do ciúme, ela vivia bem com o esposo e era feliz. Após alguns anos de um casamento feliz, seu esposo adoeceu, e a doença o levou ao óbito.

Não aceitando a morte do esposo, Ambrosina procurou um culpado para sua viuvez. Sem compreender os desígnios de Deus, culpou um dos empregados da fazenda pela morte de seu esposo e, como não bastasse, dominada pelo ódio, voltou-se contra todos os seus empregados.

Sozinha, para gerenciar os negócios passou por grandes dificuldades. E assim, sem entender o mal que estava causando a si e a seu esposo, começou a invocá-lo para que a ajudasse, e reclamava sempre dizendo: "Se ele estivesse aqui, tudo seria diferente!"

Chamava pelo marido dia e noite, e as evocações se tornaram rotineiras. Aquela situação chegou ao extremo e foi se transformando em um processo de simbiose. O esposo, no mundo espiritual, não tinha um minuto de paz, o tempo todo ouvia seus apelos. Não demorou muito, e ele já estava de volta a seu lar.

Não tendo força e coragem para resolver os problemas, em pouco tempo, ela entrou em profunda depressão. Antes de perder o marido, Ambrosina era uma mulher forte, corajosa, não tinha medo de enfrentar as dificuldades que surgissem, mas depois se transformou em uma mulher triste e amargurada.

As imagens demonstravam claramente, que nossa companheira passava os dias e noites a chorar pelos cantos da casa. Em cada detalhe e objeto, ela se lembrava de seu grande amor. Passava horas e horas abraçando e beijando seu retrato.

A vida não tinha mais sentido. Em alguns momentos, ela tinha lampejos de lucidez e se lembrava que tinha um filho para criar. Apesar de sua pouca idade, tinha o dever e a obrigação de cuidar bem dele. E jamais poderia abandoná-lo. Não suportando tão grande sofrimento, muitas vezes pensou em se matar e também a seu filho.

Sabemos que na fase evolutiva em que a humanidade se encontra, realmente é muito difícil passar pelas provações que nós mesmos escolhemos. Quando deparamos com as provas, na maioria das vezes não as aceitamos e blasfemamos contra Deus. Infelizmente, esta é uma grande realidade entre os seres humanos. Muitas famílias, ao perder um ente querido, não aceitam os desígnios divinos. Assim também se deu com ela, que não aceitou a morte do esposo.

Em pouco tempo, o processo de obsessão entre ambos transformou-se em subjugação. Vejam só! O encarnado obsediando o desencarnado!

Sabemos que muitas viúvas chamam por seus maridos, para que eles venham resolver os problemas familiares que já não lhes pertencem mais.

Quantas mães que, ao perder seus filhos, não se conformam e passam uma vida chorando e blasfemando contra Deus! Diante da profunda dor na alma, elas passam a invocá-los. Com o tempo, entram em terrível processo de obsessão.

Meus filhos, se os encarnados soubessem como é triste e desolador para um espírito, ser escravizado por seus familiares, pensariam duas vezes antes de invocá-los.

As perturbações são tantas por parte dos encarnados, que o espírito retorna ao lar, e ali permanece, e isso pode perdurar por longos anos. É o mesmo que pegar um ente querido e colocá-lo na prisão, e somente você tem a chave para libertá-lo.

Infelizmente, um número grande de encarnados ainda não tem conhecimento das Leis Divinas e sua justiça e querem interferir em Sua obra e criação. Esquecem que os filhos, antes de serem seus filhos, são filhos de Deus. Na maioria das vezes, os esposos se esquecem que um dia terão de se separar.

Isto aconteceu com Ambrosina. Um processo simples de obsessão de encarnado para desencarnado transformou-se como já lhes dissemos, em uma subjugação. Quando chegou a este extremo, o espírito do marido se sentia aprisionado pelo pensamento da esposa em sua casa terrena.

Com o passar do tempo, essa situação foi tomando dimensões incalculáveis. Passaram a viver em terrível processo de subjugação.

Vivendo tão dramática obsessão, a situação tornou-se insustentável. Desgastada, ela foi perdendo a vitalidade. E, até a sua desencarnação que teve como principal causa um câncer, resultado de mágoas que alimentava em seu coração, o esposo continuou o tempo todo ao seu lado.

Após sua desencarnação, os dois continuaram a viver a mesma situação de subjugação e permaneceram jungidos um ao outro por muito tempo.

Havia se passado algum tempo da desencarnação de nossa companheira, e os dois começaram a receber a visita dos amigos espirituais. Com a ajuda, lentamente conseguiram se libertar, despertando para a necessidade de mudança de atitudes. A partir daí, entenderam que estavam se prejudicando, pois viviam de maneira egoísta, e isso não era uma prova de amor.

Ao aceitarem a ajuda, foram encaminhados a uma colônia espiritual. Foram necessários mais alguns anos de estudo e tratamento, para que eles se desvinculassem completamente um do outro.

Ambrosina trazia em seu espírito, marcas profundas do processo obsessivo e também da terrível perseguição que fizera aos empregados de sua fazenda.

No tempo oportuno para tal acontecimento, a equipe espiritual responsável se reuniu com todos os envolvidos nessa trama, e os convocou para uma nova oportunidade de reencarnação. E ali no Departamento Reencarnacionista da colônia foram-lhes passados os detalhes.

Ambrosina, o filho, esposo e alguns empregados, entre eles o capataz da fazenda, teriam uma nova chance de se redimirem de suas faltas vivendo nova reencarnação. Mas aquela seria uma difícil empreitada, pois ela estava irredutível, e relutava em viver ao lado do antigo feitor de sua fazenda, pois ainda não conseguira se desvincular do ódio que sentia por ele. E nós nos perguntávamos como alguém poderia ser feliz odiando seu próximo. Hoje compreendemos que a Lei do Pai é a Lei do Amor.

Ninguém é feliz vivendo fora dessa lei. Por mais que o espírito seja ignorante e rebelde, ele está sob o jugo dessa lei. Somente o amor une os corações. Não seremos felizes enquanto alimentarmos ódio pelo próximo. O ódio nos aproxima ainda mais dos nossos inimigos, e ficaremos ligados a eles pelo pensamento. Se você deseja o mal para seu inimigo, e se ele estiver preparado espiritualmente, não desejando o mal a você, seu próprio desejo volta para você em forma de destruição. É como se você caísse em sua própria armadilha. Diante disso, por mais difícil que seja, o perdão é a melhor maneira que temos para nos desvincular das energias deletérias que nos envolvem.

Nessa oportunidade, Abel, o feitor da fazenda, foi convidado para participar da reunião, pois o mesmo teria uma convivência bem próxima da família.

Foi sugerido a Ambrosina que ela o recebesse como filho, mas sua resposta foi categórica:

– Meus amigos, sinto em minha alma que ainda não tenho condições de recebê-lo como filho. Penso que não conseguiria carregá-lo nos braços e amá-lo do modo como uma mãe deve amar seu filho.

Indagadm se ela gostaria de recebê-lo como esposo. Ouçam a sua resposta! E com a voz embargada pelo choro, ela nos disse:

– Como esposo jamais; e filho muito menos! Este é um assunto sem comentários, fora de cogitação. Faço tudo o que vocês quiserem, menos isso. Não estou preparada para assumir esse compromisso. Na verdade, gostaria de voltar à Terra; sendo novamente esposa do meu próprio marido, porque sinto que ainda temos algumas coisas pendentes a resolver. O amor que sentimos um pelo outro é muito forte, e é este amor que nos dará forças para superar as dificuldades pelas quais teremos de passar.

Nossa companheira tinha méritos e, diante disso, o responsável pela equipe lhes disse:

– Ambrosina, Abel (o feitor da fazenda) novamente vai voltar à Terra, e o encontro dele com seu esposo se dará quando forem ainda crianças. Eles serão irmãos de leite e se tornarão grandes amigos. Quanto a você, estamos estudando a melhor forma para o reencontro.

O marido, feliz ao saber do firme desejo de Ambrosina, em tê-lo novamente como esposo, disse:

– Meus amigos, depois do longo período estudando nesta colônia, sinto-me apto a cumprir meu compromisso na Terra. Sei também, que não receberemos compromissos que vão além de nossas possibilidades. Sei que todos vocês só querem o melhor para o nosso desenvolvimento moral. Lutarei com todas as minhas forças para vencer as dificuldades que estão cristalizadas em meu espírito.

Selando tão importante compromisso o mentor lhes disse:

– O casal deve ser vigilante e consciente dos compromissos aqui assumidos. E diante do amor que sentem um pelo outro, vocês devem se ajudar, pois só assim conseguirão sair vitoriosos.

No início do casamento, vocês passarão por grandes dificuldades financeiras, mas com empenho e muito trabalho, conseguirão alcançar certa estabilidade. Nessa época, irão precisar de uma pessoa para ajudá-los, e Abel será a pessoa-chave para assumir esse trabalho. Mas, para que não se percam novamente em seus compromissos, é necessário que vocês se mantenham unidos pelo amor espiritual. Lembrem-se que vocês devem ficar sempre juntos para vencerem as provas pelas quais terão de passar.

A carência financeira faz o espírito se esquecer do compromisso assumido, e vivendo dentro desta situação, busca desenfreadamente soluções, e na maioria das vezes, erradas, para solucionar as dificuldades vividas. Sabemos que passar pela situação de pobreza é uma grande provação, mas podemos afirmar que a prova da riqueza é uma das mais difíceis de ser vencida.

E assim aconteceu. Algum tempo depois, eles vieram a reencarnar.

O que podemos constatar, meus queridos, é que existe um número considerável de homens e mulheres que, na ânsia de enriquecer, deixam suas famílias e vão em busca desses bens. Quando não vão para outros estados, partem para outro país. Na maioria das vezes, a distância e a solidão em que vivem, favorecem o envolvimento amoroso com outra pessoa. E esse é o fim da própria família.

Às vezes, precisamos estar um ao lado do outro para com esforço e boa vontade, vencermos os compromissos assumidos, mas a distância impede de isso acontecer.

Voltando ao caso de nossos companheiros em questão, tudo aquilo que foi programado pelos amigos espirituais e acertado entre as parte,s não aconteceu.

Infelizmente, ao chegar à Terra, Ambrosina e o esposo, agora como Manuela e Antônio, mais uma vez não conseguiram caminhar conforme haviam se comprometido.

Foi exatamente a busca da boa situação financeira que contribuiu para que esta família, vivesse tão dramática situação. Se Antônio tivesse ficado ao lado da esposa, quantos problemas teriam sido evitados!

Capítulo 6

O Primogênito de Manuela

Vejamos, agora, meus queridos, algumas imagens da época em que Manuela (a viúva negra) estava grávida do seu primogênito.

A vida na Terra é uma grande oportunidade que Deus nos dá. Só deixaremos de reencarnar na Terra quando nosso espírito atingir o teto máximo da evolução. Enquanto o homem ainda é carente do saber e das virtudes, ele tem necessidade de passar pela prova da reencarnação.

As reencarnações, por mais dolorosas que sejam, funcionam como oportunidade sagrada para nos reajustarmos com aqueles com quem temos débitos perante as Leis de Deus. Somente nos libertaremos quando transformarmos o mal em bem. O bem é que nos traz independência. O mal é como uma algema que vai unindo cada vez mais o ofensor e o ofendido. Para nos libertarmos do mal, temos de fazer o bem incessantemente. O bem é como um alicerce que nos fortalece para que possamos suportar os vendavais que teremos de atravessar em nosso caminho, uma força que fortalece nossa alma para a superação dos traumas que trazemos de vidas passadas.

Tudo aconteceu como fora programado no mundo espiritual.

O filho que Manuela estava esperando havia sido seu filho na encarnação anterior, quando ela foi a viúva negra.

Durante a gestação, nossa companheira sofreu horrores com os constantes pesadelos. A situação se complicou ainda mais quando ela entrou no sétimo mês.

Desde o início da gravidez, ela e o esposo passavam as noites em claro. Assim que o espírito dela se desprendia do corpo, ela se encontrava com seus desafetos.

Ao despertar, ela contava ao esposo todo o drama vivido durante os poucos instantes de sono. Esses pesadelos aconteceram até o nascimento da criança, para alívio do casal.

A vida familiar naquela casa seguiu o curso normal. O sonho do esposo estava realizado, pois o que ele mais queria era que a mulher se curasse para que pudessem ter sossego e paz. Foi com grande alegria que aquele pai afagava nos braços aquela linda criança. No momento, sua única preocupação, era o nome que daria àquele pequeno ser que acabava de chegar ao mundo.

Juntos, haviam pensado em vários nomes para a criança que ia nascer. Depois que o filho nasceu, Manuela disse ao esposo:

– Meu querido, eu estive pensando, e tenho certeza de que nosso filho deve se chamar Moisés.

Você se lembra da história do profeta Moisés? Quando aquela criança nasceu, foi colocada em um cesto e, em seguida, na água e, mesmo sendo uma criança, superou as águas do Rio Nilo. Eu falo isso porque moramos na frente de um rio. Acredito que, quando nosso filho crescer, vai querer nadar neste rio, e sabemos do perigo que ele oferece, pela forte correnteza que tem. Então, em homenagem a este rio e ao profeta, nós o chamaremos de Moisés.

Na medida em que o tempo passava e a criança crescia, também se aproximava o tempo de uma grande provação para aquele casal. Quando Moisés completou quatro anos, começou a sentir as mesmas perturbações que sua mãe sentia antes de seu nascimento.

Todas as noites, o primogênito daquela família acordava gritando e, aos prantos, pedia ajuda a sua mãe. Chorando, implorava para que tirassem aqueles bichos de perto dele, e demonstrava estar muito assustado. As cenas que Moisés via eram aterrorizantes. E todas as noites, era o mesmo dilema, e ele acordava apavorado. Devido à pouca idade, o menino tinha dificuldade para narrar os fatos, pois gaguejava bastante.

Em algumas cenas, via a própria mãe, que também era protagonista daqueles sonhos. Certa vez, após sofrer com aquele terrível pesadelo, o menino conseguiu contar a sua mãe toda a perturbação vivida durante a noite.

– Mamãe, eu tive um sonho, e a senhora também fazia parte dele. Apesar da pouca idade, tinha bastante força nos braços. E tinha nas mãos um chicote feito de cordas bem fortes. Naquele lugar, viviam muitas famílias. As crianças estavam mal vestidas e desnutridas. Seus pais, trabalhadores da fazenda, não ganhavam o suficiente para ele e sua família. Era uma situação de causar pena. Dominado por extrema maldade, eu batia naqueles pobres homens. Com gosto mesmo,eu os surrava com toda a força de meus braços. As crianças ajoelhavam-se aos meus pés e pediam, pelo amor de Deus, que eu parasse de bater em seus pais. As esposas, do mesmo modo, vivendo aquele grande desespero, rogavam para que eu tivesse compaixão de seus esposos. A senhora usava uma roupa preta e ali,ao meu lado, dava altas gargalhadas. Havia também, outro homem ao nosso lado, que, do mesmo modo, batia naqueles infelizes. Em certo momento, até as crianças apanhavam de nós.

Moisés relatou seu pesadelo com tanta riqueza de detalhes, que não parecia ser uma criança que estava falando. Nesse dia não gaguejou. Quando terminou de narrar o seu sonho, a mãe estava petrificada com o que ouvira, pois o pesadelo do filho era o mesmo que ela tivera quando estava grávida.

Ao ouvir a criança falar, ela imaginou que o menino pudesse ter sido dominado por algum espírito das trevas. Era impossível uma criança, com aquela idade, fazer o relato de um sonho com tanta riqueza de detalhes.

Durante todo aquele dia, a mãe ficou extremamente preocupada com o que ouvira do filho. À tardinha, quando seu esposo retornou para casa, ela ainda assustada, contou a ele parte do ocorrido naquela manhã. Imediatamente, chamou o filho para que ele mesmo relatasse ao pai o sonho que tivera. Quando o genitor, muito amoroso, pediu-lhe que lhe falasse do ocorrido, a criança alheia, não se lembrava de nada.

A mãe estranhou aquela situação, pois o filho havia lhe relatado o sonho e lhe contou minúcias dele. Diante do embaraço, ela narrou ao marido o fato. O marido, muito preocupado, disse-lhe:

– Minha querida, você não acha que deveríamos levar nosso filho à Igreja para que o padre possa benzê-lo? Não é normal que uma criança desta idade tenha pesadelos todas as noites. Moisés não dorme e não nos deixa dormir. Esse menino não está bem!

Manuela, assustada com todos aqueles acontecimentos, concordou com o marido, e assim combinaram que no sábado seguinte iriam à cidade próxima procurar o padre, e pedir a ele para que benzesse o menino.

Chegaram bem cedo à Igreja e foram logo procurar o padre.

Quando lhe contaram as perturbações sofridas pela criança durante o sono, e o acontecido no início da semana, o padre olhou para os pais e lhes disse:

– Meus filhos, isso é coisa do capeta. O capeta está morando na casa de vocês. Essa mulher toda de preto é a imagem do demônio. Vocês precisam confessar, rezar e vir com mais frequência à Igreja, para tirar esse demônio de dentro de casa. Caso contrário, esse bicho pode causar uma tragédia em sua família.

Antônio, amedrontado com o que ouvira do padre, tomou a palavra e falou:

– Padre, quando minha esposa estava grávida, ela também tinha esse tipo de pesadelo e, quando acordava, descrevia essas mesmas cenas que hoje estão perturbando nosso filho.

O padre, assustado com a situação daquela família, disse ao casal:

– Meus filhos, esse capeta deve ser hereditário, deve acompanhar a família por várias descendências. Então, vocês terão de participar mais da Igreja, confessar, rezar, tomar a hóstia e pedir a proteção de Deus, para que ele saia da vida de vocês, senão irão sofrer horrores por causa desse bicho.

Manuela, que era uma pessoa de uma sensibilidade apurada, saiu da Igreja decepcionada com tudo o que ouvira do padre, pois suas palavras não foram convincentes, nem esclareceram suas dúvidas. Enfim, não ajudaram em nada. Ela voltou para casa ainda mais descrente. E nunca mais retornaram à Igreja.

Na medida em que a criança crescia, a felicidade daquela família aumentava na mesma proporção, apesar de os pais guardarem dentro de si, certa preocupação relativa a esses fatos que haviam diminuído bastante. Neste tempo, Manuela já havia tido mais um filho, para a alegria dos pais.

Em uma linda tarde de primavera, Antônio chegou em casa acompanhado de um rapaz. Quando Manuela chegou à sala e deparou com aquele homem, sentiu faltar-lhe o ar, seu coração disparou. Um mal estar acompanhado de um péssimo pressentimento, tomou conta de nossa companheira. Numa luta íntima, procurou disfarçar seus sentimentos. O marido, sentindo-se feliz com o reencontro, sem perceber o embaraço da esposa, apresentou o moço, dizendo:

– Minha querida, este é Everaldo, passamos juntos a infância, somos irmãos de leite e temos a mesma idade. Eu o considero um irmão muito querido. Depois de algum tempo sem vê-lo, hoje eu o reencontrei e fiz questão de convidá-lo para conhecer nossa casa e, tomar um café conosco.

Sem deixar transparecer sua aflição, ela o cumprimentou. Completamente atordoada e com o coração batendo descompassado, voltou apressada para a cozinha e ali chorou como uma criança desamparada. No íntimo, sentiu medo, um pavor incontrolável daquele homem. E, sem entender muito bem aquela situação, ela se perguntava como alguém podia sentir algo tão ruim por uma pessoa que nem sequer conhecia! A impressão que tivera daquele homem foi a mais desagradável possível.

Depois de muito chorar, foi até o fogão preparar o café que o esposo lhe pedira.

Mesmo não querendo retornar à sala para servir o café, ela o fez. Quando se aproximou de Everaldo, seus olhares se encontraram. O rapaz sentiu uma alegria, uma felicidade íntima que jamais havia experimentado em toda sua vida.

O encantamento que sentiu por aquela mulher o deixou sem chão, sem palavras. Perdeu por alguns instantes, o controle dos pensamentos, ficando ali imóvel. Viajou no tempo, em um tempo distante, inimaginável para ele. Passado o impacto, recuperou o raciocínio, agradeceu e disse que o café estava ótimo.

Depois daquele primeiro encontro, seu coração, aos poucos, foi voltando ao normal, e assim também aconteceu com Manuela, que passou a vê-lo com naturalidade. Ela pressentiu que alguma coisa de muito ruim estava acontecendo, havia algo de anormal entre ela e aquele homem.

Manuela não sabia, mas aquele reencontro era a marca de uma grande provação que estava por vir.

O reencontro com nossos desafetos, ou seja, com as pessoas a quem fizemos mal, que prejudicamos no passado, faz nosso coração bater descompassado. No primeiro momento, podemos sentir medo, pavor ou certa insegurança, pois não sabemos qual será a reação do outro diante de nós. No caso de Manuela, em sua última encarnação, ela havia enganado aquele rapaz de forma vil e nutria por ele muito ódio. Como já o dissemos, ele nunca alimentara ódio por ela, pelo contrário, tinha registrado em seu espírito um grande amor pela mulher que estava a sua frente. Ele nunca se sentira ofendido por tudo o que ela havia praticado contra a vida dele, em sua existência anterior. O amor por ela era tão grandioso, que sequer havia lugar em seu coração para guardar mágoas e ressentimentos.

Naquele reencontro, a única coisa que ele queria ardentemente era ter uma ligação mais próxima com aquela mulher. Mas, diante dos compromissos assumidos no mundo espiritual, ele deveria viver próximo dela, mas respeitando-a como esposa de seu amigo.

Sabíamos que aquele reencontro não seria muito fácil para os dois. Everaldo deveria transformar aquele amor doentio em amor fraternal.

Naquele primeiro encontro, Manuela teve certo preconceito e forte rejeição, em relação ao amigo do esposo, e não sabia explicar o porquê de todos aqueles sentimentos.

Mas perante a Lei de Atração e Afinidade, Lei de Retorno e Lei de Causa e Efeito nada fica impune. Um dia, no passado, Manuela provocou uma causa, e ali, na sua frente, estava o homem que a deixava tão confusa e desarmada. Ele era o efeito dessa causa.

Eles não sabiam, nem de longe desconfiavam, que ali estavam a vítima e o agressor. O assassinado estava diante de seu assassino.

Apesar de não fazerem a menor ideia, o reencontro não era em vão. Eles haviam assumido um compromisso, e aquele era o momento apropriado para a aproximação.

O constrangimento de Manuela aumentou ainda mais quando o primogênito entrou na sala. Ao ver aquele homem, o menino estremeceu. Assustado, imediatamente correu para junto da mãe, numa tentativa de se esconder. O garoto ficou amedrontado com a presença daquele homem em sua casa.

Era como se o menino, naquele momento, trouxesse de seu inconsciente mais profundo, a lembrança de um passado remoto. A criança não tinha noção do que era, mas sentiu o desconfortável reflexo do passado.

Quando deparamos com um inimigo, nosso coração dispara, e reagimos de forma muito diferente de quando encontramos um amigo. É natural que todo ser humano tenha uma reação estranha e desconfortável na presença de um inimigo.

Apesar de ser ainda uma criança, era um espírito milenar em sua trajetória evolutiva. Para aquela criança, a presença de Everaldo em sua casa, não era nada agradável. Sua mãe também não estava nem um pouco confortável com a situação. Como toda mãe tem o instinto de proteger os filhos, naquele momento não foi diferente. Querendo tirá-lo daquele embaraço, disse ao filho:

– Meu filho, este senhor se chama Everaldo, ele é irmão de leite do seu pai.

Apesar da pouca idade, o menino disse à mãe:

– Mamãe, eu não conheço este senhor. Eu não sabia que papai tinha um irmão.

Ainda muito trêmula, ela respondeu:

Realmente, meu filho, você não o conhecia.

Ao perceber tristeza no olhar do pequenino, ela sentiu um aperto no coração. No mesmo instante, pediu licença, tomou a criança pela mão, e rapidamente se dirigiu ao interior da casa.

Aquele momento ficaria marcado para sempre em suas vidas, pois Manuela tinha certeza de que ali começava uma nova etapa. E não era coisa boa! E, vivendo este conflito íntimo, ela pensou em quantos problemas ainda enfrentariam.

Com o coração acelerado e completamente descontrolada emocionalmente, Manuela andava de um lado para o outro pensando nos problemas que poderiam lhes acontecer. Mas, ao lembrar do esposo e dos filhos, sentiu-se mais aliviada.

E mais uma vez, a fisionomia de Everaldo surgiu em sua mente, como a lhe cobrar algo de que julgava ser merecedor.

Companheiros, se nossa amiga tivesse vencido essa grande provação, teria dado um grande salto em sua evolução e conquistado grandes méritos em seu favor. E aquele espírito que estava ali como cobrador, se transformaria em seu grande benfeitor, ou seja, um instrumento que iria ajudá-la a vencer suas dificuldades.

Mas, ela estava envolvida em um negativismo muito grande, não tinha nenhum vínculo religioso que pudesse lhe dar suporte nas horas difíceis que a vida lhe oferecia.

Todas as dificuldades ou regalias que vivemos no presente, resultam do passado bem ou mal conduzido. Se no passado plantamos boas ou más sementes, o presente é o momento da colheita.

A maior causa dos sofrimentos da humanidade, é a falta de se buscar valores espirituais, que são os bens eternos. E são esses bens que realmente levaremos conosco. São os bens espirituais que nos proporcionam felicidade plena, que nos dão a liberdade e o alívio de uma consciência tranquila. É o único e verdadeiro tesouro que eleva nossa alma, que nos aproxima de Deus. É a maior riqueza que nós, em espírito, podemos ter.

Capítulo 7

O Atendimento Fraterno na Casa Espírita

Assim que terminei o relato, convidei Célio e Celina para irmos até o Grupo Espírita. Enquanto caminhávamos, eu disse aos dois:

–Meus amigos, recebi do Pai Maior a oportunidade de trabalhar neste Grupo Espírita. Diante de tal compromisso assumido, orientamos vários setores de trabalhos que são realizados nesta casa.

É notório que a maioria das pessoas que frequentam os Grupos Espíritas, nem de longe pode imaginar os trabalhos realizados pelas inúmeras equipes de trabalhadores espirituais, e o carinho com que acolhem todos os encarnados e desencarnados que, em momento de dor, procuram uma casa.

Já nos encontrávamos próximos da entrada da Casa Espírita, e dali podíamos observar a grande movimentação de pessoas que chegavam para assistir à reunião da noite. A maioria vinha acompanhada de espíritos sofredores, sendo que boa parte deles, preferiam permanecer do lado de fora. Por intermédio de seus acompanhantes encarnados, eles já tinham ouvido falar da Doutrina Espírita, mas não estavam dispostos a segui-la. Outros não tinham o mínimo conhecimento, mas também não era o que buscavam naquele momento. Mas, grande parte dos espíritos que aceitava nossa ajuda, era recebida por nossa equipe e encaminhada ao Complexo Hospitalar (Casa Transitória). Ao adentrar o salão onde são realizadas as palestras, sentiam-se envolvidos em energias renovadoras e, diante desse vislumbre, nos solicitavam permissão para ali permanecerem.

De repente, ouvimos uma gritaria. A certa distância, vimos uma senhora que caminhava a passos largos. Ela estava quase correndo, e parecia fugir de algo terrível. Observamos que vinham em seu encalço, dois espíritos. Os dois estavam completamente transtornados e, a todo custo, queriam alcançá-la. Faziam acusações de toda sorte e a chamavam de criminosa e assassina.

A quantidade de energia negativa que emanava daquela senhora, nos permitiu ver o total desespero em que se encontrava. Nas proximidades do Grupo Espírita, nos círculos que exercem a proteção da Casa, os dois espíritos não conseguiram avançar. Enquanto isso, a mulher entrou no salão principal, onde eram realizadas as reuniões públicas. Aquela senhora estava completamente desesperada e, com a mente perturbada, tinha certeza de que iria enlouquecer.

Observamos que no salão havia várias pessoas, e todas elas buscavam uma palavra de conforto e alento para seu sofrimento.

O fundador e dirigente do Grupo Espírita, pessoa consciente do compromisso que assumira consigo mesmo no mundo espiritual, todos os dias, envolvido em um sentimento de compaixão e respeito aos necessitados, recebia todos os que ali chegavam relatando suas dores. Amparado por nós, tinha sempre uma palavra amiga e, nesse atendimento fraterno, orientava e aconselhava todos os que procuravam consolo na Doutrina abençoada.

Com certeza, todo Grupo Espírita bem estruturado e engajado nos princípios dos ensinos de Jesus, realiza importante trabalho em prol daqueles que buscam socorro por meio de orientação fraterna.

Diante do quadro de perturbação que aquela senhora apresentava, em poucos instantes, foi encaminhada para o atendimento fraterno. Ela foi acolhida e conduzida a uma sala reservada.

Observávamos atentamente, a maneira como ela falava ao médium o que lhe perturbava a alma. Entre os fatos, ela contou como os espíritos obsessores a tratavam no momento em que adormecia e despertava nas dimensões espirituais.

Enquanto ela falava e gesticulava, o médium se manteve em silêncio. Ele orava rogando a Jesus e aos mentores espirituais, força e equilíbrio para a irmã que se encontrava ali à sua frente.

Observamos que o médium a acolheu como um pai amoroso. Após alguns minutos, ele lhe disse palavras de reconforto e otimismo na tentativa de acalmá-la. Nossa equipe fazia uma limpeza no corpo físico e espiritual de nossa companheira. E, aproveitando o momento, aplicaram-lhe um passe magnético, para que se acalmasse e pudesse assimilar melhor os conselhos do médium. Depois de alguns instantes de silêncio, o médium lhe disse:

– Minha amiga, a senhora pode contar conosco e com os amigos espirituais que dirigem este Grupo Espírita. Estamos aqui para ajudá-la. Deus está no comando de nossa vida, não se desespere. Acalme vosso coração, respire devagar, e faça uma limpeza em sua mente cansada. Eleve seu pensamento até o mais alto e ore a Deus. Lembre-se das palavras do Espírito de Verdade quando disse:"Irmãos, amai-vos; eis o primeiro mandamento; instruí-vos, eis o segundo." (Paris 1860)

Sabemos que existe uma causa para nossos sofrimentos de hoje. Se depois de minuciosa pesquisa não encontrarmos algo que nos remeta aos nossos padecimentos do presente, busquemos a resposta em nosso passado. Com certeza, ali encontraremos a causa de nossa aflição. Para que a senhora comece a entender melhor, o porquê de tantos sofrimentos e perseguições por parte de nossos desafetos desencarnados, quero oferecer-lhe um livro, e tenho certeza de que este será uma luz a iluminar seu caminho. Faça a leitura deste livro diariamente. Abra uma página, aleatoriamente, leia e, em seguida, reflita sobre o texto que leu. Tenho certeza de que se sentirá melhor a cada leitura!

Mas, para que possamos dar prosseguimento ao tratamento espiritual, faz-se necessário que a senhora venha aqui pelo menos três vezes por semana, para assistir às palestras que são ministradas nas reuniões públicas. A senhora deve tomar o passe todas as vezes que aqui vier.

Senhora, a mudança de conduta, o estudo do Evangelho, as palestras que irá ouvir e os passes que receberá nesta casa, em muito a ajudarão, e não só a senhora, mas também os espíritos que a acompanham. Todas as vezes que a senhora se dirigir a esta casa, chame-os, peça a eles para que a acompanhem até aqui. Na hora em que for tomar o passe, peça a Deus por eles. É indispensável, também, que a senhora faça o Culto Cristão no Lar. Se a senhora quiser, o Grupo Espírita tem uma equipe de tarefeiros, que vai até os lares para a implantação do Culto Cristão no Lar. Nossa equipe se coloca à sua disposição para auxiliá-la nessa tarefa. Em suas orações, rogue a Jesus força e sabedoria, e peça perdão aos espíritos que a acompanham, mas é importante que a senhora também os perdoe.

– Com muito estudo e trabalho no bem, a senhora vai vencer. Sabemos que não será fácil, mas para Deus nada é impossível. O homem constrói caminhos e Deus constrói estradas. Lute com todas as suas forças. E conte com os mentores espirituais, eles estão aqui para nos auxiliar nos momentos difíceis de nossa caminhada.

Quando iniciamos um tratamento espiritual, enfrentamos muitas dificuldades, mas, na maioria das vezes, começamos a nos sentir melhor. Mas, diante das influenciações que sofremos dos espíritos obsessores, não conseguimos dar continuidade ao tratamento. Mas, se a senhora for perseverante, todas as dificuldades serão superadas.

Quando nossa companheira deixou o recinto, estava se sentindo bem melhor. As palavras de consolo proferidas pelo dirigente do Grupo, tocaram profundamente seu coração sofrido. Envolvida em energias renovadas, ela estava disposta a seguir todos os conselhos que havia recebido.

Célio, um tanto assustado com alguns detalhes da história contada por aquela mulher, indagou:

–Ernesto, tem fundamento a história que essa senhora contou ao médium? Foi isso mesmo o que aconteceu com ela?

– Nem tudo é como ela narrou, há algo mais a acrescentar. Sabemos que ao abortar, a pessoa está praticando um crime bárbaro perante sua consciência. A mãe, quando tira a vida de um ser indefeso, está cometendo um terrível crime perante sua consciência. Este é um dos crimes mais hediondos. Posso afirmar que são poucos os abortados que conseguem perdoar e, pior, muitas vezes transformam-se em implacáveis obsessores. A maioria das vezes, essa perseguição não é somente com a mãe que cometeu o aborto, eles obsedam também aqueles que incentivaram o ato.

– As dificuldades que o ser humano tem de enfrentar na vida são causadas pelo distanciamento de Deus. O homem só poderá ser feliz quando estiver em paz com sua consciência. Mas, para que vivamos em paz, teremos de agir sempre de acordo com as leis divinas.

– O homem não é somente a parte física, sua realidade é o espírito que necessita ser alimentado. E mesmo que o homem viva rodeado de bens materiais, se ele não cuidar do seu espírito eterno, não conseguirá ter a paz que tanto almeja. Ele pode ter momentos felizes, mas em seu íntimo será uma pessoa triste e infeliz. Observemos que a maioria das pessoas que vivem neste desequilíbrio espiritual, passa a se alimentar desordenadamente, numa tentativa de suprir algo que lhes falta. A alma só pode ser alimentada pelas lições edificantes, pela oração, trabalho em favor do próximo, a caridade, e o respeito ao direito alheio. Entendemos que cada um está em um diferente grau de evolução, e é nosso dever respeitar a todos, porque todos nós fomos criados simples e ignorantes e estamos aqui caminhando rumo à nossa perfeição. Deus nos criou à sua semelhança. Não quero dizer semelhança física, mas semelhança espiritual. Deus nos criou em pureza de espírito, mas, no decorrer de nossa evolução, somos dotados de livre-arbítrio.

– Infelizmente, alguns percorrem o caminho do mal, enquanto outros seguem o caminho do bem. Quando Jesus disse para que deixássemos brilhar nossa luz, ele quis nos alertar que aquele que brilhar sua luz nunca estará nas trevas. Esta luz de que Cristo nos fala, só poderá brilhar com o enriquecimento da alma, e não do enriquecimento material, que é passageiro. Todos os bens materiais ficarão na Terra. Mas, a alma conquista as virtudes e leva consigo toda essa riqueza, que são os valores espirituais adquiridos.

– Voltando ao caso de nossa companheira, quanto aos dois espíritos que a acusavam de assassina, um deles foi seu esposo que, nesta encarnação, foi abortado por ela; o outro espírito foi sua sogra.

– Nossa companheira encarnou numa época, em que havia um preconceito muito grande em relação à mulher. As meninas eram educadas para o casamento, e era ensinado a elas que, ao se casarem, deveriam ser obedientes e submissas aos esposos.

E, diante de quaisquer dificuldades entre o casal, os familiares acusavam e culpavam as mulheres pelos problemas ocorridos. Era norma da sociedade, que a mulher devia servir o marido de todas as formas que fossem necessárias. Em sua última encarnação, nossa companheira se casou com este espírito que hoje a persegue. Ela, revoltada com a autoridade do esposo, contrapôs-se aos ditames da época, e isso fez com que a sogra, enfurecida, a perseguisse.

– Estas duas entidades, agora no mundo espiritual, pensam que têm o direito de escravizá-la. O ex-esposo pelo aborto sofrido, e a ex-sogra por pensar que tem direitos sobre a ex-nora. Toda esta situação estaria resolvida se ela não tivesse praticado o aborto. Este espírito, ao reencarnar, seria um filho muito perverso. Ele tentaria dominá-la de todas as formas possíveis e a forçaria a fazer todas as suas vontades. Ela, dotada de uma sensibilidade aguçada, pressentindo pelo desdobramento que receberia um filho com tais dificuldades, preferiu abortá-lo. Desse modo, adiou mais uma vez, o compromisso que assumira com ele.

CAPÍTULO 8

A REENCARNAÇÃO COMO VIÚVA NEGRA

Quando o dirigente deu por encerrado os trabalhos da noite, convidei meus dois amigos para conhecer os detalhes da história de Ambrosina, do tempo em que foi casada com um rico fazendeiro. Seguimos a uma sala onde os dois tomariam conhecimento dos fatos ocorridos.

Antes de aparecerem na tela as imagens, eu lhes disse:

– A história de nossa companheira é muito triste. Vejam vocês mesmos os acontecimentos.

Pendurada na sacada daquele imenso casarão, havia uma linda rede bordada. Deitada nela, a viúva chorava a perda do esposo querido. Depois de algum tempo, ela fechou os olhos e, com o coração em pranto, recordava os momentos inesquecíveis em que viveu com o esposo naquele lugar.

Em suas lembranças, ela ainda podia sentir o abraço do marido, pois ele havia desencarnado havia pouco tempo. Sentia o afago em seus cabelos e suas mãos deslizando em seu rosto. Ela se emocionava ao relembrar de seus sonhos, que naquele lugar haviam se tornado realidade.

Nos fins de tarde, quando o Sol jogava seus raios amarelados em forma de ouro, clareando os montes distantes, os dois observavam as campinas verdejantes e ali, trocavam juras de amor eterno. E com o coração apertado, ela sempre perguntava ao esposo:

– Meu amor, se algum dia você me perder, sentirá a minha falta?

Com o coração envolvido em grande tristeza, ele respondeu:

– Minha querida, sinto em meu coração que morrerei primeiro!

Ao ouvir as palavras do esposo, ela sentia uma profunda dor na alma e, chorando, o envolvia sem um abraço, e em seguida lhe dizia:

– Se isso acontecer, eu me mato, pois não posso imaginar viver tal situação. Eu não consigo viver sem seus carinhos, sem seu amor. Eu o amo com toda a força da minha alma.

E, nesses momentos, ele a beijava dizendo:

– Peço a Deus que nos mande um filho, para que ele também possa compartilhar conosco desta felicidade.

E com esses pensamentos, ela passava horas e horas perdida nas lembranças. A saudade era como o fogo a lhe queimar a alma.

Mas era preciso acordar para a realidade. Mesmo vivendo em situação tão desoladora, ela sabia que precisava reagir.

– Meus irmãos, sabemos que diante de um problema, que achamos impossível superar, vem sempre um novo dia trazendo-nos uma expectativa de recomeço.

Pelas imagens, vimos que todas as manhãs, ao acordar, seguia até a sacada, e dali podia avistar as frondosas árvores frutíferas e os gigantescos ipês, que naquela época do ano estavam cobertos de flores.

Ela observava os casebres onde moravam os empregados da fazenda. E, ao olhar para determinada casa, lembrou-se de algo que o morador fez que deixou seu marido aborrecedissímo. E, naquele instante, com ódio na alma, ela balbuciou: "Maldito, tenho certeza de que foi por sua causa que meu marido adoeceu, portanto, você é o culpado pela morte do meu amor! E, para dizer a verdade, acredito que todos esses infelizes tiveram sua parcela de culpa na morte dele".

Ao olhar para aqueles casebres e seus moradores, ela sempre encontrava algum pretexto para culpá-los, e logo começou a descarregar sobre eles todo seu ódio. A partir daí, ela passou a ver seus empregados como inimigos.

Infelizmente, com todo esse ódio no coração, ela entrou na faixa mental de espíritos que vibravam na mesma sintonia. Com o tempo, eles passaram a viver em perfeita simbiose. Ela perseguia ferozmente aquelas pobres criaturas da forma mais sórdida possível.

Desde a morte do esposo, ela tinha como únicas companhias o filho e o capataz da fazenda, que apaixonado por ela, obedecia a todas as suas ordens sem questionar. Com o passar do tempo, ao se ver cortejada pelo funcionário, ela, muito espertamente, lhe fez juras de amor. Dissimulada, prometeu que um dia se casaria com ele, fato que não se concretizou.

Certa manhã, Ambrosina, envolvida em seu ódio, chamou o filho e o capataz e lhes ordenou:

– Quero que os dois sigam, imediatamente, até a casa dos colonos e lhes digam que a partir de hoje, nenhum deles poderá ter criação de animais aqui na fazenda.

Ordem que foi obedecida com muito gosto pelo dois.

Com muita tristeza, os colonos foram obrigados a vender a preços insignificantes todos os animais que tinham. Como se isso não bastasse, a partir dessa data, ela passou a pagar a metade do salário estipulado na época. A perseguição vinha de todos os lados. As crianças não podiam brincar na imensidão de terra que existia ao redor de suas humildes casas. Tudo era motivo para castigá-los. Não somente os pequeninos, mas seus pais também eram severamente castigados.

Ao se verem massacrados pela dona da fazenda, resolveram sair daquele lugar, e eram muitos anos de trabalho. Alguns moravam naquela fazenda havia mais de vinte anos. Mas eles não tinham outra saída, estavam sendo obrigados a sair dali, e não demorou para que os colonos não tivessem o necessário para a própria subsistência.

Nesse tempo, Moisés, que vivia sempre na companhia do capataz, já praticava todos os tipos de crueldade.

Quando soube que os colonos queriam abandonar a fazenda, Ambrosina ordenou que o filho e o capataz agilizassem a retirada de todos eles de suas terras. Não queria vê-los na fazenda nem um minuto mais. A violência era a ordem do dia. Segundo ela, os colonos não poderiam levar nada além de suas roupas. E, assim, eles foram enxotados dali como animais peçonhentos. Nem o choro das crianças e dos idosos, tirou o sorriso dos lábios dela e de seus dois comparsas.

Humildemente, eles juntaram as poucas roupas e abandonaram a fazenda. Com a alma em chagas, aqueles humildes trabalhadores foram obrigados a sair do lugar que, por anos, lhes servira de abrigo. Enquanto caminhavam rumo à porteira, recordaram do patrãozinho, pois era assim que eles o chamavam, e tinham certeza de que, se estivesse vivo, jamais permitira tal atrocidade. Todos eles sabiam da paixão do capataz pela esposa do patrão, e alguns até pensavam ser ele o culpado por tudo o que estava lhes acontecendo. Diante disso, muitos blasfemavam e juravam vingança, não só ao capataz, mas à esposa do patrão, pois ela se transformara em uma pessoa má e perversa.

O capataz e o filho da viúva, depois dessa façanha, viviam em estreitas confidências. Todo o tipo de maldade era praticado pelos dois, mas sempre sob o comando de Ambrosina.

Quando todos os empregados deixaram a fazenda, ela se sentiu aliviada. Em pensamento, dava graças a Deus por ter conseguido desvincular-se de pessoas tão más.

Sem empregados para cuidar dos canaviais, ela ordenou que seu capataz fosse até cidades mais distantes em busca de novos trabalhadores. Ela não queria que seus novos empregados tivessem vínculo com as pessoas da região onde morava. Esses colonos, inexperientes naquela atividade, não produziam o esperado por ela.

Mas as palavras de seu esposo continuavam claras em sua mente, quando ele lhe dizia que, na falta dele, ela deveria cuidar muito bem dos negócios para que não faltasse nada ao seu filho.

Agora, sem o esposo, ela se viu na necessidade de proteger seu filho. E com este pensamento, passou a explorar todos os que trabalhavam na fazenda. Ela tinha medo de um dia, quando morresse, os bens materiais de que dispunha, não fossem suficientes para a sobrevivência do filho. Ao morrer, ela queria deixar uma fortuna para o filho, para que ele não passasse por nenhum tipo de necessidade. Enriqueceram à custa da exploração de seus empregados, que eram tratados com desprezo.

A viúva, que antes era uma pessoa boa e honesta, transformou-se numa pessoa má e sem coração.

– Célio e Celina, isso acontece, quando nos desviamos dos ensinamentos do Mestre Jesus.

Quando permitimos que pensamentos negativos tomem conta de nossa mente, imediatamente somos envolvidos por entidades das trevas. E aquilo que para nós era errado e não tínhamos coragem de fazer, com a mente cristalizada no mal começamos a aceitar. Arrumamos desculpas para cada ação negativa nossa e transformamos o coração em pedra. O tempo passa, nos fechamos em um casulo e nos tornamos insensíveis ao sofrimento dos nossos semelhantes.

O bem começará a fazer morada em nosso coração, quando corrigirmos em nós os pequenos defeitos, principalmente aqueles que julgamos sem importância. Em pouco tempo, estaremos nos corrigindo dos erros mais graves. Assim o homem começa sua caminhada de volta para Deus, de onde saiu um dia. Diante do livre-arbítrio que Deus nos deu, cada um é livre para escolher o próprio caminho. Muitos escolherão as flores, outros os espinhos. Quando sensibilizamos nosso coração para o bem, o amor ao próximo, a fraternidade, estaremos escolhendo o caminho das flores. Ao passo que, quando nos fechamos no egoísmo, escolhemos o caminho de espinhos.

O mal vem de mansinho e, na medida em que lhe damos guarida, ele vai se fortalecendo. Começamos com pequenos erros, até chegar o momento em que cometemos erros tenebrosos. Sabemos que um dia vamos acordar, e nesse dia virão a dor, o sofrimento e o remorso. O remorso nos faz reviver tudo o que fizemos de errado, e é um sentimento muito doloroso. Não temos como nos esquivar, cedo ou tarde teremos de reparar o mal que praticamos.

Ninguém prepara nossos caminhos, nós o fazemos. A vida na Terra é de reencontro com oportunidades de reajuste. Nossos caminhos são construídos por nós, e dos acertos resulta nossa felicidade, assim como da maldade praticada, a dor e o sofrimento.

Meus queridos, todos fomos criados para viver dentro da Constituiçao Divina, e ninguém será feliz longe destas leis. Quando as vivenciarmos, teremos felicidade plena.

Infelizmente, como já lhes disse, Ambrosina viveu o resto de sua vida, exigindo mesmo, a presença de seu esposo ali na sua casa. Ela se esqueceu de viver a realidade, de reconhecer que era uma viúva e que seu marido já tinha cumprido seu compromisso com ela aqui na Terra, e que naquele momento, ela teria uma oportunidade de continuar sua vida, superando suas dificuldades, cumprindo seu dever de mãe e educadora.

A viúva negra tinha uma grande afinidade com o filho. Às vezes, confundia-se em sua responsabilidade e via-se como mãe, cobrindo-lhe de carinho; outras vezes via-se como um pai, dando-lhe toda a proteção. Ela o amava profundamente e tinha muito ciúme dele. Ao invés de lhe moldar dentro dos ensinos do Cristo, com o seu mau exemplo, influenciou o filho, para que seguisse o caminho do mal. Mas perante a lei divina, nada fica impune. Muitos anos depois, a viúva negra veio a desencarnar após sofrer por muitos anos em cima de uma cama, com um câncer que se espalhou por todos os seus órgãos internos. A doença instalou-se em seu organismo físico, em razão da mágoa que guardava no coração, e das emanações de ódio e raiva dos empregados que ela havia mandado torturar em sua fazenda. Moisés também veio a desencarnar em razão de um câncer generalizado.

Posso lhe afirmar que mãe e filho recebiam de volta todo o mal que praticaram contra os colonos de sua fazenda. Era a Lei de Causa e Efeito, agindo na vida deles. Eles estavam completamente envolvidos nas energias negativas, resultantes do ódio e da mágoa daquelas pessoas que haviam sido maltratadas por eles.

O espírito, depois de tomar consciência do seu papel no universo, coloca-se à disposição para retornar à Terra e refazer seu caminho. Traça, juntamente com as equipes espirituais, um novo modelo de vida, em que poderá ressarcir seus débitos do passado delituoso, junto daqueles a quem prejudicou.

Todos que passam por provações devem ser fortes, ter fé e esperança em Deus. Uns conseguem vencer a prova, outros não. Mas o importante é que Deus nos dá novas oportunidades de recomeço.

Mas, infelizmente, a maioria das pessoas não compreende esses valores espirituais, que são o maior tesouro que o homem pode ter na vida. O conhecimento espiritual é uma riqueza que ninguém vai lhe tirar, enquanto os bens materiais são passageiros e ficarão na Terra. O que aprendemos neste mundo sobre as questões espirituais, se transformará em bagagem para nossa evolução. De que adianta o homem ganhar o mundo e perder sua alma? A vida é um presente de Deus, mas a existência no mundo físico é passageira. Nossa felicidade só será completa quando for compartilhada com todos. E quando servimos, nosso nome fica guardado no coração de quem é servido por nós. Essa é a maior riqueza que levamos deste mundo.

Deixar boas lembranças e recordações, faz com que, ao partirmos da Terra, muitos sintam a separação, embora temporária, de uma pessoa que ofereceu um ombro amigo, alguém que aconselhou e amou de coração e alma. E, ao chegarmos ao mundo espiritual, seremos recebidos com festa pela alegria de nossa chegada, e muitos estarão à nossa espera. Essa é a grande recompensa de todos os que praticam o bem.

Quando uma pessoa nos faz um bem, nunca a esquecemos. O tempo vai passar, mas a gratidão a esta pessoa não passa. A gratidão é a grande essência divina. Agradecemos a Deus pela vida que nos deu e pelo livre arbítrio de escolher nosso próprio caminho; pela oportunidade de servirmos alguém e pelos momentos de dor, pois estamos resgatando nossos erros, retirando do nosso quintal a erva daninha que um dia semeamos.

Somos gratos quando nos recuperamos de uma enfermidade; quando reencontramos um ente querido que há muito tempo não víamos. Agradecemos a Deus por esse mundo que nos proporciona muitas oportunidades, para crescer espiritualmente e moralmente, e pela liberdade de pensar, sonhar e realizar nossos sonhos.

O filho ingrato não valoriza o bem que os pais lhe proporcionam. Não reconhece o sublime sentimento que foi carregá-lo no ventre durante os nove meses de gestação. E o profundo sentimento de ternura, quando sua mãe, com todo o carinho, o colocou no seio para alimentá-lo. O ingrato não aceita os conselhos dos pais e não compreende a sua preocupação, quando insiste, de modo contínuo, em chegar em casa, altas horas da madrugada bêbado e drogado.

Mas é certo que um dia ele reconhecerá tudo isso. Atentemos para nossos atos, pois os filhos de hoje serão os pais no amanhã. E a filha terá a oportunidade de revelar ao mundo uma nova vida gerada em seu ventre, e vivenciará as mesmas preocupações que dava aos pais.

Conforme a Lei de Causa e Efeito, as dificuldades e os problemas pelos quais passamos, são resultado do nosso passado de erros. Conhecedor de nossas mazelas, o Mestre nazareno nunca nos perguntou: o que você fez? O que você era? Ele nos disse: *"Se alguém quiser vir após mim, negue-se a si mesmo, e tome a sua cruz, e siga-me".(Marcos-8:34)*

O difícil é compreendermos que Jesus nos espera e vai nos esperar sempre, porque ele sabe que, mais cedo ou mais tarde, Seus ensinamentos serão intrínsecos ao nosso espírito imortal. Quando chegar esse momento, viveremos a felicidade íntima e estaremos prontos para auxiliar aqueles, que ainda não encontraram o caminho do bem.

Capítulo 9

Tragédia Anunciada

Meus queridos, no alvorecer do despertamento espiritual a humanidade caminha com os olhos vendados para as Verdades Divinas. Quando tomamos como base os ensinamentos do Mestre, ficamos grandemente entristecidos ao presenciar as mazelas que assolam a Terra. Amigos, há outros casos tão sérios como este. Quero que conheçam a história de Gustavo, que aqui se encontra internado. Tenho certeza de que dela tirarão grande aprendizado. Assim como Manuela, esse nosso companheiro também está sendo amparado neste Grupo Espírita.

Atualmente, muitos companheiros, encarnados e desencarnados, têm procurado o Grupo Espírita na ânsia de resolver seus problemas e aliviar suas dores. A maioria vem em busca de um milagre que, sabemos, não vai acontecer. Nossas dores só se aliviam quando aprendemos a viver e buscamos, por meio do aprendizado, fazer nossa reforma íntima.

Por falta de estrutura espiritual, as famílias estão vivendo em desalinho com os compromissos assumidos no mundo espiritual. Sabemos que o processo de esquecimento pelo qual passamos ao reencarnar, nos dá liberdade de ação. Possibilita-nos liberdade de agir e, diante de nosso livre-arbítrio, somos responsáveis por nossas ações.

Ouçam a sua história:

Ele era um milionário bem-sucedido, fazendeiro, visto pelos olhos materiais. A plantação de café se perdia de vista; quanto ao gado, não se conseguia contar o número de cabeças espalhadas nos pastos. Ele tinha uma conta bancária bem polpuda e guardava em casa, a sete chaves, uma coleção de quadros de pintores renomados e joias de grande valor.

Um homem bom e honesto, mas demasiadamente apegado aos bens materiais. Antes mesmo de completar seus quarenta anos de idade, já havia trabalhado bastante para adquirir todo esse patrimônio.

Quando chegou à idade madura, pensou em se casar e constituir uma família. Ele pensava que estava na hora, pois já havia conseguido os bens materiais necessários, para ter uma vida confortável. Sonhava em ter uma família e ser feliz.

Gustavo se apaixonou perdidamente, pela primeira vez, por uma linda jovem de olhos azuis.

Diante de tão avassaladora paixão, em pouco tempo ele formalizou o pedido de casamento. A jovem também tinha grandes sonhos na vida: viver bem, divertir-se, gozar de sua beleza e dos bens materiais, já que estaria se casando com o homem mais rico da região. Maria, esse era o seu nome, era a moça mais bonita daquelas redondezas.

Ela estava na flor da idade, tinha apenas dezoito anos, recém-saída da adolescência. A diferença de idade, de certa forma, influenciava na vida do casal, pois Gustavo era dedicado ao trabalho, e o peso dos anos vividos se refletia em sua fisionomia, que já demonstrava um abatimento visível. Além de tudo isso, passava as noites no escritório que tinha em casa, cuidando dos negócios e sempre pensando em uma maneira de aumentar ainda mais sua fortuna. Estava quase sempre irritado, e se exaltava intimamente quando seus negócios não saíam como desejava.

– Filhos, a busca desenfreada por bens materiais nos rouba a sensibilidade do espírito e deixa marcas profundas em nossa alma.

O tempo passou e, num piscar de olhos, o casal completou dois anos de casados. Tudo ia bem e, apesar desse problema, podemos dizer que o casal era feliz. Sua esposa, sempre compreensiva, entendia perfeitamente a situação. Agora, com seus vinte anos de idade, ela se sentia feliz, pois tinha todas as regalias que o dinheiro podia dar. Todos os seus sonhos se tornavam realidade. Só faltava um filho para completar a felicidade do casal. Um dia, tiveram uma grande e maravilhosa notícia: Maria estava grávida!

Gustavo se sentia um homem realizado. Deus estava sendo misericordioso com ele. Sua esposa era encantadora, e agora teria um filho para alegrar ainda mais sua vida. Naquele momento, nenhum homem era mais feliz que ele.

Durante todo o período da gravidez, o casal viveu nas nuvens, à espera do nascimento do filhinho amado. Em pouco tempo, já estava tudo preparado para a chegada do herdeiro. Cuidaram de tudo nos mínimos detalhes, nada podia faltar. Era como se estivessem esperando a chegada de um príncipe.

E assim, num clima de grande ansiedade e verdadeira felicidade, nasceu aquele ser que representava tudo na vida do casal.

Aquela criança, que apresentava docilidade e meiguice, conquistou o pai no primeiro olhar. Ele tinha verdadeira adoração por aquele ser tão pequeno e indefeso. A criança foi crescendo e recebia todo o amor daquele pai, que não se cansava de tecer-lhe elogios. Ele não poupava esforços para dar a melhor educação ao filho. Na época de ir para a escola, os pais o matricularam em uma das melhores escolas, pois, em seu entender, naquela escola lecionavam os melhores professores da região.

Mas como nem tudo na vida acontece de acordo com nossos interesses e planos, era com grande tristeza e decepção, que a cada dia, constatava o desinteresse do filho pelos estudos. Insistia e até implorava para o filho estudar, falava para ele da importância dos estudos, principalmente por ele ser uma pessoa de muitas posses.

O pai lhe dizia que não seria nada elegante crescer sem uma instrução adequada a seu nível social. Em uma de suas conversas com o filho, disse-lhe que, para o homem ter tino para os negócios, precisava ter grandes conhecimentos, que seriam adquiridos numa boa escola e conquistados com esforço e dedicação.

Manuel, no entanto, não queria saber de nada disso. Ignorava os conselhos do pai, que ficava cada vez mais triste e sofria com aquela situação.

O filho gostava mesmo era de viver a vida sem responsabilidade. Desde criança esbanjava rapidamente a mesada que seu pai lhe dava. A mãe, superprotetora, estava sempre encobrindo seus pequenos erros. E, em meio à falta de limites, cresceu mal-educado sob a excessiva proteção materna, sem nenhum respeito pelo pai e pelos empregados.

Aos treze anos, não se conformando com o valor da mesada que o pai lhe dava, começou a lhe cobrar quantias maiores. Ele queria dinheiro suficiente para gozar a vida e fazer todas as coisas que bem entendesse. Sempre dizia ao pai que ele tinha o direito de aproveitar a vida e gastar o dinheiro a seu modo.

As brigas e os xingamentos eram uma constante na residência de Gustavo. Mesmo vivendo tal tormento, não aumentava o valor da mesada. Manuel, aos gritos, dizia que ele não era mais uma criança para se contentar com tão pouco. Exigia uma mesada polpuda, como um jovem na sua idade deveria ganhar. Argumentava que ele frequentava lugares bem diferentes daqueles que uma criança gostava de frequentar.

Já aos quinze anos, tinha intenção de gastar seu dinheiro nos melhores bordéis da cidade.

O pai, no entanto, não cedia às investidas do filho. Não obtendo o que esperava, em pouco tempo estava completamente dominado pelo ódio. Com a mente envolvida nessas nefastas energias, sempre pensava que aquela situação não poderia continuar como estava. Revoltado, nutria grande ódio pelo pai. Entre outras barbaridades, ele dizia a sua mãe que não adiantava eles terem tanto dinheiro, se o velho sovina não lhe dava mais que algumas poucas migalhas.

– Meus queridos, vejam agora as imagens dos fatos acontecidos.

Certo dia, completamente transtornado, Manuel disse a sua genitora: – Minha mãe, este velho não nos deixa aproveitar a vida. A senhora ainda é jovem, sou seu único filho. Por que viver com esse homem miserável e horroroso? A senhora não merece viver com um homem como esse: velho, barrigudo e unha de fome. Não vale a pena perder sua juventude, vivendo ao lado de um homem tão miserável. Não sei para quem ele pensa que vai deixar essa fortuna. Esse dinheiro nem pertence a ele, mas a nós, por direito. Ele já está quase na hora da morte e fica nessa miséria. Eu não estou suportando mais esta situação!

Sem raciocinar no poder de suas palavras, a mãe o aconselhou:

– Meu filho, procure se acalmar, seu pai está doente e não vai demorar a morrer. Assim que isso acontecer, dividiremos tudo, você receberá sua parte. Então poderemos viver nossa vida como bem quisermos.

Em meio a essa conversa, Maria foi intuída pelo benfeitor espiritual a enaltecer as qualidades do esposo. Ela deveria expor ao filho a bondade do pai. E assim ela continuou:

– Manuel, eu te peço que seja mais paciente, pois seu pai sempre cuidou muito bem de nós dois.

Mas o filho, sempre impaciente, respondeu:

– Não, minha mãe, este homem não vai morrer tão cedo. Há tempos venho pedindo a Deus para que esse velho sovina morra logo, para que eu fique com a herança que me pertence, mas não adianta, ele não morre!

Aquele tipo de conversa era uma constante na vida de mãe e filho. Mas, à medida que o tempo passava, o coração de Manuel era dominado pelo ódio que sentia pelo pai.

Sabemos que, ao deixarmos as trevas entrar em nossa vida e não darmos espaço para a entrada da luz, tudo à nossa volta se transforma em densa escuridão.

Do mesmo modo, Gustavo também passou a sentir raiva do filho, pois o rapaz não queria saber de estudar e, quanto a trabalhar, nem se fala! O pai, imaturo quanto à maneira de lidar com tal situação, deixou que o ódio e o rancor tomassem conta de seu coração.

Manuel era um rapaz totalmente irresponsável e tinha verdadeira loucura por dinheiro. A mãe não suportava mais as lamentações do filho, pois a cada dia, ele ficava ainda mais irritado com aquela situação. Nesse tempo, o casal estava vivendo sua pior crise conjugal.

Por falta de sentimentos mais nobres, aquela família se envolveu em um emaranhado de dificuldades. Naquele lar não havia paz, cada um vivia no seu canto, alimentando seu ódio e desprezo pelo outro.

Desarmonizado com os propósitos da bendita oportunidade reencarnatória, o filho começou a planejar a morte do pai. Alimentando tais pensamentos, ele se envolvia cada vez mais com os espíritos inferiores. Era impossível ouvir os conselhos e as vibrações positivas dos benfeitores espirituais.

Assim, de alma e coração, os três estavam cada vez mais mergulhados na profunda escuridão da mágoa e da ganância exacerbada. Temos aqui, o exemplo de pais que se esqueceram de ensinar ao filho boas maneiras e de dar a ele uma educação religiosa. Com a carência nessa área, era bem claro que isso aconteceria, pois os pais de Manuel nunca haviam buscado uma religião que lhes pudesse dar sustentação em momentos tão difíceis de sua caminhada aqui na Terra. E, quando o filho nasceu, não o ensinaram a ser cristão. O que aconteceu, na verdade, foi o contrário. Desde tenra idade, os pais satisfaziam todos os gostos do filho, não deixavam que lhe faltasse nada, e ele cresceu em meio a tantos mimos que se tornou uma criança insuportável.

Podemos afirmar que, mesmo antes da concepção, os pais assumiram a responsabilidade de educar os filhos e encaminhá-los para o bem.

Mas voltemos ao caso de Gustavo. Quando todo aquele conflito começou, já havia mais de cinco anos que o casal não fazia uma prece dentro do lar. Nesse tempo, eles nem se lembravam mais de Deus.

Os pensamentos negativos cruzavam o ambiente, em forma de miasmas, como horríveis monstros destruidores.

Podemos imaginar que triste e desolador era o clima daquela casa sem Deus e sem amor. Os pensamentos negativos do filho, que naquele momento desejava matar o pai, eram tão fortes que formavam no ambiente uma nuvem negra. A vida naquela casa era insuportável, só havia tristeza, lamentações e muita revolta.

Sabemos que os benfeitores espirituais estão sempre prontos para nos ajudar, mas, para recebermos essa ajuda, é necessário que estejamos receptivos aos seus conselhos e intuições.

Nada é forçado no mundo espiritual e, mesmo que fosse, não daria para ajudá-los, pois a mente dos nossos amigos vibrava em faixas diferentes, portanto, não era possível o contato com seus anjos guardiões.

Constantemente, ouviam-se gritos de ofensas e condenações. Os miasmas, que são resíduos mentais oriundos de maus pensamentos, a essa altura do drama, já tomavam conta de toda casa.

Naquela casa, havia uma falange de espíritos zombeteiros que estavam unidos a seus moradores como sanguessugas. Aquele lar se transformou em um campo de batalha; o ambiente era como uma bomba prestes a explodir. As vibrações eram tão negativas que, por mais que os amigos espirituais tentassem ajudá-los, não tinham acesso à mente de nossos companheiros.

Por invigilância e imprudência, os três, além de absorverem as energias deletérias individuais, também absorviam as energias que eram emanadas do grupo familiar, e desse modo essas energias foram armazenadas em seus corpos espirituais, que no futuro poderiam ocasionar doenças de origem desconhecida, com alto poder de destruição. Podemos observar meus queridos, que quanto mais o homem se envolve em sentimentos de ódio, ganância, orgulho, medo, e vícios de todos os tipos, permeados por imoralidade desenfreada, vários sintomas estranhos podem vir a se concentrar nos centros vitais, causando desequilíbrio e uma paralisação, impedindo o individuo de seguir sua caminhada rumo a evolução.

E foi isto que aconteceu com o nosso irmão.

Nesse tempo, Gustavo já dava sinais de uma saúde muito debilitada. Não aguentando mais a situação de brigas e desavenças e, enfraquecido, nosso companheiro caiu doente em cima de uma cama. A partir daí, não conseguiu mais andar.

Maria achou por bem contratar uma enfermeira, dizendo-se impossibilitada de amparar o esposo em sua doença.

Gustavo tinha muitos amigos, e sempre um deles vinha até sua casa para visitá-lo. A enfermeira e os amigos eram o único alento daquele coração sofrido. Durante essas visitas, sempre reclamava dos maus-tratos que recebia da família.

Observem, meus filhos, vejam as cenas da situação vivida por Gustavo nesse tempo:

Certo dia, Manuel chamou a mãe em seu quarto e lhe disse que seria muito bom que, a partir daquele dia, eles mesmos servissem a alimentação ao pai, pois assim poderiam matá-lo mais rapidamente. E ainda lhe perguntou se ela havia observado que o pai havia tido uma melhora considerável nos últimos dias.

Em seguida, contou para a mãe a ideia que tivera:

– Minha mãe, se esse velho melhorar, nunca teremos paz. Estive pensando em uma maneira rápida de acabar logo com a vida dele. A minha ideia é a seguinte: a partir de hoje, sugiro que coloquemos em sua comida pequenas porções de veneno. Tenho certeza de que, desse modo, muito em breve ele estará morto, e então poderemos tomar posse do dinheiro que nos pertence.

Com o consentimento da mãe, assim aconteceu. Nos horários das refeições, eles dispensavam a enfermeira dessa função, e diziam que eles mesmos lhe serviriam o alimento, pois haviam preparado uma sopa especial para ele. E, conforme o combinado, eles colocavam na sopa pequenas quantidades de veneno.

A enfermeira, desconfiada, percebeu que algo errado estava acontecendo, pois o seu paciente, que alguns dias antes havia tido uma melhora considerável, de repente começou a piorar, demonstrando assim, claro abatimento.

Intuída pelos mentores espirituais, ela passou a vigiar a esposa e o filho do patrão. Certo dia, depois de ser dispensada de servir o almoço, a enfermeira se escondeu próximo da porta da cozinha, ela precisava saber o que aqueles dois estavam fazendo. Quando ela presenciou a cena, assustou-se. Sobressaltada, correu para o quarto, com medo de que eles percebessem sua presença. Ela estava certa, mãe e filho estavam envenenando o patrão. A partir daquele dia, sem que eles percebessem, a enfermeira trocava o prato de comida que a esposa fazia questão de servir ao esposo. Não se passaram muitos dias e Gustavo estava mais forte e corado.

Quando Maria e o filho perceberam a melhora, ficaram sem entender o que podia estar acontecendo. Em uma conversa confidencial, Manuel disse à mãe que algo errado estava acontecendo, pois ao invés de piorar, seu pai estava melhorando. Logo depois daquela conversa, eles decidiram que as coisas não podiam continuar como estavam e, para começar, a partir daquele momento as visitas estavam suspensas.

Decidiram também que dispensariam a enfermeira. E assim aconteceu. Já anoitecia, quando Maria, sem se comover pelo avançado da hora, chamou a enfermeira e lhe disse:

– Sulla, como você deve ter percebido, meu esposo tem melhorado a cada dia. Diante dessa melhora, achamos que o melhor para ele é que o levemos para a capital e que seu tratamento seja feito em uma clínica de recuperação. Lá ele se restabelecerá muito mais rápido. Partiremos amanhã, logo ao alvorecer.

E, estendendo a mão para a enfermeira, lhe disse:

– Aqui está tudo o que lhe devemos, e você deve deixar nossa casa ainda hoje.

A enfermeira, dotada de um sentimento fraternal e conhecedora dos ensinamentos do Cristo, cuidava de seu paciente como uma boa filha cuida de um pai. Ela sabia que mãe e filho não gostavam do patrão, principalmente o filho, que nutria pelo pai rancor e ódio. Ao receber a notícia, ela sentiu um aperto em seu coração, pois sabia quais eram as intenções daqueles dois.

Ela morava em uma cidadezinha bem distante da casa onde trabalhava. Sem temer o avançado da hora, ela foi até o quarto do patrão para se despedir. Ela não deixou que ele percebesse que aquela era a última vez que se viam. Cabisbaixa, foi até o quarto onde dormia, recolheu seus pertences e saiu da casa. Enquanto caminhava, orou a Deus e rogou por todas aquelas pessoas. Pediu, em especial, por Gustavo. Ela não podia acreditar, mas pelas cenas que lhe vieram à mente, em breve a morte do dono da casa seria anunciada.

No outro dia, logo pela manhã, mãe e filho partiram para a capital. Os dois não pouparam esforços, para que todos os vizinhos soubessem da viagem e do tratamento especial que o paciente receberia em uma clínica particular.

Naquele mesmo dia, quando a noite já ia alta, eles retornam para casa, ninguém podia vê-los chegar.

Ao chegarem, nosso amigo foi levado para um dos aposentos mais isolados da casa, e ali permaneceu o resto dos seus dias, vivendo em profunda solidão. A cada dia, estava mais debilitado fisicamente, mas não era somente a dor física que o consumia, sua maior dor era na alma.

Sem a enfermeira para cuidar dele, mãe e filho estavam livres para continuarem com seus planos de matá-lo. Uma tarde, quando percebeu que estava perdendo as forças, Gustavo pediu à esposa que lhe servisse uma sopa ou um caldo, o que lhe foi negado. Só no outro dia, quando o Sol já ia alto, a esposa lhe serviu algum alimento.

Em comum acordo, os dois resolveram que, a partir daquele dia, a dose de veneno seria bem maior, aquilo tinha de acabar rápido. Em dois dias, Gustavo já não conseguia mais falar. Da sua boca começou a escorrer uma secreção sanguinolenta. Apesar de se alimentar muito pouco, o veneno estava destruindo todo o aparelho digestivo de nosso companheiro. Em poucos dias, houve um agravamento no seu quadro clínico, e ali sozinho em seu leito veio a falecer.

De manhã, quando a esposa entrou em seu quarto, percebeu que o que eles mais queriam estava para acontecer. Gustavo não se mexia e estava pálido. Ela chamou por ele e, como não obteve resposta, aproximou-se da cama e, nesse momento, constatou que o esposo estava morto. Ela chamou o filho e o informou do acontecido. E com frieza na alma, ela lhe perguntou:

– Manuel, meu filho, como vamos resolver esta situação? Meu Deus, todos os nossos vizinhos estão sabendo que seu pai está internado em uma clínica da capital. Como explicaremos a sua volta tão repentina?

Eles haviam planejado tudo, passo a passo, mas agora, que ele havia morrido, não sabiam o que fazer. Apesar da aflição, eles pensavam que estavam livres daquele estorvo.

Finalmente, depois de muitos anos de espera, teriam a herança em suas mãos e poderiam viver a vida que tanto desejavam.

Mas, em vez de festejarem, estavam ali paralisados, não esperavam que a morte fosse tão rápida como havia acontecido.

Maria demonstrava grande nervosismo, mas o filho tentou tranquilizá-la e, com um sorriso largo nos lábios, ele disse:

– Minha mãe, procure se acalmar, para que possamos resolver cada coisa em seu tempo. Primeiro vamos arrumar um jeito de nos livrarmos do corpo do velho. O próximo passo será o atestado de óbito, e isso eu sei que será tranquilo conseguir, e depois pensaremos no inventário. Para finalizar, tomaremos posse de tudo que o velho deixou.

Passados alguns minutos, Manuel contou para a mãe a magnífica ideia que tivera. Apavorada, ela quis saber o que era, pois até aquele momento ela não conseguira pensar em nada.

Manuel, sarcasticamente, lhe disse:

– Enterraremos o corpo do velho no porão, aquele é o lugar mais seguro que temos. A senhora me ajuda? – perguntou ele.

– Claro que sim, faremos isso agora mesmo – respondeu a mãe.

Os dois foram até o porão e arrancaram as tábuas do assoalho com o auxílio de enxada e pá, fizeram um enorme buraco e, em seguida, jogaram lá dentro o corpo do nosso amigo. Eles fizeram tudo isso com a maior frieza de alma, não sentiram remorso nem compaixão.

Depois de cobrir o corpo com bastante cal, para não exalar mau cheiro, ainda jogaram bastante terra por cima. Recolocaram as tábuas de volta no lugar, e fizeram a limpeza do local. Trabalho perfeito. Não deixaram nenhum vestígio de que o lugar havia sido aberto. Agora que estavam livres do corpo do velho, como o filho sempre dizia, eles tinham urgência em providenciar o atestado de óbito.

Manuel decidiu ir até a cidade para falar com o doutor João. Ao chegar a seu consultório, contou-lhe que o pai havia falecido, e que ele estava ali para que ele lhe fornecesse o atestado de óbito. O doutor João era o médico de confiança da família e, ao ser informado do que acontecera, ficou sentido, oferecendo a Manuel os seus sentimentos de pêsames. Em seguida lhe disse:

– Meu rapaz, sinto muito a morte de meu amigo, ele era um homem bom, honesto e trabalhador.

Sem desconfiar da verdadeira causa da morte de Gustavo, o doutor entregou ao filho de seu amigo de longa data o atestado de óbito. Em seguida, fez um pedido a Deus para que seu amigo fosse feliz na vida maior, porque ele fora na Terra um grande exemplo de pai, um verdadeiro amigo.

E ainda acrescentou:

– Meu filho, vamos sentir muita falta de seu pai!

O jovem, enxugando as lágrimas que foram tiradas dos olhos à força, dobrou o papel e, sem demora, retornou para a fazenda.

Chegando em casa, Manuel, demonstrando grande felicidade, colocou nas mãos de sua mãe o documento e lhe disse:

– Louvado seja! está tudo resolvido. Tudo saiu como eu previa. Agora podemos comemorar. Eu trouxe uma garrafa de champanhe para brindar nossa liberdade. A partir de agora, tudo isso aqui é nosso!

CAPÍTULO 10

GUSTAVO É ASSASSINADO

O casal, ao invés de buscar as coisas de Deus, preferiu seguir pela porta larga das satisfações materiais. O filho, moldado no modelo de vida dos pais, aprendeu de forma sistemática esses valores. Ao reencarnarmos, nos propomos mudar e a refazer nossos caminhos dentro dos ensinamentos do Cristo. Como sabemos, estão em um mesmo lar, espíritos que necessitam de algum reajuste, no que diz respeito à Lei de Causa e Efeito. E é justamente na família, que se reúnem espíritos que um dia foram inimigos, com o sério propósito de reajuste.

Ao programarem a morte de Gustavo, a esposa e o filho, desligados das coisas do espírito, não entenderam que aquela era uma oportunidade de exercitar o perdão em sua plenitude. Ao praticarem aquele delito, mãe e filho deixaram se levar pelas mágoas que traziam registradas no espírito.

Mas falemos um pouco de nosso companheiro Gustavo.

Do mesmo modo como acontece com a maioria das pessoas, ele também não percebeu que havia desencarnado. Por algum tempo, permaneceu inerte, alheio a tudo o que havia se passado com ele. Em sua mente perturbada, vinham flashes de que seu corpo estava enterrado no porão da casa e, ao mesmo tempo, via-se deitado em sua cama, com as mesmas dores. Às vezes, sentia raiva dos maus-tratos que seus familiares lhe infligiam. Aos poucos, nosso amigo começou a ver algumas cenas em forma de lembranças, entre elas, recordou-se que a comida que lhe era servida tinha um gosto diferente. Ele podia até sentir o sabor. Já havia se passado algum tempo de sua morte, quando Gustavo percebeu que, mesmo estando em seu quarto, ele podia ouvir a conversa da esposa e do filho, mesmo que eles estivessem em qualquer outro cômodo da casa.

Os pequenos desentendimentos entre os dois começaram a dar lugar a brigas sem precedentes. O filho bradava aos quatro ventos, que a maior parte da fortuna era dele, enquanto Maria queria que a divisão fosse feita em partes iguais. Certo dia, a discussão foi intensa, pois cada um queria impor sua ideia como sendo a melhor.

Gustavo, ao ouvir aquela conversa, ficou bastante preocupado. E pensou: "Por que será que eles estão querendo dividir a herança, se eu ainda estou vivo"! Em seguida, disse para si mesmo: "Deus do céu! Eles nem esperam eu morrer para dividir a minha fortuna! Que tipo de amor eles sentem por mim? Meu Deus, que família é essa que eu arrumei!?"

Depois de muito chorar, ele ficou pensando no que havia feito para merecer uma família tão gananciosa como aquela, que não respeitava nem a cruel enfermidade que o devorava pouco a pouco.

Muito triste, ele permaneceu ali, naquele estado de meditação profunda, mas não conseguia entender o porquê de toda aquela conversa.

Certo dia, enquanto os dois discutiam sobre o assunto, ele ouviu claramente o que o filho disse à sua esposa:

– Minha mãe, ninguém mais do que eu quer colocar as mãos na parte que me cabe desta fortuna. Mas o problema é que não poderemos dispor da fazenda por agora, só daqui a alguns anos poderemos vendê-la, quando o corpo do velho estiver completamente destruído, e isso leva de três a quatro anos para acontecer. Não podemos deixar vestígios de que o corpo dele se encontra enterrado no porão. Não vamos meter os pés pelas mãos e nos apavorar, precisamos ter calma. Depois desse tempo, vamos tirar os ossos daquele lugar e enterrá-los em outro mais seguro. Só neste tempo estaremos livres para usufruir de toda a fortuna deixada pelo velho sovina.

Gustavo ficou estarrecido ao ouvir o filho falar daquele jeito. Mil pensamentos vinham-lhe à mente. Então ele se perguntava: "Como pode meu corpo estar enterrado no porão se eu ainda estou vivo? Será que esta doença afetou minha mente e estou perdendo a razão?"

Ele estava atordoado, tudo aquilo parecia muita loucura. Na ânsia de saber se era verdadeira a conversa que ouvira do filho, nosso companheiro se levantou e foi até o porão. Ao chegar lá, começou a procurar por seu corpo. Depois de alguns minutos, veio a confirmar as palavras do filho. Ele não podia acreditar, mas seu corpo realmente estava ali como o filho dissera.

Aos gritos, disse que nunca perdoaria uma traição daquela. Era doloroso demais saber que fora assassinado por eles, as pessoas que tanto amava, e tudo por ambição! Ganância por uma coisa que, de toda forma, já era deles. Andando de um lado para outro como louco, ele se perguntava a todo instante, "Por que fizeram isso comigo?"

Dominado pelo ódio, ele avançou no pescoço dos dois comparsas com a forte intenção de esganá-los.

Inicialmente, Manuel começou a sentir uma irritação na garganta, mas algum tempo depois, quando o pai avançava sobre o rapaz, ele passou a sentir terríveis crises de tosse seca. Manuel sentia faltar-lhe o ar nos pulmões. Ele já estava incomodado e constrangido pelas constantes crises de tosse.

Gustavo agredia o filho repetidas vezes, e o mesmo fazia com sua esposa. Cobrava dela por ter sido tão injusta com ele. Acusava-a de má e gananciosa.

Em pouco tempo, Maria, aquela que fora a moça mais bonita e cobiçada da região, estava fraca e abatida. Eram nítidos os efeitos das agressões. Sentia fortes dores na garganta, seguidas por uma coceira insuportável e uma tosse constante.

Com o passar do tempo, começaram a ouvir todos os tipos de barulho dentro e fora da casa, eram portas se abrindo, pedras caindo sobre o telhado e fortes batidas na mesa.

Para acabar com aquele tormento, eles faziam de tudo para agilizar o processo do inventário. Eles tinham pressa para sair dali, quanto mais rápido melhor, mas nada se resolvia, sempre faltava algum documento. Isso porque Gustavo, atento a tudo, interferia para que eles não conseguissem realizar o que mais queriam: pegar o dinheiro e aproveitar a vida.

A vida boa de Maria e de seu filho tinha ficado para trás. A busca desesperada pela liberdade trouxe-lhes somente dor e sofrimento. Nesse tempo, eles não conseguiam sequer dormir em paz. Quando os dois se recolhiam em seus aposentos, ele fazia questão de perturbar-lhes o sono. Enfurecido, arremessava os objetos contra as paredes, transformando assim, a vida de seus assassinos em um interminável martírio. O que ele queria mesmo era vê-los sofrer. Pela madrugada, quando conseguiam adormecer, encontravam-se frente a frente com o espírito Gustavo. Este, aproveitava a oportunidade, para extravasar todo o rancor que o consumia. Os dois estavam vivendo um eterno pesadelo, e até mesmo acordados, ouviam a voz de nosso companheiro, sempre a lhes acusar de assassinos cruéis.

O processo de obsessão se agravou consideravelmente, chegando ao ponto culminante de não conseguirem arredar o pé de dentro de casa, por mais que quisessem e se esforçassem para fazer isso. Agora, eles tinham certeza de que estavam sendo vigiados por alguém que os apontava como criminosos. Estavam presos ali por forças que desconheciam.

Em seus pesadelos, viviam momentos de terríveis perturbações, dentro de intermináveis labirintos. E ali, constantemente, ouviam todo o tipo de barulho, e isso os deixava aterrorizados.

Chegou um tempo em que Maria começou a pensar no esposo. Lembrou-se dos bons tempos de convivência alegre e feliz, na época em que se casaram. Tinha tudo com que sonhara e que a vida material podia lhe oferecer. Era sua consciência a lhe cobrar pelo que ela e o filho haviam feito contra a vida de nosso amigo.

Nesses momentos, era tocada por um grande sentimento de remorso e arrependimento por tudo o que tinha feito. Sua mente, já perturbada, vivenciava cada dose de veneno que colocara no alimento para apressar sua morte.

Do mesmo modo, Manuel começou a se lembrar com saudade, dos bons tempos vividos com o pai, quando ele ainda era bem pequenino. Lembrou-se, com tristeza e amargura, e um leve sentimento de arrependimento, de como seu pai ficou decepcionado quando ele abandonou os estudos. O que seu genitor mais queria era que ele estudasse e se tornasse um homem de bem. Mas, ao invés disso, ele preferiu a vida fútil e, pior que isso, havia se transformado em um criminoso frio e cruel.

Agora, sua consciência lhe cobrava por ter feito tamanha barbárie, contra aquele que, na verdade, só queria o seu bem. Arrependido, só agora tinha certeza de que o que seu pai mais queria era vê-lo feliz.

Para Manuel, em sua mente atordoada, era tarde demais para se arrepender, pois seu pai já estava morto e ele não podia devolver-lhe a vida.

Mas para Deus, que é um Pai de amor e misericórdia, nunca é tarde para nos arrependermos dos nossos erros.

Mãe e filho foram tocados pelo arrependimento.

– E sabemos, meus queridos, que essa é uma das piores dores que o ser humano pode sentir, embora seja o primeiro passo no caminho da redenção. A pessoa que tem a consciência pesada, deseja ardentemente passar pelo mesmo sofrimento que fez o outro sofrer. Pois só assim se sentirá livre da dor que corrói sua alma.

Família abastada, sempre vivendo as facilidades que os bens materiais proporcionavam, nunca se preocuparam com as questões espirituais. Para eles, o dinheiro e o conforto cobriam todas suas necessidades. Mas, naquele momento, nem todos os bens que herdaram, davam a eles a paz de que precisavam. Por mais que a mesa estivesse farta, que o alimento agradasse a qualquer paladar, não sentiam prazer de saboreá-lo. A lembrança do esposo e pai se tornara mais forte que tudo em suas vidas. O remorso não os deixava viver.

Aquela obsessão de viver em liberdade somente lhes trouxe tristeza, dor e uma torturante angústia, que naquele momento parecia não ter fim. Agora, eles viviam isolados do mundo. Viviam fechados em seu próprio mundo de amargura e conflito íntimo. Com o tempo, não se comunicavam mais um com o outro. Cada um, em seu íntimo, acusava a si mesmo. Eles sentiam que havia alguém a seu lado, cobrando pelo crime que haviam cometido contra aquele, que um dia lhes havia amado tanto. Cada segundo, para os dois, parecia uma eternidade.

Célio, que a tudo ouvia em silêncio, indagou:

– Ernesto, por que os dois se deixaram levar pelo materialismo de uma forma tão devastadora, chegando a ponto de cometer tal loucura?

– Meu amigo, Gustavo, Maria e Manuel, ao viverem plenamente a vida material, assumiram grandes débitos perante suas consciências. Todos esses problemas aconteceram porque a família se esqueceu de cuidar da essência, que é espiritual. Não frequentaram nenhuma instituição religiosa. O filho cresceu coberto de mimos, tudo lhe era permitido.

Quanto a Gustavo, realmente era uma pessoa muito materialista. Trabalhava com o intuito de acumular bens materiais. Mas uma coisa é certa, ele fez fortuna com o suor do seu rosto, nunca trapaceou, roubou ou matou por dinheiro. Sua família nunca passou necessidades, vivia de pompas. Vocês se lembram do que eu disse no início de nossa conversa? Ele colocou o filho para estudar na melhor escola, mas o filho nunca quis estudar. Se ele fosse mão aberta, como o filho queria, com certeza em pouco tempo estariam na miséria, porque o filho não pouparia em suas gastanças. E, se isso acontecesse, Gustavo seria o responsável pela queda moral do filho. O pai tinha plena consciência de que toda a fortuna era dos dois. Pela lógica da vida, Gustavo desencarnaria primeiro, claro que de morte natural. Apressar os acontecimentos só trouxe sofrimento, tristeza e angústia para todos. Pelo ato de desobediência às Leis Divinas, mãe e filho passaram o resto da vida física com a consciência ligada ao crime que praticaram.

Há algo a mais na vida pregressa desta família, mas no momento oportuno falaremos sobre o assunto.

A pessoa que é ofendida, quando tem um conhecimento mais amplo da vida espiritual, entende e perdoa, portanto, sofre muito menos que o ofensor.

Se nossos amigos procurassem vivenciar os ensinamentos do Cristo, não teriam entrado na sintonia negativa que os levou a praticar tal desatino. Claro que não estamos aqui para julgá-los nem condená-los, pois sabemos que cada um de nós, está em um degrau diferente dentro do ciclo evolutivo. Mas queremos frisar que, quando nos afastamos dos ensinamentos do Cristo, ficamos à mercê das mazelas que ainda estão cristalizadas em nosso espírito. Quando o homem se distancia de Deus, aprisiona-se de forma absoluta às coisas materiais. Não quero dizer que não precisemos delas. Se Deus as colocou em nossas mãos, é para que a utilizemos para o nosso bem-estar. Mas aquele que as possui, deve aprender a usá-las de forma equilibrada.

Sabemos que o progresso do planeta Terra está atrelado à necessidade de melhoria espiritual de seus habitantes. Os avanços tecnológicos, permitem o progresso na vida das pessoas, para que elas busquem de forma consciente, seu avanço espiritual. Mas, na realidade, não é isso que vem acontecendo. Quanto mais benefícios, mais nos esbaldamos de forma irracional nos prazeres do mundo.

Mas voltemos ao caso do irmão Gustavo.

O arrependimento de mãe e filho nos faz lembrar a Parábola do Filho Pródigo, que ao se arrepender do ato, toma coragem e volta para a casa do pai. E esta volta, meus amigos, começou quando despertou em ambos, o arrependimento e a profunda dor na consciência. Esse é o primeiro passo para o retorno à casa do Pai.

Muitas vezes, só buscamos o socorro do Pai quando a dor assola nosso coração. À medida que avançamos em nossa evolução e aprendemos a respeitar as Leis Divinas, estaremos formando um antídoto contra o sofrimento. Mas essa evolução não acontece da noite para o dia, é necessário muito esforço e boa vontade.

Não podemos imaginar o quanto lutaram os mentores espirituais dessa família, e o quanto ainda têm se esforçado para ajudá-los. Na época dessa tragédia, os mentores espirituais verificaram que seus pupilos se mantinham alheios aos seus conselhos. Confiantes de que um dia, nossos companheiros entenderiam a necessidade de melhora, os mentores se afastaram, e esperaram o momento em que eles se reconhecessem no erro, e solicitassem ajuda, e só nesse momento voltariam a ajudá-los.

Lembremos dos ensinamentos do nosso Mestre Jesus e de suas palavras, narradas em Lucas, 11:9 e 10: *"E eu vos digo a vós: Pedi e dar-se-vos-á; buscai e achareis; batei e abrir-se-vos-á. Porque quem pede recebe; quem busca acha; e a quem bate abrir-se-lhe-á".*

Célio, comovido com a dramática situação daquela família, novamente indagou:

– E Gustavo, permaneceu por muito tempo nessa situação, obsediando seus familiares?

– Sim, foram longos anos de tortura, não só para seus assassinos, ele também sofria. Depois de haver ficado vários anos obsediando seus familiares, ele foi amparado e trazido para este Complexo.

– Ele tinha méritos para receber tal ajuda? – perguntou novamente, Célio.

– Com certeza meus queridos, sempre praticamos algo de bom. Ele foi encaminhado para este Pronto Socorro, e aqui permanece adormecido. Já se passaram dezesseis anos desde sua chegada aqui. Nos primeiros anos, mesmo dormindo, ele vivia em constantes pesadelos. Nos poucos momentos em que permanecia acordado, ele chorava e gritava desesperadamente. E, dominado pela raiva, acusava a esposa e o filho pela ingratidão. E, enfurecido pelo ódio, dizia que jamais os perdoaria, esbravejava, dizendo que precisava entregar os dois à polícia, pois a justiça tinha de ser feita. E ainda dizia que eles não podiam ficar impunes diante da monstruosidade que praticaram.

Em alguns momentos, nosso companheiro tinha lapsos de lucidez, e os conselhos e as palavras esclarecedoras da equipe espiritual, tocavam profundamente sua alma sofrida e atormentada.

– Meus amigos, daqui a alguns instantes, André virá ao nosso encontro, ele nos acompanhará a uma visita a Gustavo. Ele tem recebido todo o amparo, para que possa entender que o perdão é a chave para sua libertação. Rogamos a Deus, que hoje ele esteja com o coração aberto para nos ouvir e, doravante, perdoe aqueles que lhe fizeram tanto mal. Ao perdoá-los, estará livre desse plasma mental que se encontra impregnado em seu corpo perispiritual.

Jesus nos aconselha: *"Quando te apresentares para orar, se tiveres qualquer coisa contra alguém, perdoa-lhe, a fim de que o Pai, que está nos céus, também perdoe os teus pecados."(São Marcos Cap. XI, vv 25*)

– Meus queridos, o perdão é o maior exemplo de amor que existe na Terra. E nos foi exemplificado por Jesus.

Só perdoamos, quando estamos em condições de compreender a fragilidade e limitação do ofensor. E o reconhecemos como um enfermo carente de amparo. Se deixarmos mágoas e ressentimentos tomarem conta de nosso coração, não teremos paz. E a permanência desses sentimentos negativos, pode se transformar em enfermidades atrozes.

Todos nós, ao reencarnarmos, fomos colocados ao lado de pessoas com as quais temos um compromisso a cumprir. São pessoas que prejudicamos ou que nos prejudicaram no passado. É grande a importância do perdão para a libertação das almas, que ainda se encontram algemadas umas às outras. Muitas vezes, sofremos por coisas tão simples, quando, na verdade, tudo isso estaria resolvido apenas usando a mais importante palavra mágica: "perdão". Mágica como palavra, mas sentimento de perfeita sintonia com o Pai.

Chegará o tempo, em que o amor estará em nosso ser e, nesse tempo, não precisaremos perdoar, isto porque não mais nos sentiremos ofendidos. O amor é como o Sol que clareia as trevas da ignorância e nos liberta de todo e qualquer sofrimento. Quando

Gustavo despertar para sua realidade, ele vai se libertar da angústia que o martiriza.

Não demorou e André veio ao nosso encontro. E, depois dos cumprimentos, ele nos disse:

Meus amigos, como Ernesto já lhes falou, daqui a alguns minutos visitaremos Gustavo. Apesar de ter desencarnado há muitos anos, ele e a família ainda sofrem pelos erros cometidos. O ódio e o rancor o impedem de caminhar rumo a sua evolução. Apesar de todo o amparo que vem recebendo, ele ainda está abatido.

Mas posso lhes afirmar que a situação de seus familiares não é diferente. Maria e o filho também vivem em total apatia.

Assim que terminou de falar, André retirou do bolso um pequeno aparelho, e após ligá-lo, disse:

– Companheiros, podemos observar por estas imagens qual é a real situação de mãe e filho. Há alguns anos, eles também foram acolhidos neste Complexo. Constantemente, eles veem a imagem de Gustavo a lhes cobrar pelo crime cometido. Mas essa visão não é real, e sim uma imagem que ficou gravada em sua tela mental. Os dois se escondiam de Gustavo, como se ele estivesse o tempo todo a acusá-los.

Quanto a Gustavo, acredito que hoje poderemos ajudá-lo, pois receberá uma importante visita que consideramos essencial para o seu despertamento.

Capítulo 11

A Mãe de Gustavo Vem em Seu Auxílio

Imediatamente, seguimos para o setor onde Gustavo estava internado.

Observei que Célio orava silenciosamente.

Após uma pequena caminhada por entre os frondosos ipês, avistamos, não muito longe, a entrada principal do edifício onde funcionava o Complexo.

Célio e Celina se disseram impressionados com a beleza do lugar.

Alguns pacientes ainda debilitados, caminhavam pela praça, enquanto outros, assentados em confortáveis poltronas, tomavam banho de sol. Seus acompanhantes buscavam, de modo carinhoso, ampará-los. Aqueles diversos quadros, surpreenderiam com a beleza do ambiente, nossos visitantes.

A praça apresentava total exuberância. Era rodeada por enormes ipês amarelos, que naquele tempo estavam floridos. Suas copas nos davam a impressão de subir até o infinito, deixando debaixo uma refrescante sombra. O canto dos pássaros deixava o ambiente ainda mais harmonioso. A impressão que tínhamos, era de que aqueles pássaros festejavam a visita de meus companheiros, pois era a primeira vez que Célio e Celina visitavam aquele lugar. Quando adentramos o espaço, expliquei a ambos que aquele imenso salão, era ocupado pelas inúmeras secretárias dos diversos setores do hospital.

Assim que nos aproximamos da secretária que administrava o setor onde Gustavo se encontrava, fomos acolhidos pelo enfermeiro-chefe, Ismael.

Após recebermos a autorização, outro enfermeiro veio ao nosso encontro e gentilmente nos acompanhou até o quarto onde o paciente estava.

Ao nos aproximarmos do leito, com tristeza na alma pudemos avaliar sua real situação. Ele não percebeu nossa presença, estava alheio a tudo o que acontecia à sua volta. E era nítida a tristeza que consumia aquela alma.

Como bem sabemos, nós estamos onde está o nosso pensamento.

Célio, envolvido em profundo sentimento de compaixão, imaginou que depois de tantos anos desencarnado o encontraria mais refeito.

André, tocado de profundo sentimento de amor, ao perceber a expressão de tristeza de Célio, nos convidou para juntos fazermos uma prece. Rogou as bênçãos do alto e assim orou:

– "Asserenemos nossos pensamentos e busquemos nos sintonizar com a luz e o amor de Deus nosso Pai. E tenhamos fé que Ele, que é todo amor e bondade, não nos desampara nunca! Tudo em nossa vida tem uma razão de ser".

"Senhor, quantas vezes nos deparamos com problemas e nos sentimos impotentes para resolvê-los! Pai, nos dê coragem, fé e confiança para prosseguirmos em nossa caminhada. Quantas vezes nos perguntamos o porquê de tantos sofrimentos e tantas dores!? Aqui estamos, Senhor, com o intuito de poder ajudar nosso companheiro. Que nossas palavras possam tocar sua alma, fazendo-o despertar para uma nova vida, e que elas sejam como um bálsamo, um lenitivo a aliviar suas dores. Que ele possa se recordar das palavras de Jesus, quando Ele disse que deveríamos nos reconciliar, o mais depressa possível, com nossos adversários. Que esta alertiva possa tocar seu coração, que ainda se encontra enclausurado no desamor. Senhor Jesus, envolva-o em Sua Luz e lhe dê serenidade, força e coragem, para que possa se desvincular dessas energias que o consomem, e permita que Seus ensinamentos envolvam seu coração e, assim, fortalecido, possa vencer suas dificuldades mais íntimas".

Confiante, ele nos convocou para a oração do Pai Nosso.

Depois da oração fervorosa, André dirigiu a Gustavo palavras de bom ânimo:

– Companheiro, a primeira razão para perdoarmos nosso semelhante, encontra-se na constatação de que todos nós, ainda somos imperfeitos e erramos muito. Ninguém, no atual estágio de evolução, atingiu a perfeição, por isso o erro faz parte da nossa vida, como aprendizado. Com certeza, nossos erros de hoje serão corrigidos no amanhã. Ao nos libertarmos dessas energias que nos vinculam a essas crises, temos a chance de enxergar novas formas de resolver as dificuldades que surgem durante nossa caminhada evolutiva. É nosso compromisso desenvolver a nobre tarefa de nos compreender e aos que nos cercam. Mas, para que isso aconteça, é necessário que façamos uma renovação das nossas atitudes. Será preciso um esforço contínuo para consolidarmos essas virtudes em nosso coração.

A emoção do momento, fez com que André silenciasse por alguns instantes, mas, em seguida, ele prosseguiu:

– Recorde, meu amigo, do tempo em que se casou com nossa Maria!

O casal nunca buscou uma orientação religiosa que lhes pudesse dar sustentação, e uma direção dentro dos preceitos ensinados por nosso Mestre Jesus.

Em seguida, André pediu a Gustavo que refletisse um pouco sobre a vida de seu filho, principalmente no tempo em que era bem pequenino. Como era meiga e amorosa aquela criança! Depois de alguns segundos, ele prosseguiu com sua alertiva:

– Gustavo, com seu filho não foi diferente, ele também cresceu sem nenhuma orientação religiosa. Não estamos aqui para julgá-los, mas é importante que reflitamos juntos sobre esta questão.

Durante nossa vida terrena, cometemos muitos enganos, e erramos por ignorar as Leis Divinas. Recorde, também, de sua esposa, como era dedicada e amiga e, mesmo com a grande diferença de idade entre vocês, ela aceitou se casar com você. Mas quero que se lembre, principalmente, de um importante detalhe: ela nunca o traiu. Entenda que aquele trágico acontecimento foi arquitetado num momento de fraqueza dos dois. E isso se deu exatamente, pelo fato de não terem uma base solida dentro dos ensinamentos do Cristo. O encontro de vocês em um mesmo lar, não aconteceu aleatoriamente; havia uma necessidade premente para este reencontro. Portanto, liberte seu coração de mágoas, para que também seja perdoado de suas faltas.

Estamos aqui para reafirmar que, o perdão é o único meio que temos para prosseguir na nossa caminhada evolutiva e buscar nossa própria felicidade. Saiba, que você não demoraria a morrer, mas antes, deveria ficar em cima do leito, sofrendo com uma doença incurável. Cometendo aquele ato impensado, eles agilizaram seu retorno ao mundo espiritual, portanto, é hora de prosseguir e deixar que seus familiares caminhem. Entenda que cada um colherá o que semeou, seja bom ou ruim.

Gustavo, você tem a mente ligada a seus familiares. Você pelo ódio e eles pelo arrependimento. Rogamos a Deus, que você reaja e entenda toda a situação vivida por vocês. Todas as nossas dores e sofrimentos servem como alavanca para nossa evolução.

Lembre-se que Jesus, mesmo não tendo cometido crime algum, foi açoitado e morto em uma cruz. E, mesmo suspenso na cruz, pediu ao Pai que perdoasse todos aqueles que o maltratavam.

Nosso companheiro, no entanto, permaneceu imóvel, mas cada uma daquelas palavras, tocou profundamente seu coração. E como um filme, ele recordou que era uma pessoa apegada aos bens materiais. E se lembrou que, passara noites e mais noites no escritório tratando dos assuntos de sua fazenda. Ele não podia perder dinheiro, quanto mais, melhor! Era assim que pensava. E nessas lembranças, foram mostradas a ele, as cenas em que a esposa muito chorosa, vivia na mais triste solidão. Sentiu-se culpado pelo modo como agira com ela. Lembrou-se que mensalmente, dava ao filho uma quantia em dinheiro, suficiente apenas para pequenos gastos, pois sua intuição lhe dizia que, se aumentasse o valor, o filho enveredaria pelos caminhos obscuros do erro. Não que seu filho não tivesse cometido um crime contra ele, mas foi melhor assim.

Pelo que conhecíamos do temperamento do filho, se ele recebesse do pai uma grande soma de dinheiro, talvez tivesse levado um grande número de moças ao suicídio. Quantos abortos teria financiado? E quem sabe, quantas vidas mais ele teria tirado?

Gustavo chorou copiosamente, quando recordou que nunca havia lhe falado dos ensinamentos do Cristo.

Meus amigos, podemos afirmar que, com raríssimas exceções, o homem ganancioso de hoje, outrora viveu em extrema situação de pobreza material. E por ter vivido tal realidade, quando reencarna com a possibilidade de ter uma boa situação financeira, tudo o que consegue ganhar, quer guardar a sete chaves. Inconscientemente, tem medo de novamente voltar a viver na miséria!

Após uma pequena pausa, pedi a meus companheiros para que orássemos em favor de nosso amigo, pois percebi que ele estava mentalmente exausto.

Assim que terminamos a prece, adentrou o recinto uma senhora de singular beleza. Sua aura mostrava, por fora, o que ela tinha de mais puro dentro do coração. Enquanto caminhava em nossa direção, Gustavo entrou em estado de choque e ficou perplexo ao vê-la. E num turbilhão de pensamentos, lembrou-se de algo que lhe causou forte emoção. No mesmo instante, Gustavo começou a chorar e, com todas as forças dos seus pulmões, disse àquela senhora:

– Minha mãe, preciso que a senhora me perdoe pelo terrível sofrimento que lhe causei. Sei que morreu de desgosto por todo o mal que a fiz passar, quando exigi, de forma violenta, que me entregasse mais da metade da fortuna que pertencia a nossa família. Meu Deus, agora percebo quanto mal cometi contra minha querida mãezinha! E pior, eu fui o culpado por sua morte! Só agora percebo que também sou um assassino!

Naquele momento, ele se recordou que tudo o que seus familiares haviam feito com ele, era exatamente o que ele, um dia, havia feito sua mãezinha passar.

Nossa companheira ouviu tudo em silêncio. O filho ainda soluçava, quando ela lhe disse:

– Meu filho, eu já o perdoei. Eu também vivi por muito tempo nas mesmas condições que você se encontra agora. Mas, graças a minha boa vontade e esforço, hoje vivo minha liberdade.

Lembre-se, meu filho, quando recebemos esta bênção, perante a Lei de Deus, temos também o dever de oferecê-la aos nossos ofensores. Aquele que não se esforça para perdoar, fica com a mente atrofiada nas zonas inferiores.

Filho do meu coração, pela misericórdia do Pai amantíssimo, conseguimos trazê-lo a este hospital. Agradeço a esta Casa abençoada que o recebeu e o vem ajudando a retomar o caminho do bem.

– Meu querido, abra seu coração, pois somente o verdadeiro perdão nos dá liberdade para uma vida de paz e equilíbrio.

Gustavo estava abatido, destruído pelo sofrimento que por todo aquele tempo lhe torturou a alma. E agora, ao tomar conhecimento dos fatos referentes à sua vida pregressa, ele sentiu em seu ser espiritual, que não poderia mais permanecer com o coração fechado ao perdão.

Depois de ouvir as sábias palavras de sua mãe, lentamente, foi se transformando em um lindo e formoso jovem. Era o mesmo jovem, que outrora, havia levado sua mãe à morte prematura. Os dois permaneceram abraçados por um longo tempo. Enquanto isso, nossa equipe orava em seu favor, em agradecimento pelo despertamento de nosso companheiro.

Surpreso, Célio indagou:

– Companheiro, por que nosso amigo tomou a aparência de sua última encarnação?

– Meus queridos, muitas vezes, para que aconteça o despertamente do espírito, é necessário que seja mostrado a ele, fatos referentes a sua encarnação anterior e, em alguns casos, que ele tome a aparência que tinha nessa. E foi isso o que aconteceu com Gustavo.

Os dois choraram copiosamente, mas, apesar do choro, a mãe de Gustavo estava feliz, pois sabia que o filho entenderia a necessidade de mudanças.

Com a visão espiritual ampliada, Gustavo recordou mais alguns detalhes de seu passado sombrio. E foi o suficiente para que ele falasse à sua mãezinha:

– Minha mãe, quem sou eu para julgar os meus familiares. O crime que cometi contra a senhora não foi diferente.

Enquanto mãe e filho conversavam, André mostrou a Célio e Celina, algumas imagens de quando Gustavo era conduzido à reunião mediúnica, e contou alguns detalhes do empenho dos benfeitores espirituais e do carinho recebido por parte dos médiuns do Grupo Espírita.

Gustavo se mostrava revoltado com seus familiares. Bastante enfurecido, ele dizia ao doutrinador que jamais perdoaria aqueles que o tinham assassinado. E não se cansava de chamar o filho e a esposa de assassinos impiedosos. Ele exigia que o doutrinador o ajudasse a vingar sua morte.

Esse intercâmbio entre os dois planos era importante, pois naqueles momentos, ele conversava com o doutrinador e lhe falava de todas as suas dores, mágoas e sofrimentos.

Este, envolvido nos mais puros sentimentos de amor, falava com Gustavo sobre o amor de Deus para com seus filhos, e pedia a ele que abrisse o coração para o perdão. Irritado, ele o interrompia, dizendo:

– Você me pede para perdoá-los porque não foi você que foi assassinado por eles! Na verdade, quero que você me ajude a mandar aqueles dois assassinos para a prisão. Eles não podem ficar soltos por aí, são pessoas perigosas!

Gustavo, depois de relatar todo seu desejo, ainda perguntava ao doutrinador:

– O senhor não acha que eu tenho razão de querer a prisão daqueles assassinos?

O doutrinador, que se mantinha em oração, respondia-lhe afetuosamente:

– Companheiro, entendemos perfeitamente todo o seu sofrimento e sua dor. E podemos, até imaginar o quanto deve ter sofrido. Mas procure acalmar seu coração, observe melhor o ambiente onde está. Você se encontra em uma casa de oração, onde os ensinamentos do Mestre Jesus vêm tocar nosso coração, fazendo com que nos libertemos do ódio e do ressentimento. Por meio do estudo, entendemos melhor o porquê de passarmos por esses sofrimentos. Tudo tem uma razão de ser. Não cai uma folha de uma árvore que não seja da vontade de Deus. Ouça a suave música que envolve todo o ambiente, deixe que ela penetre em seu coração, assim você também se sentirá tocado em sua sensibilidade. Você é um filho de Deus, portanto, merece ser feliz.

Observe todos estes amigos que estão a seu lado, eles são seus amigos e querem te amparar, ajudando-o a se libertar das angústias do passado. Lembre-se dos ensinamentos de Jesus, quando Ele nos disse que deveríamos perdoar não somente sete vezes, mas setenta vezes sete a cada ofensa.

Durante todo esse tempo, Gustavo não tinha a mínima noção de que já havia se passado muitos anos daquela tragédia, e que seus familiares estavam desencarnados também há vários anos. Ele não se recordava que ficara mais de cinquenta anos aprisionado em sua casa terrena, até ser levado para aquele hospital.

– Filhos, há sempre uma perfeita interação entre os dois mundos. Quando estamos no mundo espiritual e tomamos conhecimento dos inúmeros erros que cometemos, quase sempre nos colocamos à disposição para corrigirmos aquilo que erramos. Portanto, é no recôndito do nosso lar que temos a oportunidade de nos aprimorarmos e ajudarmos no crescimento daqueles que convivem conosco.

Sabemos que trazemos do passado nosso arquivo do bem ou do mal, por isso temos de cuidar dos espíritos que recebemos em nosso lar, portando suas bagagens de erros e acertos, para incentivá-los no bem e podar as arestas do mal. Podemos considerar a criança como uma argila que precisa ser trabalhada no molde do amor, do carinho e do diálogo. É certo que existem crianças que são envolvidas neste zelo, mas, mesmo assim, ao chegarem a determinada idade, não conseguem trilhar o caminho do bem. Podemos afirmar que esses espíritos também estão fazendo seu progresso e vivendo temporariamente no caminho do erro, mas chegará o tempo do seu despertamento.

Um fator preponderante para a maioria das tragédias, é determinado pela falta de uma religião, e uma base sólida familiar sedimentada no amor, na compreensão e no respeito entre as pessoas.

Em todas as ocasiões, Gustavo era envolvido nas vibrações de paz emanadas pelas orações dos médiuns ali presentes. Enquanto isso, o doutrinador continuava dizendo a ele palavras reconfortantes, na tentativa de sensibilizar seu coração para o exercício do amor e do perdão.

Ele foi levado à reunião de tratamento espiritual por um número incontável de vezes. Só depois de muitos anos participando das reuniões, Gustavo evidenciou alguma melhora. Aproveitando essa melhora, trouxemos sua mãezinha até aqui para completar e fechar um ciclo de uma existência infeliz.

Capítulo 12

A Fundação do Complexo e do Grupo Espírita

Célio, comovido com a história de Gustavo, perguntou:

– O senhor nos disse que faz dezesseis anos que Gustavo se encontra internado neste Complexo Hospitalar, mas sabemos que o Grupo Espírita foi fundado há quinze anos.

– Realmente, no plano físico, o Grupo Espírita só tem quinze anos, mas o complexo foi criado há mais de sessenta anos, na época da fundação do bairro. O objetivo era preparar um local no mundo espiritual que pudesse amparar e acolher todos os irmãos que desencarnassem na região. Esta equipe que hoje está à frente dos trabalhos da instituição, foi preparada nas dimensões espirituais da Casa Espírita. Se hoje eles estão à frente de tão grandioso trabalho, é porque têm consciência e sabem da necessidade de ressarcir seus débitos do passado. Sabem, também, que somente pelo trabalho edificante em prol dos mais necessitados, é que vencerão as dificuldades ainda arraigadas em seus espíritos milenares. É importante que todos nós entendamos, que a vida no mundo espiritual não para. Foram anos de preparação aqui no mundo espiritual, para que essa abençoada Casa pudesse ser implantada no plano físico. Reafirmamos que este Complexo Hospitalar já existia antes de o Grupo Espírita ser materializado na Terra.

Sabemos que todas as coisas que acontecem na Terra, ou grande parte delas, principalmente aquelas que vêm ao encontro das necessidades dos encarnados e desencarnados, foram programadas pela espiritualidade superior. Não existe o acaso. A vida do homem na Terra é cheia de altos e baixos, isso porque ainda não consegue ouvir as intuições que lhes são transmitidas e, por esse motivo, o homem erra muito. Quando estamos encarnados, não temos consciência de que ao nosso lado há uma equipe de amigos espirituais, que assumiram o compromisso de nos orientar no caminho do bem.

Ao sairmos dali, levamos nossos amigos para conhecer outros departamentos do Complexo.

Enquanto caminhávamos, Celina indagou:

– André, neste hospital existe um espaço destinado aos idosos? Observei que aqui vivem muitos deles.

– Temos aqui um setor destinado a acolher os idosos que são trazidos para cá. Meus queridos, o projeto arquitetônico deste Complexo Hospitalar (Casa Transitória) é bem extenso. Como vocês poderão observar mais à frente, ele ainda está em processo de expansão. Além do setor destinado aos idosos, temos uma infinidade de outros departamentos, e todos eles estão bem equipados para acolher, de forma caridosa, os espíritos que aqui aportam.

– Gostaria de saber por que esses espíritos vivem aqui com aparência de idosos? – indagou Célio.

– Meu amigo, sabemos que o espírito não tem idade, mas alguns gostam de se apresentar com a mesma aparência que tinham em sua última encarnação. O espírito desencarnado pode se apresentar com a aparência que mais se sentiu bem ou se afinizou na Terra. Essa escolha se deve ao fato de que a maioria deles envelheceu de forma consciente. E, diante disso, preferiram continuar vivendo com a mesma aparência, curtindo todo o bem-estar que a idade lhes proporcionou por meio das experiências quando encarnados. Observem aquele grupo de idosos, como estão alegres e felizes! Aqui eles estudam e, quando se sentem aptos, executam alguma tarefa aqui mesmo no hospital. A maioria daqueles que vemos à nossa frente, estão se preparando para uma nova reencarnação na Terra.

Célio indagou novamente:

– Ernesto, podemos considerar este lugar como uma colônia ou uma cidade espiritual?

– Podemos definir este complexo como uma Casa Transitória, lugar onde os espíritos chegam, recebem tratamento, estudam e se preparam para novamente voltar à vida física. Os espíritos não permanecem aqui indefinidamente. Podemos considerar este espaço uma grande Universidade Espiritual.

Observem aqueles prédios que ficam logo após as cascatas, especificamente o de forma arredondada. Aquele é o Edifício do Conhecimento. Lá, são ministrados cursos nos quais o aprendiz desenvolve, com o esforço próprio, uma nova forma de ver a vida. Esse aprendizado o auxiliará nos dois âmbitos da existência, ou seja, a vida na Terra e no plano espiritual. Ali, o estudante vai passar por várias etapas, até que esteja pronto para uma nova reencarnação.

– Existem muitos espíritos cursando esta universidade? – inquiriu o Célio.

– Sim, meu filho, hoje o número de matriculados está em torno de seis mil desencarnados. Só no Edifício da Recuperação, que fica um pouco mais à frente, esse número gira em torno de quatro mil espíritos.

Meus queridos, se for possível, conheceremos o lugar onde é feito o acolhimento aos recém-desencarnados. A maioria desses nossos amigos chegaram aqui acompanhando os familiares que frequentam o Grupo Espírita. Um número considerável deles, quando vêm ao Grupo Espírita, trazem consigo muitos desencarnados e, entre esses, a maioria são seus familiares, que, ao desencarnarem, permaneceram vivendo em seus lares. Alguns, após ouvir as palestras, aceitam ser auxiliados e permanecem aqui em tratamento. Eles são encaminhados para participar da reunião de desobsessão que acontece no Grupo Espírita. Durante o trabalho, muitos se reconhecem devedores e, ao perdoar seus ofensores, aceitam ajuda e são encaminhados ao hospital, e aqui permanecem em tratamento o tempo necessário para seu restabelecimento.

Próximo de onde estávamos havia uma grande área descampada. Ali, a movimentação de trabalhadores era intensa. Lá estavam sendo construídos mais alguns prédios e uma infinidade de casas. No local havia vários tratores (máquinas de tamanho descomunal) que faziam a terraplenagem.

Nossos dois companheiros mostravam-se perplexos com o que viam. Eles não entendiam o porquê de aquelas casas e prédios estarem sendo construídos com tal modelo de proteção.

Passados alguns minutos, Célio interrompeu o silêncio que se estabelecera, com outra pergunta:

– Gostaria de saber por que estão realizando um trabalho tão pesado quanto este, e por que a base dessas construções está sendo feita em solo tão profundo? Mesmo estando aqui nas dimensões espirituais é necessário que as construções tenham esta estrutura?

– Sua pergunta é oportuna, e poderá trazer esclarecimentos quanto às construções aqui no plano espiritual. Todos estes cuidados são necessários porque estamos próximos das regiões umbralinas da Terra. Mas é importante que saibam que, do mesmo modo, houve uma preparação do local onde o Grupo Espírita foi construído. Foi um trabalho bastante demorado, mas valeu a pena, pois estamos vendo que os trabalhos que ali são realizados, têm sido um canal muito importante com o mundo espiritual. Há uma perfeita interação entre as duas dimensões.

Na época em que o Complexo Hospitalar foi idealizado, os mentores espirituais responsáveis pela obra, construíram à sua volta uma espécie de cerca eletromagnética. A cerca, além de servir de proteção contra os invasores, conduz a energia necessária para manter o ambiente iluminado.

O aeróbus que vocês veem transitando pelas ruas é a condução utilizada pelos moradores. Ele é um meio de transporte movido a ar. A grande movimentação de aeróbus se deve ao grande número de espíritos que chegam ao hospital. Grande parte deles seguem direto para o CTI.

– André, estou observando que nestes poucos minutos em que estamos aqui conversando, chegou ao hospital um número considerável de espíritos. De onde vêm esses espíritos? – Era Celina indagando.

– Eles vêm de várias partes do Brasil.

– Mas, por que são trazidos para cá, se sabemos que no Brasil existe um número considerável de prontos-socorros iguais a este? Por que trazem para este posto espíritos vindos de tão longe? – agora era Célio quem perguntava.

– Desde sua fundação, nosso compromisso era cuidar dos espíritos que viviam na região onde o Pronto-Socorro foi construído. Mas, seguindo a programação divina, passamos para a segunda etapa deste trabalho. O presidente e fundador do Grupo Espírita, sob nossa orientação, logo depois de sua fundação, iniciou um importante trabalho, o Programa Espírita de Rádio, que tinha por finalidade ser transmitido para os encarnados. Com o decorrer do tempo, passamos a transmiti-lo nas regiões umbralinas. Por intermédio desse programa, muitos espíritos sofredores são ajudados. Aqueles que estão preparados para ouvi-lo ficam sensibilizados com a mensagem. Nesses momentos de reflexão, eles se arrependem de seus erros e rogam por ajuda. Imediatamente, são amparados e trazidos para cá, e nada melhor para eles, do que serem atendidos no local onde foram gravados os programas. Aqui, continuam a ouvir a programação da rádio, além de participarem das reuniões públicas realizadas no Grupo Espírita. Quando necessário, nós os encaminhamos para as reuniões de tratamento intensivo.

Ampliando ainda mais esse trabalho, em parceria com centenas de Casa Espíritas, o programa começou a ser transmitido em várias emissoras que estão espalhadas por nosso imenso Brasil. Os desencarnados vinculados às Casas Espíritas, onde o programa é retransmitido nas dimensões do mundo espiritual, também são beneficiados. Na medida em que as Casas Espíritas passam a ter um vínculo com o programa, também o hospital tem um vínculo com elas. E muitos espíritos que se encontram internados nesses núcleos espíritas, são transferidos para cá.

Existem no mundo terreno grandes organizações religiosas, e temos grande respeito por elas. Podemos afirmar, que essas organizações são cópias das que existem aqui na nossa dimensão.

– Ernesto, observei que alguns grupos de crianças se dirigiram para ambientes diferentes do hospital. Elas também executam alguma tarefa específica?

– Elas se apresentam aqui no corpo de criança, mas são espíritos milenares. A maioria chega aqui vivendo suas angústias. Utilizando-se dos talentos inerentes aos seus espíritos, matriculam-se na escola de música. Quando se sentem aptas, nossas crianças assumem a tarefa de levar alegria a todas as enfermarias do Complexo.

Percorrendo o Parque Hospitalar, podemos observar um detalhe importante. No entorno há muitas casas, mas existe um ponto central na dimensão física da Terra onde se localiza a Casa Espírita. Até podemos comparar as duas dimensões. É como se pegássemos um grão de areia (representando a Casa Espírita) e o colocássemos no meio de mil grãos e misturássemos. Você saberia distinguir aquele grão que representa a Casa Espírita?

– Tenho absoluta certeza de que seria impossível distingui-lo – disse Celina.

– Assim, meus queridos, podemos imaginar o tamanho deste Complexo Espiritual, multiplicando o tamanho do Grupo Espírita por mil.

Todo trabalho que se realiza na Casa Espírita é programado pelo plano espiritual, e por este, continuado e prolongado. Assim, os espíritos que necessitam do contato com energias animalizadas podem se refazer mais rapidamente. A frequência às reuniões, em muito contribuirá para a melhoria e o crescimento do espírito desencarnado que estiver acompanhando ou obsediando o encarnado.

Na dimensão espiritual, as reuniões físicas são ostensivas, porque esses espírtos têm necessidade de se comunicarem com o médium e ouvir a voz do doutrinador. O diálogo entre o encarnado e o desencarnado é importante para ambos. É vital para o encarnado acreditar na sobrevivência do espírito, e para o desencarnado saber que um dia poderá estar junto daqueles que mais ama, porque vai entender que entre o mundo espiritual e o mundo físico há uma perfeita ligação.

Observando tudo isso, eles irão entender que para ter uma compreensão cada vez mais perfeita, precisam se esforçar para adquirir valores morais, fraternais e pureza de coração. E, com isso, o homem pode ser cada vez mais intuído, e os desencarnados mais instruídos.

Do mesmo modo, como existe no Grupo Espírita, o Departamento de Assistência Fraternal, no plano espiritual é muito mais perfeito e dinâmico. Esse departamento vai ao encontro das necessidades dos irmãos desencarnados que estão em tratamento nos hospitais espirituais.

Seja na Casa Espírita ou em qualquer outra casa de oração, quando os trabalhos são realizados nos propósitos do bem e do amor, cada vez mais serão estendidos no mundo espiritual. Tudo no nosso planeta é cópia infiel do plano espiritual.

Quando numa Casa Espírita, os trabalhadores estão com os corações imbuídos de amor, boa vontade e caridade, pautados no Evangelho do Mestre Jesus e nos ensinamentos de Kardec, a sintonia entre os dois planos será perfeita. Então podem ter certeza de que o trabalho será edificante.

Capítulo 13

Os Trabalhadores da Seara de Jesus

Diante da comoção e do interesse de Célio e Celina, eu os convidei para observar os trabalhos que são realizados no Grupo Espírita no plano material.

– Todos os dias, antes do início das reuniões deste grupo, o dirigente recebe e acolhe com carinho e respeito, todos que aqui chegam, sedentos de uma palavra de consolo.

Observem que ele é sempre o primeiro a chegar. Consciente de seu trabalho, sabe que todos os dias, chega ao grupo um número considerável de pessoas. Quando elas não vêm em busca de uma palavra amiga, buscam ajuda material.

Vejam, meus amigos, as imagens do atendimento a uma irmã necessitada.

O dirigente estava próximo da entrada principal, quando, de repente, entrou no recinto uma senhora ainda jovem. Pelos trajes elegantes, parecia ser pessoa de posses. Pela expressão de seu rosto, demonstrava a amargura e a tristeza de sua alma. Ela sofria, mas não tinha uma clara noção do motivo de seu sofrimento.

Assim que entrou, encaminhou-se ao dirigente e, antes mesmo de cumprimentá-lo, passou a contar seu drama:

– Meu amigo, fui uma mulher muito feliz. Casei-me com um homem bom, e o amava demais. Não tivemos filhos. Eu vivia uma vida de rainha. Sentia-me realizada porque estava ao lado do meu príncipe encantado.

Até o dia em que o destino cruel nos separou. Eu não tenho estrutura para compreender por que Deus fez isso comigo. Ele, sem dó nem piedade, tirou de mim o meu amor, que era a razão de minha felicidade! Hoje estou sozinha neste mundo. Tenho procurado uma resposta para o que me aconteceu, mas não a encontro.

Fico a me perguntar: "Será que Deus existe mesmo?" Chego a duvidar de sua existência! Eu era feliz, não conhecia o sofrimento. Depois da morte de meu esposo, minha vida mudou completamente, estou perdida em meio a dor e à tristeza, carregando o doloroso fardo da solidão.

Entre lágrimas, contou como foi a morte do esposo:

– Senhor, meu esposo retornava da cidade de São Paulo para Minas Gerais, quando o carro que dirigia se envolveu em um acidente e pegou fogo. Preso nas ferragens, ele morreu carbonizado.

Apesar da angústia em que vivo pela falta dele, hoje tenho um alento. Todos os dias, quando acordo, ele está de pé à beira de minha cama.

Depois que ele começou a aparecer, estou me sentindo fraca. Sinto que estou perdendo minhas forças.

O dirigente lhe perguntou como era esse desgaste de energia.

Assim ela respondeu:

– Tenho muita vergonha de lhe contar o que se passa comigo, mas, com todo o respeito, pois o senhor tem idade para ser meu pai, vou lhe contar tudo o que me acontece. Todas as noites, não sei como, tenho relações íntimas com meu marido. Ao acordar, pela manhã, estou destituída de energia. Já perdi vinte quilos depois que isto começou a acontecer durante o sono físico.

O dirigente, que se mantinha em oração, disse a ela:

– Minha filha, você está passando por um processo de obsessão, e isso poderá levá-la à morte. Se não se tratar, a senhora poderá vir a desencarnar prematuramente e, com certeza, chegará ao mundo espiritual como suicida. Sei que você tem desejado morrer, mas, desencarnando desse jeito, não encontrará a alegria e a paz, mesmo vivendo ao lado do seu esposo, como é seu desejo.

Você poderá fazer um tratamento espiritual aqui na casa e, depois disso, se sentirá mais fortalecida.

O orientador perguntou se ela pensava no esposo, ao que nossa amiga respondeu:

– Penso nele vinte e quatro horas por dia, não consigo esquecê-lo. Minhas amigas até me convidam para sair, para que eu possa me distrair um pouco. Mas não é isso que eu quero!

Um dia, fui com elas a uma festa. Quando lá cheguei, um rapaz ainda jovem começou me paquerar, sua intenção era me namorar. Naquele momento, comecei a sentir afeição por ele, mas logo em seguida tive um ataque de nervos. Uma onda de raiva tomou conta de mim. Para dizer a verdade, naquela hora tive até vontade de esbofeteá-lo e, para não me complicar ainda mais, saí correndo do local.

– Minha filha, isso mostra claramente a influência do seu marido, causando em você sensações de raiva e ataque de nervos, que podem levá-la a cometer loucuras. Esses pensamentos não são seus. Convido-a a participar das reuniões da casa. Temos aqui reuniões públicas e tratamento espiritual, em que atendemos todos os que passam por algum processo de obsessão. Tenho certeza de que seu marido vai ser esclarecido. Ele está agindo assim porque você tem chamado por ele!

A jovem senhora agradeceu ao dirigente, enquanto preenchia uma ficha com seus dados pessoais para dar início ao tratamento de desobsessão.

Passaram-se alguns dias da ida de nossa amiga ao Grupo Espírita e a melhora estava estampada em seu rosto. O nosso companheiro desencarnado, também começou a receber os benefícios e o auxílio dos benfeitores espirituais. Ele entendeu que toda aquela situação comprometia sua evolução. E pior, estava contribuindo consideravelmente para o desequilíbrio físico e espiritual de sua amada. E com este entendimento, ele se afastou definitivamente de seu antigo lar.

Certo dia, ela chegou à Casa Espírita demonstrando muita tristeza. No momento em que encontrou com o dirigente, disse-lhe:

– Senhor, eu vim até aqui para lhe agradecer pela ajuda recebida. Eu me sinto muito bem, mas estou triste porque não sonho mais com meu esposo, não o vejo mais em meu quarto, e não estou aguentando mais de tanta saudade. Todas as noites eu chamo por ele, mas ele não vem. Só agora descobri que o tratamento que fiz aqui foi uma forma de me separar ainda mais dele. Tenho assistido às reuniões e compreendi, com bastante clareza, a minha situação. Estou lendo aquele livro que o senhor me presenteou, O Evangelho Segundo o Espiritismo, mas, por agora, prefiro viver com meu marido. Eu não quero viver sozinha. Por isso, o melhor que tenho a fazer é me afastar daqui. Agradeço ao senhor por tudo o que fez por mim, mas não posso continuar frequentando este Grupo Espírita.

O dirigente, que a ouvia com atenção, lhe perguntou:

– A senhora tem certeza de que é isso mesmo o que quer para sua vida?

E com o pensamento fixo no esposo, ela lhe respondeu:

– Meu senhor, tenho certeza de que é isso mesmo que quero para mim e meu amor.

Em respeito aos desejos daquela senhora, ele disse:

– Minha filha, vá com Deus. E que Jesus proteja você e seu marido, mas não se esqueça de ler o Evangelho. Leia todos os dias e ore com muita fé. Se um dia a senhora quiser voltar para continuarmos o tratamento, nós a receberemos de braços abertos. E que Jesus a proteja nessa caminhada.

Sensibilizado com aquela situação, ele voltou a lhe perguntar:

– A senhora tem certeza de que está tomando a decisão certa?

Ela respondeu:

– Para lhe dizer a verdade, eu não sei se minha decisão é a melhor, mas no momento eu não posso viver sem ele! Se algum dia eu mudar de ideia, voltarei; mas confesso que agora não posso. Preciso sentir a presença dele, mesmo que seja em espírito. Isso, para mim, já é o bastante.

O dirigente novamente lhe fez um alerta, dizendo:

– Senhora, isso pode levá-la a um sofrimento muito maior no futuro.

E ela perseverou:

– Meu senhor, nada mais me importa no momento. O que realmente conta é a minha felicidade.

Capítulo 14

A Morte Trágica de Abel

Depois de conhecerem a dramática história vivida por nossa amiga, eu convidei meus companheiros para ver as imagens de como se deu a morte do capataz da fazenda de Ambrosina.

– Meus amigos, quero que vejam como se deu a morte desse Abel.

Dominado pela raiva e cumprindo ordens da mãe, Moisés disse a Abel que seguiriam até o armazém, pois ali receberia o castigo merecido. Ele havia se engraçado com sua mãe, e jamais eles aceitariam tamanha audácia. Agora seria punido, pois fora isso que sua mãe ordenara.

Aos prantos, o capataz disse ao filho da patroa:

– Não é necessário que você me leve até ao armazém; gostaria que você acabasse com minha vida aqui mesmo, pois, para mim, a vida não tem mais sentido. Até hoje, vivi de esperança, agora nem esperança tenho mais.

O jovem, que aprendera todos os malfeitos que lhe foram ensinados pelo capataz, disse-lhe:

– Você é um homem fraco, junte suas coisas e vamo-nos daqui. Hoje, vai saber o que acontece com o homem quando desrespeita a família dos Braga. Ninguém nunca desrespeitou nossa família. E há muito tempo você vem atormentando a vida de minha mãe. Lembre-se de que a viúva negra se vinga de todos os que a importunam.

Rapidamente, Abel colocou suas roupas em um saco e saiu do quarto acompanhado de Moisés e alguns capangas da fazenda.

Assim que o capataz subiu no cavalo, o filho da viúva ordenou que seus empregados amarrassem suas mãos para trás, pois teve medo de que o maldito escapasse do castigo, que dali a alguns instantes receberia.

Ao chegarem ao armazém, fizeram o mesmo ritual que sempre faziam com todos os que passavam por ali. Agora, era a sua vez de sentir na pele a dor que causara aos funcionários da fazenda. Começaram dando chibatadas, e a cada chibatada, Moisés dizia para que era:

– Esta é para você aprender a respeitar minha família.

Mas, antes de começar o castigo, tiraram toda a roupa dele, deixando-o completamente nu. Além das chibatadas, utilizaram outros tipos de tortura.

Quando Abel já estava todo ensanguentado, Moisés tirou do seu cinturão um punhal. Dominado pelo ódio, começou a retalhar o corpo de nosso companheiro. Com frieza de alma, ele estraçalhou o corpo daquele pobre infeliz.

Abel, já sem forças, continuou a implorar por sua morte, dizendo: – Mate-me, pelo amor de Deus! A dor e a angústia que sinto em meu coração e em minha alma é bem maior que os cortes que você faz em meu corpo. A minha dor só acabará com a morte. Mate-me, pelo amor de Deus!

Presenciar todas aquelas cenas produzia em nossa alma tristeza e dor, pois sabíamos quanto mal nosso companheiro

Moisés e sua mãe, haviam feito a si mesmos, e quanto sofreriam ao descobrir que jamais devemos usar de violência para com aqueles que julgamos querer nos prejudicar.

Moisés, fora de si, dirigia-lhe os mais baixos adjetivos:

– Seu porco imundo, maldito e miserável, você deveria ter respeitado a família dos Braga!

Enfurecido, ele continuava expressando os nomes mais horríveis, que são impossíveis de enumerar. Enquanto isso, o corpo do capataz continuava a ser perfurado pelo punhal afiado.

Era impossível, aos ouvidos humanos, ouvir a voz daquele pobre homem, mas nós a ouvíamos. Ele continuava a repetir que sua alma estava sangrando. Depois de algum tempo, Moisés, já cansado, lembrou-se das ordens da mãe. Ele não deveria matá-lo. A mãe deu ordens expressas para que Abel ficasse vivo para contar aquela história a outros que tivessem intenção de se engraçar com ela, como ele fizera.

Já exausto, Moisés ordenou que os capangas pegassem Abel e o colocassem sobre o lombo do cavalo. Dali, seguiram até a um lugar próximo a um córrego que ficava dentro de uma mata fechada. Sem dó nem piedade, eles o deixaram ali, desfalecido entregue à própria sorte, sobre os galhos secos das árvores.

Depois de ficar um longo período desacordado, Abel recobrou os sentidos. Estava fraco e sentia muitas dores. Num esforço descomunal, conseguiu arrastar-se até a beira do córrego e assim, pôde saciar a sede que o consumia.

Sentindo-se um pouco melhor, Abel começou a pensar em sua história de amor pela viúva. Ele a amava e esperava, como lhe fora prometido, que ela se casasse com ele. E agora ele estava ali, acabado, morto para a vida de felicidade que sempre sonhou para os dois. Com a mente perturbada, vinha aos seus pensamentos um desejo ardente de acabar com a própria vida. Cego por tudo o que lhe acontecera naquele dia, ele tomou uma decisão: conhecia muito bem aquele lugar e se recordava que ali bem perto havia uma cachoeira. "Ela está perto", pensou. E até podia ouvir o barulho das águas batendo nas pedras. A amargura tomava conta de seu coração. Na verdade, ele queria que Moisés o tivesse matado, mas ele estava ali, passando por todo aquele sofrimento. Num ímpeto de terminar com tudo aquilo, pensou: "Eles não conseguiram acabar com minha vida, mas eu mesmo vou fazê-lo, jogando-me na cachoeira. Viver já não me interessa mais, pois sei que jamais poderei me aproximar de quem amo. Meu Deus, nunca mais a verei!".

Abel se arrastou por entre os galhos secos, até chegar ao penhasco que dava direto na cachoeira. Lá chegando, ergueu os olhou para a imensidão, e disse entre soluços: "– Meu Deus, perdoe-me, mas não vejo outra solução para acabar com a dor que trago dentro de minha alma".

Neste momento, eu disse aos meus companheiros:

– Muitas vezes, quando vivenciamos uma grande aflição, não paramos para raciocinar. Diante de um drama, nos entregamos ao desespero e cometemos delitos ainda mais graves, comprometendo-nos perante as Leis Divinas.

Vivendo seu momento de desespero, ele estava convicto de que estava tomando a decisão mais acertada, e assim pensando, jogou-se daquele penhasco.

À mercê da correnteza, seu corpo desceu rio abaixo. Mas, como a morte não existe, Abel viu-se livre do corpo. Para seu horror, presenciou seu corpo sendo arrastado e esfacelado por entre as muitas pedras ali existentes. Aturdido e perturbado com tudo o que viu, não entendeu o que estava se passando consigo. Ele viu e escutou o impacto do seu corpo na água, viu seu sangue se misturar com a água que poucos minutos antes lhe restituíra as forças físicas.

Mas, naquele momento, ele não sentia nenhuma dor. Era como se estivesse vivendo duas vidas ao mesmo tempo. Em uma delas, via o impacto daquele corpo indo ao encontro das pedras, e em outra, seu corpo não tinha um só arranhão. Diante da duplicidade de sua existência, Abel entrou em completa perturbação. Aquelas cenas se repetiam continuadamente e, diante disso, o desespero se apossou de sua mente. A situação estava fora de seu controle e, com isso, sua agonia tomou proporções incalculáveis.

Então, eu disse a Célio e Celina:

– Observem como nossa consciência nos cobra por nossos atos de desamor!

De repente, Abel começou a ouvir o choro de crianças. Não demorou muito, e passou a ouvir os gritos e as lamentações das pessoas que ele, por gosto mesmo, torturara no paiol da fazenda. Ele revia cada uma das cenas de torturas que havia praticado contra aqueles humildes trabalhadores.

Completamente perturbado, pensou: "Como pode ser, estou morto e vivo ao mesmo tempo"? Mas o martírio de nosso companheiro estava apenas começando. O horror das cenas de tortura realizadas na fazenda, e a de sua queda no penhasco, se repetiam em sua mente.

E, para aumentar ainda mais seu sofrimento, ele reviu o momento em que a patroa o mandou embora da fazenda. Ela o expulsou de lá sem dó e sem compaixão. Suas palavras foram duras demais para serem ouvidas por alguém que a amava tanto. Todas aquelas cenas martirizavam-no, deixando-o enlouquecido.

Aquele espírito tinha voltado à Terra para ressarcir seus débitos do passado, mas ali estava ele vivendo todo aquele tormento, resultado de suas próprias escolhas.

Apesar de ser empregado e de ter de cumprir as ordens da patroa, ele poderia ter sido complacente com seus subordinados.

No entanto, para demonstrar sua autoridade e chamar a atenção da patroa, por amá-la demais, aplicava castigos imerecidos a todos os empregados da fazenda, e muitas vezes os castigava pelo simples prazer de fazê-lo.

Nos momentos de maior desespero, ele se lembrava da oração que sua mãe lhe ensinara quando era ainda uma criança. Ao terminar de fazer aquela singela oração, sentia-se um pouco aliviado. Mas essa sensação de bem-estar não durava muito tempo, portanto, logo em seguida voltava a viver sua triste realidade.

Amigos, o que faz o espírito sofrer, quando está nas dimensões espirituais, é sua consciência a lhe cobrar por seus atos.

As cenas de horror e as torturas que praticara contra os empregados da fazenda, estavam gravadas em sua consciência, e ainda tinha o agravante do remorso, que o levava a passar por terrível sofrimento.

As lesões no perispírito de Abel eram gigantescas. Todos

os sofrimentos que causou àqueles trabalhadores estavam gravados em seu ser. Cada lágrima de criança e o desespero das mães, ao verem seus filhos e esposos sendo torturados, estavam ali marcados.

Sobre os ombros de Abel ainda pesavam o ódio dos empregados que não conseguiram perdoá-lo e, principalmente, o ato do suicídio.

Nesses momentos, sua mãe se aproximava e lhe aplicava passes magnéticos, fazendo com que o filho se sentisse melhor.

Todos os dias, ela ia às regiões umbralinas onde Abel se encontrava. Após aplicar-lhe o passe, aconchegava-o em seu colo e lhe falava dos ensinamentos de Jesus. Podemos dizer que perdemos a conta das vezes em que aquele abnegado espírito foi em busca do filho amado. A fé e a perseverança daquela mãe, contribuíram consideravelmente para o despertamento de Abel.

E assim, ele permaneceu por mais de cem anos vivendo nesse conflito.

Certo dia, após o passe, Abel abriu os olhos da alma e viu sua mãezinha. Com ele desperto, ela pôde ampará-lo e conduzi-lo para este complexo.

Mesmo depois de um longo tempo em tratamento no plano espiritual, sua mente continuava ligada à sua amada. Abel se recordava muito bem das torturas que sofreu, mas, mesmo tendo passado por todo aquele sofrimento, não sentia ódio por Ambrosina. Ao contrário, alimentava uma paixão avassaladora pela ex-patroa.

Seu maior sonho era poder encontrá-la e novamente viver a seu lado, mesmo que fosse como o mais humilde dos empregados. Ele estava obcecado pela ideia de um dia se casar com ela, e todo aquele sofrimento não tinha a menor importância, diante do grande amor que sentia pela amada. Ele acreditava que todo aquele sofrimento compensaria tal momento.

CAPÍTULO 15

AMOR E RESIGNAÇÃO

Caminhando pelo Complexo Hospitalar, meus companheiros tiveram a oportunidade de conhecer de perto os trabalhos realizados por uma de nossas tarefeiras que está encarnada, fato que lhes chamou muito a atenção. Logo após ser apresentado, Célio pediu que eu falasse um pouco mais sobre Flor de Maio.

– Meus queridos, nossa companheira é uma linda flor. Ela é uma flor muito especial e deixa um rastro de perfume por onde passa. São poucas as almas que se encontram preparadas para passar por tão grandes provações e se manterem calmas, aceitando todas as dores com resignação.

Nossa amiga, que hoje se encontra enclausurada em um corpo tão delicado, é um espírito milenar que tem dentro da constituição divina, muitos débitos a resgatar.
Suplicando no mundo espiritual e aos benfeitores responsáveis por sua vinda à Terra, requisitou uma oportunidade de quitar vários de seus débitos de uma só vez. Ela se comprometeu a voltar à Terra e passar por uma enfermidade no corpo físico que a levaria a fazer mais de 65 cirurgias.

Aos vinte anos, uma jovem linda e saudável, seria acometida de uma grave enfermidade. Teria em mãos a oportunidade de fazer o tratamento, mas muito pouco adiantaria. Seus membros superiores e inferiores seriam cortados, pedaço por pedaço, até que sobrasse apenas pequena parte deles.

Mas teria de enfrentar todas as consequências de seu pedido.

Antes de adoecer, Flor se casou e teve quatro filhos. Assim que adoeceu, o marido a abandonou. Nesse tempo, passou por muitas dificuldades para criar e cuidar de seus filhos. Seu sofrimento foi ainda maior quando teve de ficar internada, para a realização das várias cirurgias, pois as crianças, sendo ainda pequenas, reclamavam a sua presença.

Ela sofreu horrores, mas conseguiu superar com coragem seus sofrimentos.

A maioria daqueles que visitavam seu lar, por ato de compaixão, olhavam para ela e pensavam: “Meu Deus, como pode uma pessoa sofrer tanto neste mundo?” E muitos até chegavam a pensar: “A sofrer tanto assim, é melhor que Deus tire sua vida”.

Mas viver, para Flor, era importante, pois havia assumido o compromisso de receber em seu lar quatros crianças, e elas seriam seu suporte para a ascensão espiritual.

Ela jamais poderia pensar em não viver, já que sua história de vida seria importante e valiosa para todos os que a conhecessem. Infelizmente, no início de sua doença, houve momentos em que pensou em tirar a própria vida, pois sofria tanto que achava impossível continuar vivendo com tantas dores. Mas quantas pessoas dependiam dela! Assim pensava. Quando esses pensamentos lhe vinham à sua mente, recordava os compromissos assumidos no plano espiritual, olhava para os filhos, ainda tão pequeninos, e via o quanto eles precisavam dela.

E assim se passaram alguns anos de luta e dor, até que um dia ela teve a oportunidade de conhecer a Doutrina dos Espíritos, que consola, nos abre um leque de novos aprendizados, orienta e mostra as consequências das vidas sucessivas, na Lei de Causa e

Efeito. Esclarece-nos, de forma clara e objetiva, que os problemas que vivenciamos no presente podem ter uma causa em nosso passado distante.

Somos espíritos milenares e, diante disso, quantos erros já praticamos! O planeta Terra é um campo abençoado de trabalho, onde todos nós temos de lutar com fé e coragem, para vencer as imperfeições morais intrínsecas a nosso ser. Só assim conseguiremos alavancar nosso progresso espiritual.

Dessa forma, lutou e conseguiu vencer. Criou os filhos e os netos. Hoje é uma pessoa feliz e realizada em seus sonhos. Dona de sensibilidade apurada, de maneira extraordinária, há muitos anos vem colaborando conosco neste Complexo.

Diante da impossibilidade de vir ao Grupo Espírita para participar das atividades, quando se vê desligada parcialmente do corpo físico pelo sono, vem até aqui, trazendo sempre uma palavra de consolo aos sofredores. É um grande exemplo de amor, fé e perseverança para todos os que vão até sua casa visitá-la.

Muitos dos seus familiares já retornaram à pátria espiritual, mas nossa querida amiga ainda permanece na Terra, e isso porque precisa viver.

Muitas vezes, depois de uma noite de intenso trabalho aqui no plano espiritual, ao despertar no corpo físico, sente-se abatida, triste e desanimada. E esse é o resultado das influências dos nossos irmãos que ela acolhe, e que vivem a reclamar da sorte.

Às vezes, para e pensa: "Apesar de viver em um corpo deformado, e passar minha vida em uma cadeira de rodas, não posso reclamar, mas ouço tantas lamentações por coisas tão pequenas e sem sentido!"

Ao despertar no corpo físico, recorda dos momentos em que pode caminhar e viver em plena liberdade.

Durante seu desdobramento, tem o poder de aparecer e desaparecer, ver e sentir seu corpo em toda sua perfeição, enquanto no corpo físico sofre uma total dependência da misericórdia alheia.

Mas, como Deus nunca desampara seus filhos, nesses momentos, os amigos espirituais vêm em seu socorro e lhe falam no íntimo da alma, aconselham-na, dando consolo e estímulo. Em poucos minutos, ela sente-se confortada e recuperada da angústia que por instantes a abateu. Está conseguindo vencer todas as barreiras, que a impulsionam na busca de sua evolução. Vive sua luta do dia a dia, mas com a esperança de que seu futuro será melhor.

Queremos dizer, meus amigos, que na maioria das vezes, as pessoas reclamam por coisas banais, enquanto muitos só desejariam ter as pernas para caminhar ou as mãos para trabalhar, poder enxergar, ouvir e falar. Nossa companheira Flor só queria ter as mãos para, pelo menos, pegar sua netinha no colo e fazer um afago em seus cabelos.

Quantas vezes reclamamos porque a comida está fria, e esquecemos que é muito fácil esquentá-la. Agimos assim, enquanto algumas pessoas gostariam de ver a luz do Sol, o rosto do filho amado, a beleza das flores, das árvores e os pássaros a voar. Por que reclamamos tanto e não paramos para pensar nos outros?

Se o homem parasse para pensar na vida e na misericórdia divina que desce sobre ele, oferecendo-lhe tantos valores, certamente não estaria vivendo em conflito. É por isso que, ao desencarnar, muitos passam por tantos sofrimentos, e isso porque não tiveram tempo para parar, pensar e agir em favor do seu próprio crescimento espiritual. A maioria vive na Terra, na ilusão, e não consegue entender que viver na Terra, é viver para a realidade e com realidade. E temos de viver com responsabilidade o momento presente, porque o amanhã pertence a Deus, e Ele não cede essa direção a ninguém. Tudo está em Suas mãos, sob Seu comando, porque Suas leis são imutáveis.

Assim aconteceu com nossa querida Flor. Hoje está resgatando seu passado e entregou sua vida nas mãos de Deus.

Podemos comparar a sua situação, com a de um prisioneiro que sai da prisão depois de ter ficado anos confinado. Durante o sono do corpo físico, ela tem a liberdade ir e vir, pois se encontra liberta do invólucro carnal. Nesses momentos, uma alegria incontida toma conta de seu ser. Mas, quando se aproxima o momento de retornar ao corpo físico, sente-se como uma prisioneira voltando à prisão.

Para uma grande maioria, voltar para um corpo deformado, que não oferece a menor condição de liberdade, é sempre um martírio, um verdadeiro castigo. Mas para Flor é um dever, pois tem uma trajetória a cumprir, que é um grande compromisso: sair e voltar para o seu cárcere.

Esses a quem Flor acalenta, oferecendo seus ombros para que possam chorar, e que vivem em grandes lamentações, muitas vezes necessitam que os levemos até a casa dela. Ao vê-la, sentem necessidade de mudar de atitudes. Com esse grande exemplo de vida, eles conseguem entender a ajuda e iniciam seu processo de reconciliação.

Observem o caso de nossa amiga Maria, aquela senhora que se encontra naquele leito. Vejam como está triste e abatida! Vive reclamando e acha que Deus foi injusto com ela. A maioria das vezes, pensamos assim porque ainda temos uma visão bastante estreita sobre a justiça divina. Com o tempo, ela compreenderá que a dor não é uma punição de Deus, mas um meio de nos educarmos, e vai entender que seu sofrimento tem origem nas causas evolutivas. Em breve, nós a levaremos até a casa de nossa companheira Flor. E ela descobrirá que só tem motivos para agradecer e que o sofrimento pelo qual passou na Terra tinha sua razão de ser. Rogamos que nesse dia, nossa companheira possa entender que seu sofrimento, em comparação com o de Flor, é insignificante. Queremos que perceba que aquele espírito, que sempre lhe oferece o ombro amigo, passa na Terra por grandes provações.

Capítulo 16

A Misericórdia Divina nos Liberta do Passado

Visitando outros setores das dimensões espirituais da Casa Espírita (complexo hospitalar), eu os convidei para conhecer um companheiro que estagiava como porteiro do manicômio.

Célio, perplexo com minha colocação, indagou:

– Ernesto, foi necessária a construção de um manicômio aqui no plano espiritual?

– Lembre-se de que vivemos entre dois mundos. O mundo material é somente uma complementação da vida espiritual. O espírito traz consigo, para a pátria espiritual, as mesmas necessidades da vida física. O bem ou o mal que fizermos, são bagagens que carregamos para nossa vida espiritual. Somos herdeiros do bem que fizemos e responsáveis pelo bem que deixamos de fazer. Tudo isso nos acompanha nas vidas sucessivas.

E para maior segurança, meus queridos, o Departamento Manicomial foi construído em uma área afastada do Complexo.

– Por que este departamento teve de ser construído distante do Complexo? – indagou Celina.

– Na época em que este Complexo foi idealizado, o espaço destinado ao manicômio foi especialmente preparado. A escolha deste local, mais afastado, foi exatamente para que não haja interferência nos outros setores. Além disso, foi necessário implantar no local um dos mais avançados sistemas de proteção, não só no que diz respeito aos pacientes internos, mas principalmente para que não haja interferência das falanges de espíritos zombeteiros e cobradores, que são seus obsessores. Esses espíritos ficam nas proximidades, procurando uma oportunidade para atacá-los. Querem, a todo custo, destruir este trabalho do bem. Pensam que estamos protegendo seus inimigos.

A maioria desses espíritos que hoje estão neste setor, quando encarnados, também passaram longos períodos internados em manicômios. Seus familiares, diante de seu livre-arbítrio, ao primeiro sinal de demência, preferiam abandoná-los nestes locais. Alguns se diziam impossibilitados de tê-los em sua companhia. E posso lhes afirmar, que a maioria deles, era médium com grandes potenciais e que havia assumido algum compromisso, mas, por motivos diversos, desvirtuaram-se no meio do caminho.

De onde estávamos, era possível ouvir gritos e lamentos. Revoltados, não aceitavam viver naquele lugar e diziam que seus familiares estavam loucos em deixá-los ali.

Quando nos aproximamos do portão que dava acesso ao edifício, fomos acolhidos por Andrey. Nosso amigo traz na alma a alegria e a sutileza de quem já aprendeu a amar seu próximo.

Após cumprimentá-lo, eu lhe disse:

– Andrey, nossos companheiros trabalham no Departamento Reencarnacionista da Colônia Nova Esperança. Eu os trouxe aqui para que conheçam sua história de vida. E gostaria que nos relatasse seu aprendizado neste setor.

Emocionado, Andrey começou dizendo:

– Companheiros, a conquista deste posto em que estou estagiando, teve início na Terra, quando ainda estava encarnado. Antes de reencarnar, assumi uma importante responsabilidade. No tempo previsto e auxiliado pela Espiritualidade Superior, eu deveria fundar um Grupo Espírita, em um município de uma grande metrópole brasileira.

E com a ajuda dos amigos espirituais, este trabalho veio a lume. Eu tive a oportunidade de liderar este grupo de trabalhadores dedicados, espíritos comprometidos com a Lei de Causa e Efeito, mas ainda trazíamos relevantes dificuldades por vencer.

Com o legado deixado pelo codificador da Doutrina e outras centenas de obras subsidiárias, pude, juntamente com meus colaboradores, desenvolver um excelente trabalho em favor dos mais necessitados.

Além de conhecer muito bem as obras da doutrina, transformei-me em orador espírita, e foi assim que consegui liderar esse grupo. Os trabalhos na Casa Espírita seguiam conforme a programação do plano espiritual.

No Grupo Espírita, eu agia de modo exemplar, mas em casa, junto dos meus familiares, mostrava toda a minha intolerância e impaciência. Intimamente, carregava todos os vícios carnais que poderiam ter sido descartados durante o meu estágio naquele grupo. Como os meus vícios estavam escondidos dos meus amigos que caminhavam comigo, eu continuava a alimentá-los. Nunca contei a ninguém sobre minhas dificuldades e não me esforcei para eliminá-los.

Na medida em que o grupo crescia, também crescia em mim o orgulho, o ciúme e a inveja. Invigilantemente, todas essas mazelas brotaram e cresceram rapidamente em meu coração. A qualquer custo, eu queria me manter na presidência do grupo. Se fosse necessário, passaria por cima de qualquer um que entrasse no meu caminho. Eu era o fundador do grupo e tinha um diploma. Era assim que pensava. E ainda me perguntava: Por que meus companheiros querem assumir a presidência, se eles não têm estudo? Diante dos valores materiais que Deus me concedeu naquela oportunidade, pude desenvolver muito bem minha parte intelectual, estudei e tinha um diploma.

Naquela época, eu me considerava o melhor entre todos. E pensava que, se qualquer um deles assumisse a direção, logo o grupo seria desfeito. Que ledo engano o meu!

Pelo estatuto do grupo, quando terminou o meu tempo de liderança, foi-nos apresentado o novo líder da Casa Espírita. Com a mente e o espírito doentes e obcecado pela ideia de comando, comecei a persegui-lo. Aquele homem era um obstáculo em meu caminho. Eu agia como uma raposa à espreita da caça. E esperei o momento certo para atacá-lo. Na minha ignorância, pensava: "Se ele não tem estudo, como irá comandar um trabalho tão grandioso como este?" De modo sórdido, eu expulsei aquele meu companheiro do Grupo Espírita.

Ainda me recordo do seu olhar de tristeza . Ele ouviu meus insultos em silêncio. Disse-lhe palavras duras, impossíveis de serem ditas por uma pessoa que se afirmava cristã. Só depois entendi que aquele companheiro não tinha um diploma nas mãos, mas tinha o mais importante, amor e humildade no coração. Ele, sim, tinha aprendido os ensinamentos de Jesus. Com a humildade conquistada, saiu do grupo com muita dor na alma, não pelo fato de ter de deixar o cargo, mas condoído por minha infeliz situação.

Os demais integrantes do grupo continuaram ao meu lado, mas, depois de algum tempo, alguns deles já haviam percebido minha fraqueza. O murmurinho causado pela saída do companheiro, fez com que a maioria dos integrantes entrasse em desalinho com a programação espiritual. Dominados por mim e pelos espíritos, que há muito planejavam a destruição do grupo, entramos em ferrenho processo de obsessão.

Por falta de vigilância e de amor no coração, principalmente de minha parte, aqueles espíritos que ainda não conheciam os ensinamentos do Cristo, penetraram na instituição, interferindo de forma violenta em todas as atividades da Casa Espírita.

A partir daí, aumentaram ainda mais os conflitos entre os tarefeiros. Não demorou muito tempo, da mesma forma que um dia eu havia expulsado meu companheiro, fui também expulso daquela Casa. Fui impedido de continuar frequentando o grupo. Senti-me extremamente magoado com a situação. Um ódio e um rancor incontrolável tomaram conta do meu coração. Algum tempo depois, percebi que estava recebendo de volta todo o mal que havia plantado.

Eu tinha estudado todos os livros da codificação e uma centena de outros livros espíritas, portanto, tinha muito conhecimento. Mas a luta que deveria travar para me libertar das mazelas e dos vícios arraigados em meu ser espiritual, isso não fui capaz de fazer.

Pouco tempo depois, uma enfermidade sem precedentes, aos meus olhos, tomou conta do meu corpo. Na minha ignorância pensava: "Não é justo um homem como eu, ainda jovem, ser dominado por tal doença!"

Hoje sei que tudo o que passei foi resultado da minha ignorância. Na verdade, conhecimento eu tinha, mas ele não havia tocado meu coração.

Com a mente doentia, pensava: "Odeio todos aqueles que me expulsaram do grupo que fundei, e ainda me vingarei deles". A doença era só um aviso de que as coisas não iam bem.

Grandes escândalos aconteceram naquela Casa, que fora programada para pregar e exercer o amor em plenitude.

Sei que fui o responsável por tal desdita. Meu egoísmo destruiu um trabalho que havia sido planejado no mundo espiritual. Muito tempo depois da minha desencarnação, tive noção de quanto mal causei aos meus companheiros. Quantos necessitados deixaram de receber ajuda espiritual! E o número de crianças e idosos que deixaram de receber o auxílio material, vindo a desencarnar de desnutrição! Isso, fora outras atividades que estavam planejadas para acontecer naquela abençoada casa. Diante da minha intolerância, infantilidade e falta de amor para exercer a função de presidente e líder religioso, perdi uma grande oportunidade de ajudar muitos companheiros. Ainda posso acrescentar quantos encarnados e desencarnados deixaram de ser atendidos nas reuniões ostensivas.

Temos fixo em nossa mente, que só porque uma pessoa tem um nível intelectual mais avançado, ela tem condições de liderar um grupo, e esquecemos que, para exercer uma liderança, é preciso ter, primeiramente, humildade no coração. Esse é o mais importante requisito para que uma pessoa possa desenvolver um bom trabalho na Terra. Estudar na escola convencional e aprofundar o conhecimento nos cursos ministrados nos Grupos Espíritas é fácil, o difícil é colocar o que aprendemos em prática, assim como fez e ensinou o Cristo.

Para meu desespero, fiquei imóvel, em cima de uma cama. Vocês nem imaginam quem veio me trazer uma palavra de consolo! Acredito que já imaginaram. Exatamente, foi justamente aquele que um dia injustamente maltratei. Quantas vezes ele foi à minha casa e me disse palavras de carinho e conforto! Por não saber ler, ele pedia aos amigos que iam com ele, para ler uma página de O Evangelho Segundo o Espiritismo. A cada leitura, a dor tomava conta do meu coração. Naquela altura, a dor do corpo físico havia desaparecido, porque minha alma estava dilacerada pela vergonha. O meu sofrimento e a acolhida que recebi do meu companheiro, me fizeram entender que eu estava equivocado. Aprendi a lição a duras penas.

Acredito que tudo aquilo aconteceu, para que eu despertasse e saísse da clausura do meu egoísmo. Eu era prepotente e orgulhoso.

Considerava-me o melhor de todos só porque havia participado de todos os cursos ministrados no grupo e, além disso, o número de obras que li era impossível calcular!

O gesto do meu antigo companheiro fez com que o arrependimento invadisse a minha alma. Humildemente, pedi perdão a ele e a seus familiares. Apesar de ter recebido seu perdão, me culpava, porque conhecia a Doutrina dos Espíritos.

Meus amigos, depois que conhecemos os ensinamentos de Jesus, mesmo que a pessoa a quem ofendemos nos perdoe, temos dificuldade para nos perdoar, porque quanto mais gratidão devemos a alguém, mais profunda é a imagem que esse alguém deixa gravada em nosso ser espiritual. A gratidão é um sentimento que não tem preço.

E assim aconteceu, aquele que um dia eu tanto prejudiquei, continuou me ajudando. Além do incentivo, ele me deu a oportunidade de fazer palestras no Grupo Espírita que frequentava. Mesmo enfermo, aceitei sua sugestão. Eu precisava me reerguer do lamaçal em que havia me atirado. Apesar da vergonha que consumia minha alma, procurei me esforçar. Depois de realizar aquela tarefa, já me sentia mais confiante e seguro.

E nesse tempo, já era a minha vez de retornar ao mundo espiritual. Quando nosso corpo não tem mais forças para continuar sendo habitado por nosso ser espiritual, temos de devolvê-lo à Terra.

Muitas vezes, nos apegamos tanto a esse corpo que não queremos devolvê-lo. O corpo físico é um veículo no qual o espírito pode se movimentar e evoluir, reparando os erros que um dia praticou.

Esse é o compromisso assumido pela maioria dos espíritos encarnados. Mas, na realidade, isso não havia acontecido comigo. Apesar de ter pedido perdão, sentia-me devedor daquele meu companheiro. Pesava sobre mim o conhecimento do Evangelho de Jesus Cristo.

Desencarnei.

Estavam presentes no velório todos os meus familiares. Alguns amigos vieram prestar suas últimas homenagens.

Durante o velório, eu podia ouvir os comentários. Alguns tinham certeza de que eu era um espírito evoluído.

Ao ouvir todos aqueles elogios, me senti pequeno e vil. Mas aqui na pátria espiritual, não existem os subterfúgios para colocar uma máscara, tudo fica claro como um dia radiante de Sol. Deparamos com nossas mazelas, ficamos desnudos de nossas carapaças e nos mostramos como somos na realidade.

Podem acreditar, mas aquele a quem tanto prejudiquei nunca revelou o motivo do seu afastamento dos trabalhos do Grupo Espírita.

Companheiros, não é Deus que vem nos julgar por nossos erros, mas nossa própria consciência é nosso juiz.

Quando meu corpo foi deixado naquela cova, entrei em desespero. O arrependimento atroz tomou conta de mim. Como um louco, gritava e pedia perdão àquele a quem tanto prejudiquei. Para minha sorte, fui amparado por uma equipe socorrista que, conhecedores das minhas dificuldades, tiveram que me amarrar na maca que me conduziria até este hospital, onde permaneci internado por muitos anos.

O meu descontrole foi tanto que, se eu ficasse ali por mais um instante, poderia ter sido arrastado para as regiões umbralinas da Terra. O meu maior desespero foi ter sido interpretado por alguns como um espírito puro, iluminado, que conseguiu cumprir sua missão na Terra, um missionário.

Quando ouvi uma das conpanheiras do grupo que havia frequentado, dizer que meu espírito estava livre para percorrer o universo e visitar outros mundos, não me contive e chorei, pois minha realidade era outra. Na verdade, eu estava no mundo espiritual amarrado como um louco.

Hoje, tenho consciência de não ser merecedor de tanta benevolência. Eu poderia ter ficado preso por um bom tempo junto dos espíritos vingadores, que ficam esperando alguém chegar, para realizarem sua vingança e exercer o ódio que ainda trazem em seus corações.

Não por mérito meu, mas pela misericórdia divina, a espiritualidade agiu em meu socorro. Para que não fugisse, pela vergonha que sentia, continuei amarrado. Desesperado, pedia perdão aos companheiros André e Ana, as duas pessoas que tanto havia prejudicado. Deixei que o ciúme e a fraqueza espiritual me dominassem e, envolvido nesse lastro de trevas, pratiquei muita maldade.

O mentor espiritual responsável pela equipe, tentava conversar comigo, mas, embutido em minha angústia, só conseguia ver a imagem do casal que havia prejudicado.

A aflição e a loucura tomaram conta de meu ser. Consciente de meus erros, intimamente gritava, mas meus gritos não eram ouvidos. Vivi anos nesse estado de insanidade.

Só muito tempo depois de ser socorrido, fiquei sabendo que minha mãezinha também estava presente na equipe que me socorreu.

Quando despertei, estava em um parque todo arborizado. Mais tarde, fiquei sabendo que aquele lugar é o Parque das Lamentações daqui do Complexo.

Foi muito bom poder ver a luz do Sol novamente. Estava ao meu lado um grande amigo, que posso chamar de anjo protetor.

Ele, pacientemente, me aconselhava. Inúmeras vezes, ele leu a passagem do Evangelho que, de modo claro, vem nos orientar como combater em nós o orgulho e a vaidade. Essa passagem marcou minha vida aqui neste hospital. Para dizer a verdade, perdi a conta das vezes que ele leu o trecho de O Evangelho Segundo o Espiritismo, Capítulo IX. *Bem-Aventurados os Brandos e Pacíficos. A Cólera: "O orgulho vos induz a julgardes mais do que sois, a não aceitar uma comparação que vos possa rebaixar, e a vos considerardes, ao contrário, tão acima dos vossos irmãos, quer em espírito, quer em posição social, quer mesmo em vantagens pessoais, que o menor paralelo vos irrita e aborrece. E o que acontece, então? Entregai-vos à cólera".(...)*

Certo dia, Silas, o meu anjo protetor, veio ao meu encontro. Posso lhes dizer que ainda hoje tenho dificuldades para enumerar as qualidades dessa alma. Deixando transparecer forte emoção, ele me abraçou e disse:

– Andrey, meu amigo hoje é um dia muito importante para todos nós, mas principalmente para você. Foi-lhe concedida a oportunidade de auxiliar nos trabalhos junto aos nossos companheiros que se encontram neste parque hospitalar. O trabalho é árduo, mas temos certeza de que será um importante passo em sua caminhada evolutiva.

Posso afirmar que, no primeiro momento, foi difícil e dolorido ter de fazer a higienização da ala onde estão os companheiros alienados.

Gradativamente, tenho combatido em mim o orgulho e a vaidade. Hoje sei que aquele trabalho me fez desenvolver a sensibilidade e humildade, de ver o outro como um irmão em Cristo. Aos poucos, já conseguia abraçá-lo sem repulsa, limpar o vômito sem sentir nojo. Hoje consigo entender que a melhor forma de combater o orgulho que está cristalizado em nossa alma é enfrentando-o.

Há aqueles que desencarnam na Terra trazendo uma estrela na testa, que foi colocada pelos encarnados, mas que chegam ao mundo espiritual com essa estrela apagada, pois não conseguiram acender sua luz.

Isso aconteceu comigo, mas, graças a Deus, estou conseguindo superar o orgulho e minha prepotência, mas ainda estou lutando contra a vaidade e o ciúme, enfim, contra os meus inumeráveis defeitos.

Agradeço a Deus e a todos os que oram por mim, que me ajudaram, e a este hospital em que um dia fui socorrido. Recebi a oportunidade de poder continuar a trabalhar e compartilhar minha experiência com os companheiros. Ainda tenho um longo caminho a percorrer. Se eu estivesse atento às intuições de meu anjo guardião, com certeza meu retorno ao mundo espiritual teria sido diferente.

Se os encarnados, principalmente os espíritas, tivessem a mínima noção do que é voltar para o mundo espiritual com a alma enferma, se esforçariam um pouco mais para se libertar das mazelas que trazem impregnadas na alma.

Hoje compreendo que o objetivo da encarnação é atingirmos a perfeição a que estamos destinados. Cada segundo vivido na Terra, é importante para prepararmos o nosso retorno à pátria espiritual. Mas sabemos que a humanidade caminha em passos lentos, e cada um vive seu momento em um grau diferente de evolução.

Mas, infelizmente, envolvidos em nosso egoísmo, ciúme, vaidade e orgulho, e pelo poder que muitas vezes nos sobe à cabeça, esquecemos de cuidar de nossa alma, que é imortal. Esquecemo-nos que a alma tem um tempo determinado para viver na Terra. Chegamos ao mundo espiritual sem a capa da humildade, pois na Terra recebemos todas as glórias, olvidamos as palavras de Jesus, quando Ele disse: *"Que a vossa mão esquerda não saiba o que dá a direita".(Mateus 6:3).* Por isso não devemos nos vangloriar do trabalho que realizamos, mas, sim, nos colocar a serviço do Mestre Jesus.

Devemos nos oferecer para ser servidores do Cristo, e não colocá-Lo para nos servir.

Célio, que ouvia atentamente o relato, disse-lhe:

– Andrey, depois de ouvir seu drama, imagino como foi difícil sua chegada aqui, principalmente por ter conhecido a Doutrina Espírita.

Ele, atencioso, esboçou um sorriso e disse:

– Meus amigos, realmente foi doloroso e constrangedor viver essa situação. Na verdade, eu ainda estava encarnado quando descobri que tinha falhado em meus compromissos. Mas, ao despertar neste hospital, senti-me muito pior, porque a vergonha e o arrependimento dilaceravam minha alma. Hoje compreendo que não devemos nos fechar nesses sentimentos mesquinhos, o mais importante é fazermos nossa reforma íntima e trabalhar. Eu tenho me esforçado ao máximo para melhorar.

Ao perceber em Andrey a voz embargada pela emoção, dirigi a ele algumas palavras:

– Meus amigos, é isso mesmo, estamos aqui a caminho da nossa evolução. Cair e levantar, faz parte do crescimento. Para vencer, teremos de lutar para adquirir valores mais sublimados. O espírito só conseguirá alavancar sua evolução, quando passar por todas as etapas evolutivas que os mundos podem lhe oferecer. A melhor forma de vencer cada uma de nossas mazelas, é eliminá-las uma a uma, mas antes é essencial que as identifiquemos. Desse modo, a cada encarnação nos sentiremos livres. O Mestre disse: *"Aquele que coloca a mão no arado não pode olhar para trás". (Lucas 9:62).* E seguindo esses ensinamentos ,devemos enfrentar com coragem nossas dificuldades sem olhar para trás. Este ensinamento quer nos dizer que não devemos temer, mas seguir em frente, confiantes em que somos capazes e na certeza de que estamos amparados pela Providência Divina, por intermédio de uma imensa falange de benfeitores espirituais.

Andrey, emocionado, novamente tomou a palavra e disse:

– Companheiros, se somos orgulhosos, e esse foi o meu caso, temos de trabalhar em um lugar, onde essa mazela possa ser combatida. Foi importante, para mim, realizar as tarefas de faxineiro e me deparar com situações constrangedoras. Como vocês já sabem, no princípio foi difícil e humilhante. Mas, com o passar do tempo, fui modificando meu modo de ser e pensar.

Estou vivendo em constante luta contra as dificuldades que estão cristalizadas em meu espírito. Além do estágio, estou frequentando alguns cursos que são ministrados aqui. Estou me preparando, pois em breve voltarei à Terra, para dar prosseguimento aos compromissos assumidos. Deus, que é todo bondade, nos concede a bendita oportunidade do recomeço.

A Doutrina Espírita, trouxe a lume, os ensinamentos de Jesus de forma clara e objetiva e, ao tomar conhecimento desses ensinamentos, nos tornamos capazes de entender que as dificuldades vividas por nós, são a reação a uma ação impensada. Travo uma luta permanente comigo mesmo. Aqui não é diferente de quando estamos encarnados; as dificuldades são as mesmas, porque os erros estão enraizados em nosso ser. Para haver uma transformação, é necessário muita luta íntima.

Quando ele terminou, eu lhe disse:

– Andrey, o espírita é, acima de tudo, um ser humano cheio de falhas. Mas é necessário e importante, que cada um procure superar suas limitações, e melhor, devemos nos esforçar para eliminar as mazelas que estão cristalizadas em nosso espírito imortal.

CAPÍTULO 17

O AMOR SEMPRE VENCE

Aquela conversa havia sido proveitosa para todos nós, mas se aproximava o momento de visitarmos mais um paciente do hospital. Então, eu lhes disse:

– Hoje é um dia importante para toda nossa equipe, em especial para nosso irmão Gustavo e seus familiares. Eles tiveram permissão para se reencontrarem depois de anos de separação. Após permanecerem anos presos naquela fazenda, a esposa e filho, foram acolhidos e estão em tratamento aqui. Também permaneceram internados neste manicômio por um longo período. Diante da fragilidade da situação, eles tiveram grandes dificuldades de se perdoarem. É certo que o arrependimento deve estar acompanhado de ação reparadora, pois somente assim nos sentiremos livres.

Amigos, o autoperdão produz em nós um amadurecimento moral, e nos leva a uma visão mais ampla do nosso ato, fazendo-nos refletir melhor sobre nossas ações futuras.

Em razão da maldade praticada, após a desencarnação, os dois sofreram horrores, mas hoje estão se recuperando e vivem no Parque da Regeneração. Além dos trabalhos que realizam naquele setor, estão estudando sobre o autoperdão.

Quanto a Gustavo, nossa equipe, gradativamente, tem mostrado a ele, flashes de suas vidas passadas. Em uma dessas oportunidades, foi-lhe revelado o motivo de seus familiares terem praticado ato tão terrível contra sua vida. Em determinada época da vida familiar, mãe e filho, que traziam no subconsciente a dor sofrida em uma encarnação anterior, e sequiosos de vingança, sentiram-se no dever de cobrá-lo pelo que ele lhes devia.

Entre outras cenas, ele viu um fato relevante que levou à destruição de sua família em outra encarnação.

Imaturo espiritualmente, ele abandonou a esposa e filho, à mercê das intempéries da vida, e os dois sofreram todo tipo de martírio, por causa dessa sua atitude impensada.

Célio indagou, ansioso:

– Ernesto, o que levou nosso amigo a abandonar sua família?

– Gustavo, de modo sórdido, fugiu com outra mulher. A esposa, sentindo-se ferida em seus sentimentos mais íntimos, alimentou ódio e profunda mágoa pelo esposo e por aquela que destruiu seu lar. O filho, ao ver o sofrimento da mãe e pela situação constrangedora que os dois viveram, aliada às dificuldades financeiras pelas quais passaram, sentia-se no direito de se vingar daquele que lhes causara tanto mal.

O jovem passou o resto da vida alimentando o desejo de um dia poder encontrar o pai para matá-lo. E, como vocês sabem, Gustavo, em sua última encarnação, morreu envenenado pelos dois.

Mas Deus, em sua infinita misericórdia, nunca abandona seus filhos amados. Ele sempre nos dá possibilidades de refazer nosso caminho seguindo Suas leis. Os três terão, em breve, uma nova oportunidade de reencarnarem para ressarcir seus débitos do passado. Estaremos juntos, intuindo e auxiliando, para que possam caminhar dentro dos preceitos do Cristo.

Depois de nos despedirmos de Andrey, seguimos ao local onde se encontrava Gustavo.

Passamos por longos corredores, e finalmente, chegamos ao Departamento Reencarnacionista do Complexo. O salão amplo e arejado, tinha o formato de um pentágono. Em cada canto do imenso salão, havia uma mesa e, à sua volta, várias poltronas de cetim azulado. A música ambiente nos causava uma sensação de paz. Havia, também, várias portas, que davam acesso aos vários departamentos do Complexo.

O casal de visitantes ainda observava atentamente o local, quando adentraram no salão, alguns grupos de irmãos que se preparavam para uma nova encarnação. A equipe espiritual responsável pelo processo reencarnatório, os acompanhava até o centro do salão e, em seguida, cada grupo se dirigia à mesa previamente identificada com a ficha do reencarnante.

Certamente, teriam longas conversações a respeito da nova programação reencarnatória. Em cada semblante, podíamos sentir a emoção e a esperança de um novo tempo.

Meus amigos e eu, nos dirigimos até uma daquelas portas, e dali pudemos vislumbrar a beleza de um jardim. As rosas azuis davam encantamento ao lugar, tornando-o mágico. Deliciávamo-nos com tão majestosa paisagem, quando adentrou no espaço, a equipe de trabalhadores que acompanhavam Maria e seu filho Manuel. Enquanto o grupo se dirigia ao centro do salão, Gustavo se fez presente. Ele estava bem, tinha o olhar firme e tranquilo, mas pudemos observar que em seu peito havia uma mancha escura, que parecia uma ferida não cicatrizada.

As lágrimas rolaram em sua face, no momento em que avistou a esposa e o filho tão amado. Um filme passou por sua mente. Ele estava diante daqueles que o haviam assassinado, mas lembrou-se que não era inocente naquela história, que tinha seu quinhão de culpa naquela tragédia, precisava ser forte.

De longe, pôde ver o sofrimento estampado em seus rostos e, mais que isso, o arrependimento por terem-no matado de forma tão cruel. Ao se envolver em profundo sentimento de compaixão por seus algozes, a mancha escura que trazia em seu perispírito desapareceu.

No centro daquele salão, os três se reencontraram e abraçados, choraram copiosamente. Enquanto isso, os mentores espirituais oravam e os envolviam em uma luz. lilás. Aquele era um momento importante em suas vidas.Depois de um longo período de separação, a família estava novamente reunida. Durante esse tempo, passaram por muito sofrimento, mas agora tinham que voltar à Terra e refazerem os caminhos seguindo os ensinamentos do Cristo.

Meus amigos, quando tomamos consciência de que ferimos nosso semelhante, temos certa dificuldade de nos perdoarmos, e isso nos leva a estagnar em nossa evolução. Com esta consciência, sentimos necessidade de passar pela mesma prova que impusemos ao outro, com a firme intenção de ressarcir os débitos com o companheiro a quem ferimos.

Quando todos estavam acomodados, e após fazermos uma prece reconfortante, deram-se por iniciados os acertos finais para a nova reencarnação da família em questão. Voltariam ao círculo terrestre, para reparar os erros e, vivendo juntos, dissipariam as mágoas que haviam marcado suas almas.

Depois de intensas conversações entre os espíritos reencarnantes, nos aproximamos. Cumprimentamos todos com calorosa saudação. Eu tinha a responsabilidade de informar aos companheiros, alguns relevantes detalhes do processo reencarnatório. Então lhes disse:

– Companheiros, para que possam estabelecer a paz em seus corações, vocês voltarão à Terra com um importante compromisso. Nessa oportunidade, não somente deverão trabalhar em família para sanar suas dificuldades, mas também trabalharão em favor das obras assistenciais espíritas, no departamento que presta auxílio às mães necessitadas. Conhecerão a Doutrina dos Espíritos. Com a mediunidade aflorada, terão plena consciência dos seus compromissos. Por meio do desdobramento, terão flashes deste momento, que é o marco da nova etapa de suas vidas. Os compromissos aqui assumidos estarão nítidos em suas mentes. Concreto será o auxílio que receberão de nossa equipe aqui presente. Com intenso trabalho em prol dos mais necessitados, convivendo com a fome e a dor dos semelhantes, despertarão em seus corações, a fraternidade e o amor.

A família será a mesma, sem nenhuma alteração, e terão o compromisso de se esforçarem no desenvolvimento da humildade em seus corações.

– Gustavo, você e sua família permanecerão por mais algum tempo neste hospital. Participarão ativamente dos trabalhos desenvolvidos no Grupo Espírita, principalmente nos cursos de desenvolvimento mediúnico que acontecem na casa. Nesse tempo conhecerão as obras de Kardec, e as que dissertam sobre os mais variados tipos de obsessão. Todo esse aprendizado será de grande valia em suas vidas, pois, ao reencarnarem na Terra, estarão preparados para cumprirem os compromissos que ora estão assumindo.

A reencarnação, meus queridos, é a grande oportunidade que Deus nos dá para que possamos construir novos valores morais. E o que não conseguimos fazer nesta vida, teremos a oportunidade de fazer em outra. Assim é a trajetória do espírito, até que ele possa chegar à condição de pureza. Mas, enquanto estamos a caminho, temos de passar pelo círculo das reencarnações.

Um dia seremos felizes como os espíritos puros. Essa felicidade é conquistada paulatinamente por nossas virtudes. Somente por meio da evolução o homem chegará a Deus, de onde saiu um dia, simples e ignorante. E Deus concedeu a eternidade para que o espírito possa se aperfeiçoar.

Depois de lhes passar mais alguns detalhes, demos por encerrado o encontro com fervorosa oração.

CAPÍTULO 18

O DESPERTAR PARA UMA VIDA NOVA

Encontramos com Alberto no exato momento em que deixávamos o recinto. Ele, sempre amável, convidou nossos visitantes para participarem da reunião de desobsessão, que aconteceria no Grupo Espírita, e disse-lhes que naquela oportunidade, aconteceria o despertar de muitos companheiros que estavam em tratamento ali no Complexo, e que sistematicamente insistiam em permanecer adormecidos.

Nossa equipe vinha trabalhando com eles havia algum tempo, e essa reunião era propícia, porque se encontrariam ali, naquele dia, os médiuns ideais para o trabalho.

Imediatamente, retornarmos ao departamento manicomial, onde esses companheiros estavam internados.

Em poucos instantes, já nos encontrávamos no imenso pátio do manicômio. Apesar da beleza do jardim, a tristeza era dominante, pois os irmãos ali presentes faziam um intenso alarido.

Quando notaram nossa presença, aproximaram-se. Demonstrando estado de demência total, alguns deles nos agarravam e, ajoelhados, beijavam nossos pés. Com a mente conturbada, pensavam que éramos Deus, e aos prantos nos pediam perdão. Imploravam para que perdoássemos os males que haviam praticado. Arrependidos, se diziam prontos para a reparação de seus erros. Tamanho era o desequilíbrio de nossos que chegavam a vomitar em nossos pés.

Um número considerável de tarefeiros se encontrava espalhado por todo o lugar e, com muito respeito, faziam a higienização do ambiente.

Estávamos condoídos com a situação de nossos companheiros, mas era necessário que nos mantivéssemos equilibrados, para não atrapalhar o trabalho do qual participaríamos daí a alguns minutos. Dali, seguimos diretamente para o edifício onde funcionava o manicômio.

Na recepção, o atendente Andrey já nos aguardava. Entramos no edifício e percorremos imensos corredores e, após descer alguns lances de escadas, chegamos a uma enfermaria onde os pacientes estavam em melhores condições mentais. Podíamos observar que, mesmo estando adormecidos, aqueles espíritos criavam fantasias em suas telas mentais. Eles reviam cenas referentes à sua vida quando encarnados na Terra.

Alberto, que até aquele momento havia se mantido em silêncio, informou-nos que apenas um deles seria atendido na reunião de desobsessão. Quando nos aproximamos do seu leito, observamos que a todo instante ele despertava do sono, mas, ao abrir os olhos, deparava com alguma cena que o fazia adormecer instantaneamente. Segundo o doutor Alberto, ele não tinha coragem, e forças o suficiente para encarar as dificuldades vividas durante sua vida pretérita.

Célio, muito atento a tudo, perguntou a Alberto:

– O senhor nos disse que muitos desta enfermaria, serão despertados durante os trabalhos que serão realizados na reunião de desobsessão. Como isso vai acontecer, se apenas este será levado até lá?

– Os trabalhos no mundo espiritual acontecem de forma mais ampla. Nosso companheiro será conduzido à reunião e, por intermédio de um médium, poderá manter um diálogo com o doutrinador, que é dotado de elevada moral. Intuído por nós, tentará despertar no companheiro sentimentos mais sublimados. Vai levá-lo a se lembrar de Deus e de Sua bondade para com os que sofrem e padecem suas dores. Mas também dirá a ele, que é necessário ter coragem e boa vontade para que possa se libertar do seu sofrimento. Com nossa ajuda, terá a visão de sua mãezinha, que tanto amava. Dessa maneira, despertará nele, novamente, o amor em sua essência, levando-o a refletir melhor sobre o prejudicial desejo de permanecer em eterno repouso.

É importante que saibam, que tanto na sala onde acontece a reunião de desobsessão, quanto nas outras dependências, foi instalado um sistema aperfeiçoado de áudio para que os estudos ali realizados sejam estendidos aos diversos setores do Complexo, propiciando aos espíritos um aprendizado contínuo. Mesmo que o espírito não queira, ele é beneficiado com as palestras e outros estudos realizados no Grupo Espírita. O espaço físico reservado às reuniões de desobsessão é um verdadeiro CTI, lugar onde o sofredor chega e é atendido intensivamente.

Algumas horas antes do início da reunião, a equipe espiritual responsável pelos trabalhos, se dirige até a sala de reunião e faz a preparação do ambiente, para que melhor possam ser atendidos aqueles que são encaminhados para lá. Quando se dá o início da reunião, os canais são ligados simultaneamente às enfermarias e aos outros setores do hospital.

Os médiuns, conscientes da importância do trabalho, assim que adentram o espaço onde acontecem as reuniões ostensivas, permanecem em oração. Eles estão cientes de que o mentor da reunião encaminhou para lá muitos espíritos sofredores. Médiuns equilibrados permitem que os trabalhos no âmbito físico, ocorram de forma harmoniosa e, desse modo, muitos são auxiliados. As leituras edificantes antes do início da reunião, permitem que o ambiente permaneça em harmonia e o trabalho transcorra de forma mais equilibrada. O encontro dos espíritos sofredores com os encarnados permite uma troca de energias, que são os fluidos animalizados.

Todos os espíritos em tratamento naquela enfermaria, estavam mais ou menos no mesmo estágio evolutivo. Portanto, já preparados para assimilar tais ensinamentos.

– Alberto, como nosso companheiro será conduzido até lá, pois sabemos que ele está impossibilitado de caminhar e até mesmo de permanecer em pé? Ele será levado em desdobramento ou será uma comunicação espontânea daqui onde estamos? – inquiriu Celina.

– Faremos um trabalho de desmaterialização e nos materializaremos na sala de reunião mediúnica.

No momento apropriado, nossa equipe o aproximará do médium para que ele possa se comunicar. Ele terá a nítida impressão de que está fortemente amarrado. Com certeza, irá reclamar, lamentar e questionar o motivo de o termos levado àquele lugar. Em sua mente ficará registrado que chegou ali caminhando, pois durante esse transe ficará livre. Na verdade, ele será hipnotizado. Ele vai perceber nossa presença e saber quem somos, para que possa despertar em melhores condições quando passar o transe mediúnico.

Naquele momento, Alberto nos convidou para fazermos uma oração em favor de todos aqueles companheiros. Antes mesmo de terminar a prece, já nos encontrávamos em uma sala muito simples, porém confortável. Todos os médiuns vibravam harmoniosamente pela prece, cooperando para que os trabalhos beneficiassem todos os sofredores ali presentes.

No plano espiritual já estava tudo preparado. Havia ali, muitas equipes que tinham sob sua tutela, os amigos que se comunicariam por intermédio dos médiuns. Todos eles teriam a oportunidade de relatar suas dificuldades e, do mesmo modo, seriam ajudados com palavras confortadoras.

Assim que o dirigente deu início à reunião, com uma prece, do lado de cá, pudemos sentir as intensas vibrações daquela fervorosa oração. E, envolvidos em sutis energias de amor, ouvimos a leitura de O Evangelho Segundo o Espiritismo e de O Livro dos Espíritos. Após os comentários, novamente foi proferida uma prece, dando início à segunda parte da reunião. O companheiro que fazia a oração, rogou o amparo do Cristo e colocou o grupo à disposição da equipe coordenadora da reunião do plano espiritual. E assim ele disse:

"Senhor Jesus, Mestre dos Mestres, aqui estamos, mais uma vez, rogando sua proteção para todos encarnados e desencarnados aqui presentes. Agradecemos pela oportunidade bendita de mais uma vez podermos estar aqui nesta casa abençoada, aprendendo seus ensinamentos, e humildemente nos colocamos à disposição da espiritualidade amiga, para os trabalhos que nos propomos a realizar. Sabemos de nossas limitações, mas com o coração transbordando de amor e carinho por nossos amigos desencarnados, rogamos que seja feita a sua vontade, e não a nossa".

Ao término da prece, o dirigente, tocado de profundo sentimento de amor, convocou os médiuns para que se mantivessem em sintonia com os trabalhos da noite. Disse aos companheiros que havia no recinto muitos amigos, e que todos seriam beneficiados com os fluidos de amor, emanados de cada um deles. Assim que terminou de falar, um médium começou a dar uma comunicação.

Alberto manteve-se o tempo todo ao lado de nosso companheiro, amparando-o por meio de passes magnéticos.

Meus amigos, este contato direto com os encarnados é muito benéfico para o espírito sofredor. De posse da mente do encarnado, ele pode, pela palavra, expressar o mal que lhe aflige.

Mas, continuemos a falar da comunicação. Assim que houve o acoplamento da mente do espírito com a mente do médium, o espírito começou a dizer:

– Por que me tiraram do meu sossego e me trouxeram até aqui? Eu não quero ficar neste lugar. Por que vocês me amarraram? Soltem-me, pelo amor de Deus! Eu quero voltar para minha cama, só deitado tenho um pouco de sossego. Este lugar está cheio de gente, e eu não quero ficar aqui. Ordeno que me deixem sozinho! Pelo amor de Deus, deixem-me em paz! Será que vocês não sabem de todos os sofrimentos pelos quais passei na Terra? Quando passava por todos aqueles sofrimentos, meu maior desejo era morrer para descansar. E agora que morri e tenho essa oportunidade, aparecem esses médicos para tirar o meu sossego. Eles estão me obrigando a acordar. Eu não quero saber de nada, quero voltar para minha cama. Não quero acordar, quero dormir eternamente. Estou vivendo do jeito que sempre sonhei. Graças a Deus, estou livre de todos os problemas que me incomodavam, e assim vou viver o resto da vida sem me preocupar com eles.

O espírito chorava muito e reclamava de todas as formas possíveis. Assim que ele silenciou, o doutrinador começou a falar de Jesus e de sua importância em nossa vida. Disse-lhe que o próprio Jesus enfrentou todas as dificuldades do mundo, passou por muitos martírios sem nada dever, demonstrando assim, sua humildade diante dos sofrimentos. E ainda lhe disse que todos nós deveríamos seguir o seu exemplo.

O diálogo permaneceu por mais alguns minutos, quando o doutrinador, intuído por Alberto, pediu ao espírito comunicante que prestasse atenção na música que estava sendo tocada no ambiente.

A equipe espiritual esperava que a música Ave Maria pudesse fazer-lhe recordar algo de seu passado. Pois, quando encarnado, gostava de ouvi-la, e acreditava que aquela melodia era a única que podia socorrê-lo em suas aflições.

Enquanto os médiuns oravam, no silêncio da alma, em favor do nosso companheiro, o doutrinador insistentemente lhe dizia:

– Meu amigo, preste atenção nesta música, ela muito o auxiliará, deixe que ela te embale nas mais puras vibrações de amor.

No mesmo instante, ele pediu ao doutrinador para que fizesse silêncio, pois só naquele momento ouviu que a sua música estava tocando.

Após alguns instantes em silêncio, o espírito expressou sua dor.

Ele começou a sentir uma forte pressão no peito. Era um misto de dor, arrependimento e tristeza. Contorcendo-se, ele pedia ajuda. O doutrinador, amorosamente pediu ao espírito que se acalmasse, pois uma equipe de médicos e enfermeiros ali presente o auxiliaria. Além do passe, ele foi medicado. Com a mente livre do casulo que o envolvia, ele desabou em pranto desolador. Com a visão ampliada, ele via com clareza o plano físico e o espiritual. Percebeu, de pronto, que havia perdido muito tempo na ociosidade.

O doutrinador continuou a falar da importância de sua presença na reunião, e pediu a ele que acompanhasse a oração que seria feita. E, envolvidos em energias benfazejas, retornamos à enfermaria.

Meus queridos, todo dia é dia de renovação. Pela abnegação e boa vontade dos médiuns, quantos sofredores recobram os sentidos e voltam à vida por meio desta tarefa edificante! Ser médium não é privilégio de poucos, mas poucos são, os que com boa vontade, assumem essa tarefa de amor.

Estávamos confiantes.

E assim aconteceu. Pouco a pouco, um a um daqueles espíritos foram despertando. O ambiente da enfermaria, que até então vivia na penumbra, foi envolvido em muita luz. O forte sentimento de amor que os envolveu, contribuiu para que aqueles espíritos despertassem para uma nova possibilidade de vida. O choro de nossos irmãos em Cristo, era a resposta aos nossos esforços em ajudá-los.

Companheiros, sentirmo-nos culpados pelos erros cometidos, é uma situação muito natural. Este sentimento é um grito de nossa consciência, que nos leva a querer reparar o erro cometido.

Sabemos que o choro ajuda a limpar nosso espírito das amarguras retidas na consciência. Aquelas lágrimas, foram como gotas de luz a iluminar o ambiente. Seu brilho incandescente representava a luz que estava adormecida dentro de cada um.

CAPÍTULO 19

É TEMPO DE RENOVAÇÃO

Toda a equipe estava radiante com os resultados do trabalho, que culminou no despertamento de dezenas de espíritos que passaram por semelhante situação.

Eram espíritos que haviam vivenciado tristes experiências com seus familiares. Aqueles pais tinham dado a vida em benefício da família e, quando chegaram à velhice, receberam somente ingratidão. Muitos deles tiveram a saúde prejudicada por causa do trabalho pesado. Nunca pensaram em si mesmos, viveram apenas para os filhos e tinham esperança de que, na velhice, teriam os filhos ao seu lado para ampará-los. Alguns deles foram deixados em um asilo e ali morreram de solidão. Muitas dessas mãezinhas foram forçadas a dar-lhes dinheiro para que se mantivessem no vício e, quando não conseguiam, eram surradas e humilhadas pelos ingratos.

Vivendo essa difícil situação de maus-tratos e abandono, o que eles mais pediam a Deus era que um dia, tudo aquilo tivesse fim e que pudessem ter o descanso eterno.

Quanto sofrimento viveram esses pais ao ver seus filhos envolvidos na criminalidade, com drogas, na prostituição e em todas as formas de violência! De modo sistemático, seus filhos não haviam recebido os ensinamentos dos preceitos morais do Cristo. Portanto, aqueles pais, apesar de terem se esforçado para dar aos filhos os bens materiais, haviam se esquecido de dar-lhes os bens mais importantes, que são os espirituais.

Mesmo diante de tanto sofrimento, não desanimaram, tiveram forças para levar a vida até o fim; nenhum deles buscou o suicídio. Com o coração sofrido, criaram a fantasia, que somente a morte poderia aliviar suas dores. Quando alguém ia visitá-los, durante as conversações sempre diziam: "Quando eu morrer, quero descansar".

Quantos desses pais passaram as noites orando porque seus filhos, ao saírem de casa tarde da noite, diziam ir para a balada. Envolvidos em excessiva preocupação, sempre esperavam uma notícia ruim. Com a mente perturbada, quantas vezes esperavam a chegada da polícia avisando que o filho estava preso, ou que havia sido assassinado!

Uma de nossas companheiras teve oito filhos. No ano em que o mais velho completou trinta anos, ela já havia perdido os

sete mais novos. Foi abandonada pelo esposo quando as crianças ainda eram muito pequeninas. Trabalhou honestamente para dar-lhes uma vida digna. Apesar de sofrer a perda dos mesmos, ainda tinha a esperança de que o mais velho pudesse socorrê-la na velhice. Pobre mãe! Quando a velhice chegou, viu-se abandonada por aquele em quem tinha depositado toda sua esperança.

Nossa amiga sofreu muito. Morreu à míngua, jogada em um mísero quarto, que ficava nos fundos do lote que comprara com o suor de seu trabalho. Apenas um vizinho a visitava uma vez por semana. Todo aquele sofrimento marcou profundamente o coração de nossa companheira. E, do mesmo modo, reivindicou a Deus, o descanso eterno.

E assim, diante de seus pedidos fervorosos, eles mesmos se magnetizaram.

Apesar da sutileza dos trabalhos realizados nos dois âmbitos, o despertamento de nossos companheiros se deu como se fosse o barulho de um canhão em suas mentes. O arrependimento tomou conta de muitos. Enquanto alguns se colocaram à disposição do trabalho edificante, outros se entregaram ao desânimo.

Conscientemente, todos tinham a certeza de que ficaram adormecidos por causa do desejo íntimo que alimentaram durante muito tempo, mas, à medida que ouviam as palestras realizadas no Grupo Espírita, foram intimamente se harmonizando.

Célio, que naquele momento estava impressionado com tudo o que presenciara, perguntou a Alberto:

– Por que esses espíritos permaneceram tanto tempo nessa situação?

– A vida sempre nos leva a realizar aquilo que mais desejamos, mas é importante que saibamos que existe um momento em que seremos impulsionados ao crescimento. Com nossos amigos não foi diferente, pois se aproxima o tempo em que têm de dar cumprimento aos compromissos assumidos. Em breve voltarão à Terra, e novamente receberão nos braços aqueles que lhes fizeram tanto mal, mas agora com uma nova perspectiva de vida.

Não adianta chorar o passado. O passado serve de experiência, mas o presente é o momento propício para fazermos diferente e melhor.

Aproveitando os instantes em que Alberto refletia, eu lhes disse:

– Lembremos, meus queridos, que Deus não desampara seus filhos, e sempre nos dá oportunidades de refazer o que fizemos de errado. Quando o Cristo afirmou que existem muitas moradas na casa do Pai, ele quis dizer que essas moradas são as dimensões espirituais onde os espíritos habitam, cada um conforme sua vibração e seu estado íntimo. Ninguém está sozinho, pois o Pai está por toda a parte e envia sempre seus emissários para nos socorrer e amparar.

A movimentação era intensa na enfermaria, mas tudo dentro de uma perfeita harmonia. Em volta de todos aqueles leitos, havia uma equipe de tarefeiros a lhes desejar boas-vindas.

Movido pelo sentimento de alegria, Alberto convocou todos a ouvi-lo:

– Meus queridos , elevemos nosso pensamento a Deus e oremos em agradecimento pela dádiva da vida. Que a Tua luz e a Tua paz envolvam nossos corações sedentos de amor. Que possamos abrir nosso entendimento para essas mensagens, que aqui recebemos durante todos estes anos. E que elas possam calar fundo em nossa alma, e que nos esforcemos na exemplificação. Ampara, Senhor Deus, aqueles que sofrem e choram por haverem se perdido no caminho. Socorrei aqueles que ainda estão vivendo na escuridão de si mesmos. Acalenta os corações e balsamiza as suas feridas. Que Teus ensinamentos nos sejam inspirados e possamos mostrar a beleza do Teu amor aos que estão sob nossos cuidados.

E que todos esses sentimentos, possam envolver todos vocês, fortalecendo-os nesta nova etapa de vida.

Enquanto Alberto falava, o ambiente foi envolvido em intensa luminosidade. Nas dimensões espirituais, nossa visão é ampliada, e podemos ver as cores em formas mais sublimadas. Essas energias envolveram aqueles espíritos proporcionando-lhes alívio e bem-estar.

Em seguida, nos dirigimos ao Salão do Encontro, lugar abençoado, onde aqueles espíritos teriam a oportunidade de reencontrar seus familiares.

O encontro, nesses casos, muitas vezes faz voltar à mente, as lembranças amargas, e o sentimento de arrependimento é muito forte.

Roberto, responsável pela enfermaria, envolvido em forte sentimento de alegria íntima, tomou a palavra e, com a voz embargada pela emoção, disse a todos:

– Meus amigos, este momento tem grande significado para todos nós. Foram anos de muita luta, mas vencemos. A emoção que envolve nossa alma, nos faz refletir sobre o amor de Deus para com seus filhos. Onde há esforço, há vencedor. E todos vocês são vencedores. Todo esse tempo em que permaneceram aqui não foi em vão. É sabido que erramos mais por ignorância do que por maldade. A alegria deve tomar conta de vossas almas. Em um momento como este, poder ver e sentir a presença de nossos familiares, dá-nos novo ânimo, e uma força íntima nos impulsiona a caminhar rumo à nossa evolução.

Eu posso lhes afirmar, que o trabalho está apenas começando. Muito em breve voltarão à Terra. Mas, tranquilizem vossos corações, pois, quando chegar o tempo em que viverão as maiores aflições, nossa equipe espiritual aqui presente se oferecerá para reencarnar em vossos lares, para dar-lhes sustentação, força e coragem diante das tribulações pelas quais terão de passar. Assim é a vida, um ajudando o outro. Não temam, o trabalho é árduo, mas é nosso desejo, que fique gravado em sua consciência espiritual que jamais os abandonaremos.

Mamães e papais, só vocês sabem o quanto sofreram, mas, hoje estão aqui com a consciência desperta e dispostos a continuar com o compromisso assumido.

Amados, depois de passarem todo esse tempo vivendo em estado de repouso relativo, hoje voltam à vida real. Em nome de toda a equipe aqui reunida, digo-lhes que valeram a pena todos os nossos esforços, pois hoje estão conscientes da necessidade de continuar caminhando rumo à felicidade plena. Posso lhes afirmar que, mesmo adormecidos, todos vocês ouviam as palestras que foram realizadas no Grupo Espírita, pois nosso hospital tem ligação direta com os trabalhos ali realizados. Vocês voltarão à Terra, com a responsabilidade de exercer a mediunidade de forma plena e consciente.

Reencarnarão em um lar espírita, tendo portanto, a oportunidade ímpar de se matricularem nesse educandário, onde o educando recebe orientação e sustentação para a necessária correção de suas deficiências espirituais. Exercitarão a mediunidade, com base nas obras da Codificação Kardequiana, apoiados e sustentados pelo Evangelho de Jesus.

Meus filhos, é inquestionável a interpretação do Evangelho de Jesus. Mesmo que já tenham se passado dois mil anos de sua presença na Terra, Seus ensinamentos continuam sendo a Boa Nova. Sempre que surge uma estrela no universo, ela é denominada pelos cientistas de "nova", portanto, o Evangelho de Jesus nos dá uma nova perspectiva de vida, e oportunidade de crescimento em todos os segmentos da vida.

As Casas Espíritas, que se baseiam nos ensinamentos do Cristo oferecem condições semelhantes às de uma escola, embora numa dimensão diferente, pois nossas dúvidas são esclarecidas com base nos ensinamentos de Jesus Cristo, que elucidam, informam e educam. A Terra pode ser designada como um hospital, que recebe aqueles que estão padecendo de enfermidades de várias ordens, principalmente de ordem íntima, que são as que realmente atormentam as criaturas e atravancam sua caminhada. Essas enfermidades levam as criaturas a comportamentos infelizes, equivocados, que vão requerer corrigendas dolorosas e, muitas vezes, de difícil aceitação.

Estamos convictos, de que aqueles que frequentam a Casa Espírita, seja como dirigentes ou frequentadores, trazem um padrão de responsabilidades de grande dimensão. O espírita convicto, cumpre o compromisso adquirido no passado. Hoje, às vésperas de uma nova era de um novo tempo, ele tem a oportunidade de corrigir definitivamente os equívocos do passado, colaborando com os espíritos de luz na obra da criação, favorecendo o progresso das criaturas .

– Roberto, é possível que façamos nossa evolução sem dor? – indagou um dos ali presentes.

– A dor é um aviso de que algo em nossa vida não vai bem e que é preciso mudança. Ela nos convida a refletir e a promover nossa reforma íntima. É também benefico, para nós, entender a dor do próximo, estar junto dele, dar força, fazer o que estiver ao nosso alcance, para tornar essa dor menos penosa, proporcionando-lhe certo alívio, com nossa atenção e desejo de auxiliar.

A dor funciona também, como instrumento de reparação de nossos atos menos felizes de precedentes existências.

Na atual situação da Terra, no estágio que estamos vivendo neste planeta de provas e expiações, a dor ainda é um instrumento para a evolução dos espíritos que reencarnam. Por meio dela, os espíritos comprometidos em vidas passadas terão a oportunidade de se corrigirem dos equívocos e se reajustar gradativamente perante as Leis Naturais, que foram infringidas por seus comportamentos equivocados. A partir do momento em que o espírito quitar os débitos adquiridos nas vidas pretéritas, ou mesmo na presente, passa à condição de espírito redimido, que não tem mais dívidas a saldar. Dessa forma, ascende à categoria de espíritos redimidos, emancipados e livres, por conhecer a verdade, e passa a fazer parte da falange dos colaboradores diretos do Criador. Lembremos da narrativa do Evangelista João, 8:32: “Conhecereis a verdade e a verdade vos libertará”.

Meus queridos, o que nos chama a atenção nesta mensagem, é que ela nos mostra que o conhecimento da verdade é gradual e está ao alcance das criaturas. À medida que é assimilada pelo espírito, a liberdade chega naturalmente. Quando vivemos na ignorância, nosso comportamento é equivocado. Na medida em que o conhecimento cresce, a verdade se direciona a um âmbito mais universalizado, e aos poucos, nos libertamos dos condicionamentos materiais.

É dessa prisão que precisamos nos libertar, a prisão imposta pelas conveniências de ordem material, de privilégios que o homem busca por meio da violência.

O homem tem vivido situações lamentáveis desde que se conscientizou de sua individualidade, e passou a colecionar débitos. Quando a verdade do conhecimento espiritual vai ocupando mais espaço em nosso ser, nos sentimos mais libertos.

Muitos poderão me perguntar "libertos de quê?" E eu responderei: das imposições de ordem material, das situações incompatíveis com nossa origem divina, dos posicionamentos, da vivência de práticas infelizes e distorcidas da verdade. Um dia, o homem terá de retornar ao caminho que o leva de volta ao criador.

À medida em que ele conhece a verdade, já não se preocupa com as coisas materiais e com o supérfluo. Necessitamos daquilo que nos é útil à vida de modo geral, mas a busca pelo supérfluo, é o que nos tem conduzido a situações comprometedoras. Então, o conhecimento da verdade, é realmente o fator principal da libertação, desde que alcancemos o sentido verdadeiro do termo liberdade. Não é somente a liberdade de ir e vir estabelecida pelos conceitos da Terra, mas a liberdade do espírito, que é plena e total, de amar, fazer o bem ou viver conforme as leis de Deus.

Quero lhes falar um pouco sobre os médiuns, que ainda não conhecem o espiritismo, e das dificuldades que enfrentam na vida.

Os fenômenos mediúnicos existiram em todos os tempos. Desde que o homem tomou consciência de sua individualidade, passou a perceber os diferentes acontecimentos em seu cotidiano, como a luta pela sobrevivência. Mais tarde, pelo vestuário e pela habitação, movido pelo instinto, mas consciente de sua individualidade, ele passou a sentir os efeitos à sua volta. Instintivamente, o homem primitivo olhava para o infinito observando as estrelas, como que sentindo, de maneira inexplicável, que ali estaria sua origem.

E no desenvolvimento da razão, os acontecimentos mediúnicos foram se desenvolvendo a sua volta, a ponto de ele sentir necessidade de buscar respostas para esses efeitos.

E foi por essa necessidade que o desenvolvimento da mediunidade passou a ser conduzido, embora de maneira simples, no começo dessa caminhada. As religiões foram se formando e constituindo grupos religiosos, com diversas raízes culturais e influências de todas as ordens, conforme a religião que o homem assumia.

Na caminhada evolutiva, a civilização foi se desenvolvendo, e essa facilidade passou a ser bem preocupante para as criaturas.

A partir daí, o homem foi descobrindo sua ligação com a divindade criadora. E chegamos aos tempos atuais, com a orientação segura, correta e inquestionável de Allan Kardec, encontramos meios de entender a mediunidade de uma maneira efetiva, que favorece os homens.

Não poderíamos mais, na idade evolutiva em que nos encontramos, e diante dos acontecimentos que ocorrem na Terra, desprezar o fator mediunidade nas criaturas, que é um importante instrumento para sua evolução, consequentemente, sua libertação. Quando falamos em libertação, nos referimos à libertação das teias, das correntes que nos mantêm presos às regiões inferiores.

Os comportamentos equivocados nos tem trazido, por milênios, consequências dolorosas, e a lei da reencarnação nos oferece oportunidades redentoras para a correção dos erros cometidos.

Assim, a mediunidade é hoje, um fato inquestionável. Os cientistas e os pesquisadores atuais se preocupam com essa faculdade, que é inerente à criatura humana. A mediunidade é característica de todas as criaturas. Todos nós a possuímos de forma mais ou menos ostensiva. É o agente que mantém a criatura ligada ao criador, que mantém os homens ligados aos espaços espirituais que ele, alternadamente, habita entre um processo reencarnatório e outro. A mediunidade é o recurso, que nos permite a sintonia com a fonte da sabedoria universal, que é Deus, e é por meio dela que recebemos os estímulos, as diretrizes, e as orientações que nos chegam de variadas formas, como a intuição e outras, porque ela provém do mundo espiritual, e para que ela possa ser divulgada e traduzida, é necessário que haja portadores dessa faculdade em nível mais ostensivo.

Em princípio, a mediunidade é inerente à criatura humana. Como já dissemos, é gradualmente ostensiva em alguns, e vamos citar exemplos para enfatizar a nossa afirmação. Francisco Cândido Xavier foi considerado um médium perfeito no nosso mundo, Divaldo Pereira Franco, Yvonne Pereira, e há muitos outros do passado que podemos citar, como Moisés, Elias, Sócrates, João Evangelista e outros. Por intermédio deles, ou melhor, de suas faculdades abençoadas, chegaram os ensinamentos para a humanidade. As orientações vindas do plano espiritual, nos mostram os caminhos mais excelentes para o crescimento das criaturas e para a evolução do rebanho humano.

Depois de ouvir de nosso companheiro Roberto todos esses maravilhosos ensinamentos, que caíram em nossa alma como verdadeiras lições de vida, observamos que Maria Pinto, uma importante tarefeira da seara, que também estava ali presente no recinto, tinha o olhar radiante de luz. Seu peito estava iluminado. Ela orava com tanto fervor, que tudo à sua volta se iluminou. Aos nossos olhos, era um espetáculo divino.

A persistência, dedicação e o amor com que acolheram aqueles espíritos traduziam, naquele momento, a alegria incontida no coração de cada membro da equipe de Roberto. Considerando o compromisso assumido no plano espiritual, podemos afirmar a importância da dedicação aos trabalhos realizados nas reuniões de tratamento no Grupo Espírita. Sabemos que ninguém permanece definitivamente na inatividade, isso porque, quando paramos, nossos membros e órgãos se atrofiam. Fomos criados para exercitar todas as nossas faculdades e utilizar com sabedoria os talentos dos quais somos portadores.

CAPÍTULO 20

AMOR E ÓDIO ELO DE UMA CORRENTE

Depois de vivenciarmos todos aqueles importantes acontecimentos, era hora de prosseguirmos com nossa visitação.

Convidei Célio e Celina para participarem da reunião de preparação reencarnatória de Manuela e seus familiares. Meus dois companheiros agora já conheciam os detalhes da história de vida de seus antepassados, e era o momento de retomada de vida. Aquele seria um importante encontro de Manuela com seus amigos, familiares e algozes do passado.

Enquanto nos dirigíamos ao local, eu disse aos meus companheiros:

– Não podemos esquecer, meus filhos, que o amor aproxima as criaturas, mas o ódio aproxima muito mais, ele é como um elo de uma corrente fazendo com que as partes fiquem jungidas uma à outra.

Ainda conversávamos sobre alguns detalhes do projeto, quando encontramos os pais de Manuela.

A fisionomia dos dois deixava transparecer muita tristeza. Meus dois companheiros os abraçaram.

No percurso até o salão, mais alguns espíritos envolvidos no processo se juntaram ao nosso grupo.

No salão, espaçoso e claro, já se encontravam presentes vários grupos de espíritos que também se preparavam para nova reencarnação na Terra. Esses grupos estavam posicionados nas extremidades do salão, separados por paredes magnéticas, para que não houvesse interferência entre os trabalhos ali realizados. As mesas eram imensas, e podíamos contar mais ou menos trinta cadeiras em torno delas.

Diante disso, é importante que atentemos para o considerável número de espíritos que se empenham em ajudar o reencarnante. E posso adiantar que, por trás dos bastidores, existem outros tantos que executam trabalhos importantes, mesmo que não apareçam.

No entanto, aqueles que dariam suporte, já se encontravam a postos. De olhos fechados, oravam e vibravam positivamente, em favor dos trabalhos que dali a alguns minutos se concluiriam.

Instantes depois de nossa chegada, entraram no recinto Cristina e Gustavo, os pais de Antônio. Após os cumprimentos,

tomaram seus lugares à mesa.

A mãe de Antônio, que trazia um lenço na mão, permaneceu cabisbaixa. Os filhos de Manuela só entrariam no recinto no momento oportuno.

Após fazermos uma oração em favor dos envolvidos no processo reencarnatório, o pai de Antônio, que também trazia na expressão grande desolamento, disse ao filho:

– Meu filho, quero lhe pedir perdão por tê-los deixados sozinhos. Eu deveria ter sido um pai mais presente em sua vida. Vivendo na minha ignorância, jamais poderia imaginar que uma tragédia como aquela pudesse se abater sobre nossa família. Sei que falhei como ser humano, não pude entender a importância da união entre as famílias.

Meus Deus! Adormecido nos valores espirituais,eu o criei sem religião. O trabalho é terapia para nossas almas. "Ai do espírito preguiçoso!" diz o Espírito de Verdade em O Evangelho Segundo o Espiritismo. Devemos associar ao trabalho o dever cristão, para que, imbuídos nesses dois sustentáculos, possamos vencer a nós mesmos. Tenho certeza que, se desde tenra idade o tivesse levado a seguir uma religião, não teria passado por tantos sofrimentos. Quantos dissabores teriam sido evitados, se tivesse permitido que minha esposa o levasse às aulas de evangelização, como sempre foi o desejo dela. Vejo que usei de minha autoridade de forma desumana. Hoje tenho consciência e sei da importância de seguir um caminho religioso. Sinto-me culpado por ter falhado, porque não fui um bom pai, pois não dava importância a essas coisas. Eu também não tinha muito para dar em termos espirituais, e infelizmente só damos aquilo que possuímos. Agora, com a visão ampliada, sinto-me um pouco mais capacitado para ajudá-los. Precisamos caminhar juntos, mas aceitando cada um como é.

Todos nós trazemos em nosso espírito milenar, valores e vícios que nos acompanham nas sucessivas encarnações. Mas essa mudança vai acontecer em nós, paulatinamente, porque a natureza não dá saltos. O erro humano e as tragédias acontecem primeiramente em nosso íntimo.

Agora compreendo melhor os ensinamentos do Cristo, quando Ele disse: "Vigiai e orai". O Mestre nos alertava para que mantivéssemos constante vigília sobre pensamentos, sentimentos e atos. Orar para que, na ligação com o Pai, pela mente, nos sentíssemos fortalecidos e sustentados. Sinto-me culpado, mas quero me redimir de minhas faltas. Agradeço a oportunidade que Deus sempre nos dá, de refazermos aquilo que deixamos para trás.

Quando terminou de falar, desabou em pranto silencioso.

Antônio, que o observava, disse:

– Paizinho querido, não tenho nada a lhe perdoar. Eu errei com minha família, e assumo meu erro. Sei que, ao voltar à Terra, estaremos vivendo a bênção do esquecimento, mas, com a ajuda dos mentores aqui presentes, com nossa boa vontade, conseguiremos vencer as provas pelas quais teremos de passar.

Naquele momento, adentraram no recinto três dos quatro filhos de Manuela.

Ao se aproximarem da mãezinha, eles a abraçaram ternamente. Manuela, comovida, desabou em pranto desolador. Ela os beijava e, ao mesmo tempo, pedia-lhes perdão por todo o desgosto que havia causado à sua família. E ainda dizia não ser merecedora do perdão dos filhos. Ela lhes contou que, havia anos, fazia um trabalho para se autoperdoar, mas ainda não tinha conseguido. E acrescentou:

– Meus filhos, perdoar a ofensa recebida é fácil, mas perdoar a si mesmo é muito difícil, porque queremos, de toda forma, passar pelo mesmo sofrimento. Esta chaga que criamos em nós, é de difícil cicatrização, porque a consciência nos acusa constantemente do mal que praticamos e nos cobra a reparação do erro. Meus amores, hoje tenho consciência de que quando ferimos nosso semelhante estamos ferindo a nós mesmos.

Manuela silenciou e, de modo carinhoso, tentou secar as lágrimas dos filhos.

Os filhos mais novos do casal, apesar de estarem vivendo outras experiências, fizeram questão de estarem presentes em um momento tão importante para os pais.

Ao ver os netos chorando, e o estado de desolação em que a filha se encontrava, Tereza respirou fundo e pediu licença para dirigir-lhe algumas palavras:

– Minha querida, não se prenda ao arrependimento em demasia. Entenda que a situação vivida por vocês contribuiu para que caíssem em desequilíbrio. Mas se você é culpada, não se sinta sozinha, porque nós, como seus pais, tivemos nossa parcela. Quando você era uma criança, não nos preocupamos em lhe ensinar o principal, que são os valores espirituais, e esse foi um erro gravíssimo de nossa parte. Só depois de muito estudo, seu pai e eu compreendemos nosso erro. Nestes anos que ficamos aqui internados, quantas lições de vida temos aprendido! Temos estudado bastante os ensinamentos de Jesus e, entre estes, um que nos marcou foi a passagem narrada no Evangelho de Mateus, 6:20: *"Mas ajuntai para vós tesouros no céu, onde nem a traça, nem a ferrugem os consomem, e onde os ladrões não minam nem roubam..."* Esses são os valores morais.

O certo é que passamos a vida em busca dos bens materiais, não que eles não fossem importantes. Mas a lição vem à nossa porta a todo instante. Com a crise econômica pela qual o mundo passou, perdemos quase tudo, sobrou apenas o mínimo para nossa subsistência. E, para complicar ainda mais a situação, por este motivo, seu pai e eu morremos de desgosto. Por isso, quero dizer-lhe que não sofra tanto quanto está sofrendo, porque você não errou sozinha. Todos erramos, e agora estamos aqui reunidos com o objetivo de reparação.

Sabemos, minha filha, que você estava doente, pois é impossível para uma pessoa em sã consciência tomar a atitude que tomou. Frustrada em seus sentimentos mais íntimos, foi invigilante. E, com isso, atraiu para junto de si, espíritos que ainda se compraziam no mal e com os quais você tinha uma dívida. A princípio foi uma simples obsessão, mas, com o passar do tempo, você foi completamente dominada por eles. Querida, procure se perdoar. Quando erramos, queremos passar pelo mesmo mal que fizemos ao outro, mas necessariamente não precisa ser assim. Lembremos das palavras de Pedro, quando disse: *"O amor cobre uma multidão de pecados"*. Com estas palavras, quis nos alertar de que não precisamos passar pela mesma prova para saldar nossos débitos, e que poderemos resgatá-los pela prática do bem.

Hoje entendo que não podemos ficar chorando debruçados sobre nossos erros. Minha menina, é impossível voltar ao passado, mas poderemos refazê-lo com nosso esforço, mudando nossas atitudes. Deus, como Pai de Amor e Bondade, sempre nos dá oportunidade de repetir as lições mediante as reencarnações. E se aproxima o tempo de voltarmos à Terra. Vamos arregaçar as mangas, ir em frente e não desanimar. Mas não podemos nos esquecer, que estamos sujeitos a cair, mas também temos a oportunidade de nos levantar. Jesus nos disse: *"Levanta-te e anda e vai em frente"*. Aquele que coloca a mão no arado não olha para trás, e esse, minha filha, é o nosso papel na Terra, caminhar sempre rumo à nossa evolução.

Ante palavras tão sábias, a comoção tomou conta de todos os presentes.

Quando a mãe silenciou, Celina falou de forma amável:

– Meus queridos, rogo a Deus que envolva todos nós em seu incomensurável amor. Minha querida Tereza, sabemos o quanto é doloroso ver nossos filhos sofrerem, principalmente quando percebemos que tivemos nossa parcela de culpa. Mas é

importante que saiba, que hoje sua filha têm consciência de seus erros e está disposta a traçar novos caminhos.

Lembremos das palavras de Jesus, quando disse: *"Não se turbe o vosso coração, crede em Deus, crede também em mim"*. O momento é de deixarmos nosso coração aberto e enfrentar a vida, vivendo um dia por vez. Não nos preocupemos com o dia de amanhã, porque nosso amanhã depende exclusivamente do nosso proceder neste exato momento. Com a alma mergulhada no esquecimento do passado, não saberemos por quais provas vamos passar, mas tenho certeza de que, fazendo o bem, vamos ter mais chances de acertar. Precisamos nos acostumar com o ato da oração, porque é um elo da corrente que nos une a Deus. Quanto mais orarmos, mais nos fortaleceremos e, estando fortes, superaremos todas as dificuldades que se abaterem sobre nós.

Tenham confiança, pois estaremos sempre juntos de vocês. Despertaremos em nossa querida amiga a sensibilidade mediúnica, para que possa perceber nossa presença e nossas vibrações de carinho. Célio assumirá o papel de guia espiritual da família. Enfrentaremos grandes dificuldades, mas, se todos buscarem o entendimento, e trabalharem em prol do crescimento espiritual, venceremos os compromissos que ora assumimos.

Manuela e sua família terão a oportunidade de conhecerem a Doutrina Espírita. Mas é bom lembrarmos que todos nós somos dotados de livre-arbítrio, nada será forçado. Ao exercer a mediunidade com equilíbrio, ela servirá de exemplo para toda a família. Por meio dos estudos, tomará conhecimento da imortalidade da alma, e crerá na comunicabilidade com os espíritos, porque os fatos serão comprovados por meio de sua mediunidade. Com a mediunidade de psicofonia, vidência, clarividência e audiência, ela terá uma grande oportunidade de desenvolvimento. Em vista disso, dará importantes exemplos para a família, para que todos possam acreditar. Ainda assim, o livre-arbítrio será respeitado. Ela terá a oportunidade de conhecer pessoas espíritas de muito bom coração. Nesse tempo, viverá uma enfermidade no corpo físico, e somente será curada com um tratamento feito na Casa Espírita. No período em que estiver fazendo o tratamento, serão despertadas nela, todas essas faculdades mediúnicas e, a partir daí, poderá trabalhar dentro dos desígnios de Jesus. Depois de sua cura, será despertada nela, uma sensibilidade ostensiva, e ela terá a mediunidade de premonição, e poderá voltar, em processo de regressão, à lembrança do crime que cometeu em sua vida passada. Esta lembrança vai ajudá-la a se desenvolver ainda mais na busca do bem, porque terá o conhecimento da Lei de Reencarnação e da Lei de Causa e Efeito. Ela vai entender que as dificuldades enfrentadas na vida atual é resultado de seus erros do passado.

Meus amigos, há outro fator relevante na história desta família, do qual ainda não falamos. Hoje abriremos um processo de negociação, porque sabemos que tocaremos no ponto mais profundo da chaga. Posso afirmar, que será doloroso ter de mexer nessa ferida mas, se não fizermos dessa forma, não estaremos dando a dose certa do medicamento para que ela possa ser curada e cicatrizada.

Manuela, que até aquele momento se manteve cabisbaixa, teve um sobressalto. Olhou para Célio e depois fixou o olhar em Celina. Sentiu sua alma estremecer, mas sabia que não tinha como escapar do inevitável encontro. O fato ainda não mencionado por Celina, era como se daria o reencontro de Everaldo com sua família. Antônio também suspirou fundo, pois temia essa situação.

Ela estava certa, Celina estava falando de Everaldo. Quando nossa companheira pronunciou esse nome, a esposa de Antônio, tomada de grande desespero íntimo, começou a chorar.

Imediatamente, Celina pediu a Célio para fazer uma oração em favor de todos os envolvidos no processo.

Célio dirigiu a oração a Jesus, dizendo:

– "Senhor Jesus, amigo do coração, faça despertar em nossa mente e alma, a necessidade e a importância do perdão. Lembramos, Senhor Jesus, do seu sofrimento na cruz, do tanto que foi humilhado perante os romanos, os judeus, o Sinédrio e, mesmo assim, o Senhor teve compaixão, perdoando a todos no momento da crucificação. Neste momento, Senhor Jesus, repetindo as tuas palavras, eu te peço perdão para esta família que errou, e que, do mesmo modo, não sabia o que estava fazendo. Envolva-os em Sua Luz Bendita, dando paz e harmonia a todos".

A oração, nestes momentos, refrigera os corações que se encontram aflitos e esmigalhados pelo sofrimento.

Manuela e Antônio foram envolvidos em uma espiral de energias reconfortadoras. O ambiente que já era bastante claro, iluminou-se ainda mais, quando entrou a instrutora responsável pelos processos reencarnatórios do Complexo Hospitalar.

Marina se dirigiu a nós, pois tinha o papel de trabalhar nos chacras perispirituais de Manuela, e faria a ligação entre o espírito o corpo perispiritual, e o órgão responsável pela ligação com o corpo físico é a glândula pineal. Numa engenharia sideral, ela iria preparar aqueles órgãos, para que pudessem despertar com mais facilidade no campo mediúnico.

Enquanto caminhava em direção a Manuela, saudou a todos:

– Que a paz do Cristo se faça presente no coração de todos nós. Meus queridos, sabemos que a mediunidade é uma grande oportunidade que Deus concede aos homens para que possam manter contato com o mundo espiritual.*

– Nossa companheira reencarnará com essa capacidade bastante desenvolvida, e terá a oportunidade de, mediante seu livre-arbítrio, desenvolvê-la.

Enquanto a envolvia em um abraço, ministrou-lhe passes reconfortantes, fazendo-a adormecer. Imediatamente, com instrumentos cirúrgicos de precisão, fez algumas incisões em seu corpo perispiritual.

Pudemos observar a grandiosidade dos trabalhos ali realizados, os pequenos detalhes e minúcias, impossíveis de serem vistos pelos olhos da matéria. O despertar da mediunidade de nossa amiga dava a ela a oportunidade de se refazer dos erros. Em instantes, o seu corpo perispiritual encontrava-se transparente. Os órgãos aumentados em tamanho nos davam a visão dos neurônios que receberiam tais potenciais.

Enquanto realizava a incisão, ela nos disse:

– O médium é o intermediário entre os dois mundos, o físico e o espiritual. A mediunidade com Jesus é alavanca a nos impulsionar, mas sem Jesus é motivo de queda.

Todos nós, que estamos aqui nesta dimensão espiritual, temos compromissos severos com o planeta. A Terra é a nossa segunda casa, lugar onde temos de passar por provações físicas e morais, e é por meio delas que adquirimos conhecimento intelectual e moral.

E assim, vivemos entre os dois mundos, ora encarnados, ora desencarnados, e caminhando rumo à evolução, e enquanto fazemos este percurso temos o dever de amparar aqueles que se encontram caídos pelo caminho. Nosso compromisso é sempre ajudá-los a subir esta escada evolutiva que não tem fim. Quem está no degrau de cima, dá a mão àquele que está no degrau debaixo.

Fomos criados simples e ignorantes, mas o Pai nos deu a eternidade e caminhos para percorrermos. E nas vidas sucessivas, pelas quais todos nós passamos, é como se trocássemos de roupa para caminhar mais confortavelmente, nessa longa estrada que leva de retorno aos braços do Pai.

Manuela, ao reencarnar, além de ser ajudada pela mediunidade e ter mais capacidade para superar suas chagas, que são profundas, também poderá auxiliar as pessoas que estiverem a seu lado. Poderá chegar aqui, após a missão cumprida, com o galardão que a espera, que é a recompensa de ter vivido dentro dos preceitos do Cristo Jesus, se conseguir triunfar no cumprimento do dever.

Meus filhos, dentro das leis divinas nada fica esquecido. Muitos de nós imaginamos estar longe dos olhos do Criador, mas Ele percebe toda sua criação dentro de cada um de nós. E por suas leis, Ele nos governa, porque Elas são perfeitas. E tudo o que estiver fora da lei, um dia terá de se adequar a ela, que é soberana, imutável, única e não é sujeita à mudança. A Lei Divina rege o universo. Onde existir um filho de Deus, em sua consciência, estará também a Lei Divina.

Capítulo 21

As Leis Divinas

Marina continuou dizendo:

– Companheiros, Manuela, em sua encarnação anterior, vivendo como a viúva negra, prometeu a Abel, o capataz de sua fazenda, que um dia se casaria com ele. Encheu seu coração de esperança e não compreendeu a grandiosidade do amor que ele sentia por ela.

Ao termino da incisão, Manuela já se encontrava desperta.

Em seguida, ela se dirigiu à Manuela e, de forma afetuosa, disse-lhe:

– Reconhecemos seu sofrimento, somos solidários a ele e, diante disso, mais uma vez nos colocamos à frente desta empreitada de amor. Minha querida, nossas palavras têm um grande poder sobre nossa vida. Até mesmo quando pensamos, deixamos registrado esse pensamento em nosso consciente. Em se havendo registrado, temos de responder por ele. Recorda-se do tempo em que ficou viúva? E por que estou lhe fazendo esta pergunta? Naquele tempo, fez uma promessa a Abel de se casar com ele, fato que não aconteceu. Você não pode imaginar quantas vezes ele sonhou em tê-la como esposa. Não queremos aqui, colocá-lo como inocente na situação. Hoje ele tem consciência do mal que causou a você e a sua família, e está disposto a se redimir.

Em sua encarnação como a viúva negra, além de enganá-lo com suas promessas, você deixou que o ódio tomasse conta de seu coração. Ordenou, então, que seu filho açoitasse Abel de forma brutal. Sendo açoitado, teve o corpo todo retalhado por um punhal que você mesma fez questão de entregar a seu filho, para castigá-lo. Ele, não suportando tamanha dor, jogou-se do despenhadeiro. Sabemos que ele também tem sua parcela de culpa nesse triste episodio, mas cada um receberá conforme suas obras.

Na última encarnação, foi dada aos dois a oportunidade de se alinharem com as leis que regem o universo. Mesmo recebendo o amparo de nossa parte, você fez questão de não nos ouvir. Tudo o que lhes aconteceu foi pela cegueira de um passado doentio. Everaldo, dominado pela paixão que devorava sua alma, seduziu-a. O apaixonado não mede as consequências de seus atos. O ser humano, quando está apaixonado, na maioria das vezes, pode ser comparado a um animal selvagem.

Sabemos o quanto é dolorido vivenciarmos as provas as quais nos propomos enfrentar. E, diante do esquecimento e do nosso livre-arbítrio, mais uma vez falhamos.

Diante dos desígnios das leis divinas, chegou o momento de novamente voltar à Terra e receber Everaldo como esposo. E receberá Antônio como filho.

Seus dois filhos mais novos aqui presentes tiveram outras oportunidades e estão encarnados no seio de outras famílias, estão aqui em desdobramento. O filho que estava sendo gerado no seu ventre, na época em que você suicidou, é um espírito integrante de nossa equipe. Ele se colocou à disposição para ampará-los naquele momento em que passavam por grandes dificuldades morais. No entanto, o filho com o qual você falhou como mãe, e que foi seu cúmplice em sua encarnação como viúva negra, reencarnará tendo você novamente como mãe.

Portanto, desta vez este espírito nascerá com um grande número de doenças congênitas. E, desse modo, você terá a oportunidade de se redimir para com ele. Em consequência dessas deficiências, dependerá exclusivamente de seus cuidados. Nascerá sem visão e audição e, em razão das lesões cerebrais, terá constantemente crises epilépticas. Vivendo com todas essas doenças, você deverá permanecer em constante vigilância para com ele. Este é o caminho que encontramos para que possa se redimir do seu passado de erros.

Diante dessa necessidade, o espermatozoide que fecundará o óvulo estará impregnado das vibrações do espírito reencarnante. Carregará, portanto, as lesões e as energias doentias, que são sua carga genética.

"A formação de um corpo sadio ou, se for o caso, a ocorrência de malformações embrionárias, afecções ou disposições congênitas ligadas às mais complexas patologias, tudo em função das condições do reencarnante."[1]

"(...) passou a examinar os mapas cromossômicos, com a assistência dos construtores presentes (...) examinando a geografia dos genes nas estruturas cromossômicas a fim de certificar-me até que ponto poderemos colaborar (...) com recursos magnéticos para a organização das propriedades hereditárias (...)". Prossegue ainda o orientador: "Mentalize os primórdios das condições fetais, formando em sua mente o modelo adequado."[2]

No entanto, terá a liberdade de aceitar ou recusar. Dentro do seu livre-arbítrio, pode recusar, mas a prova será apenas prorrogada e poderá, em outro tempo, vir com maior intensidade. Chegará um momento, diante da Lei de Causa e Efeito, que as provas lhes serão impostas. Portanto, um dia você poderá perder o mérito de escolher, vindo a ter uma reencarnação compulsória, na qual o sofrimento será ainda maior.

Manuela, você é um espírito forte, pois já viveu muitas experiências. Tenho certeza de que, com a bênção da mediunidade, e vivenciando fraternalmente os ensinamentos do Consolador

Prometido, terá certa facilidade para superar as dificuldades que terá de enfrentar. Deixaremos uma janela aberta para que, de vez em quando, possa ter sonhos reveladores sobre suas vidas passadas, e isso lhe dará mais força e coragem para vencer. Esses flashes serão como o combustível a impulsioná-la para a frente.

Nossa equipe estará sempre a seu lado, amparando-a em sua caminhada. Será encaminhada a frequentar uma Casa Espírita muito bem conceituada. Todos os outros detalhes de sua encarnação já lhe foram passados por nossa companheira Celina. Você terá em suas mãos, um imenso campo de trabalho, e a incumbência de disseminar os ensinamentos de Jesus. Mas lembre-se que sua maior sustentação será a oração. Recorra a Deus, para que os benfeitores espirituais tenham acesso a sua mente. Esteja sempre vigilante, para que possa receber nossas intuições. Sabemos que não será fácil, mas com boa vontade e perseverança você vencerá.

Amigos, como já lhes disse, nada acontece por acaso. Quantas famílias na Terra, neste momento, estão se perguntando o porquê de tantos sofrimentos! Quantas mães choram ao ver seus filhos inertes em cima de um leito. Nem de longe percebem que daqui continuamos a lhes amparar. A maioria blasfema contra os desígnios divinos. Mas, creiam, jamais os abandonamos.

Comovida com as palavras consoladoras de Marina, Manuela pediu a palavra e, debaixo de um choro contido, disse:

– Amigos, agradeço de coração o empenho e o carinho que todos vocês têm me dispensado. Com a alma em chagas pelo arrependimento, peço-lhes desculpas pelos transtornos que tenho lhes causado. Estou preparada para receber Everaldo como esposo. Quero olhar em seus olhos e pedir perdão por todo o mal que lhe causei. Vou me esforçar para seguir os ensinamentos do Cristo. Mesmo sabendo da situação difícil que enfrentarei, estando ao lado de Everaldo, vou lutar para vencer em mim essas dificuldades. Mas posso me sentir feliz, pois terei a meu lado meu querido Antônio. Depois de passar todos esses anos estudando nesta escola abençoada, sinto-me um pouco mais leve quanto à mágoa que guardava de Everaldo, apesar de saber que tive minha parcela de culpa. Eu deveria ter sido vigilante e respeitado a minha família!

Assim que silenciou, Marina novamente lhe dirigiu a palavra:

– Querida, há alguns anos Everaldo veio para este hospital. Depois de muitos anos de estudo, ele se sente apto a uma nova reencarnação. Depois de passar pelas agruras da vida, hoje está confiante em poder reencontrá-los.

Manuela, que até minutos antes estava em luta íntima, temendo tal encontro, agora estava calma e serena. E, buscando forças para viver aquele encontro, indagou:

– Quando vou me encontrar com Everaldo?

No mesmo instante, vimos surgir à porta a figura de um homem alto, esguio, cabelos grisalhos, que trazia certa melancolia na alma. Quando ele se aproximou de Manuela, ela se levantou. Os dois se posicionaram frente a frente e seus olhares se encontraram. Ali estava o marco de uma nova oportunidade de vida. Célio e Celina, que já se encontravam a postos, imediatamente impuseram as mãos sobre a cabeça do casal. As boas vibrações penetraram em suas mentes, principalmente na de Manuela, dando-lhe o equilíbrio necessário para aceitar de coração a nova oportunidade.

Envolvido em um verdadeiro sentimento de arrependimento pela tragédia, na qual se sentia o principal culpado, Everaldo disse:

– Manuela, há muito tempo espero por este encontro. Estou aqui para lhe pedir perdão por todo o mal que causei a você e a sua família. Quando toda aquela tragédia aconteceu, também perdi o chão. Não respeitei o lar, a esposa e os filhos de um homem que sempre se colocou, perante a vida, como um grande amigo meu.

Agi como um verdadeiro monstro, e só depois, entendi que o mal sempre volta contra aquele que o pratica. O amor e o carinho que sinto por você vem de tempos remotos. Perdoe-me, pois tudo o que fiz foi por amá-la demais.

Assim que ele silenciou, Manuela, firme em seus propósitos, lhe dirigiu a palavra:

– Everaldo, hoje estou confiante de que podemos assumir tal compromisso. Sei que enfrentaremos muitas lutas. Você me pede perdão e eu já o perdoei, mas é importante, para mim, que você também me perdoe, pois só assim conseguiremos vencer as dificuldades intrínsecas a nossa alma. Quantos delitos já praticamos por ignorarmos as leis divinas! Mas, confiante na bondade de Deus e na ajuda dos amigos aqui presentes, reencarnaremos na Terra e lá formaremos uma família com base consolidada nos ensinamentos de Jesus. Sei que juntos venceremos todos os embates que surgirem em nosso caminho. Estou certa de que, ao cumprirmos os compromissos aqui assumidos, estaremos fechando mais um ciclo de aprendizado em nossa evolução.

As vibrações harmoniosas que envolviam o ambiente eram intensas, permitindo que Manuela e Everaldo carinhosamente se abraçassem.

No mesmo instante, Marina, responsável pela equipe, selou a nova programação daquelas duas almas. Em seguida, disse:

– Meus queridos, quero lhes dizer que o amor liberta. O ódio, a mágoa e todas as mazelas que são inerentes ao coração do homem, são o lado inverso da moeda, e nos prendem ao nosso inimigo como uma algema.

Capítulo 22

Carlos, o Coronel

Logo depois do encerramento dos trabalhos no setor reencarnacionista, convidei o casal para participar da reunião de desobsessão que seria realizada naquela noite no Grupo Espírita.

Seria levado ao recinto nosso companheiro Carlos, um espírito que sofria as agruras de seus atos de desamor.

Depois de ouvir as palavras consoladoras do doutrinador que lhes foram dirigidas, pudemos observar que ele estava bem receptivo às orientações e ao tratamento. Notamos, com imensa alegria, que o socorro foi um sucesso.

Mas Célio, mentalmente se perguntava por que aquele companheiro havia passado por tantos sofrimentos. E, quebrando o silêncio daquele momento, perguntou:

– O que o levou a passar por tão grande sofrimento? E por que ele vivenciava esses quadros tão dolorosos, referentes ao momento de sua morte nas suas duas últimas encarnações?

– Meu filho, isso é a misericórdia divina.

Ainda sem entender minha colocação, novamente questionou:

– Por que diz ser a misericórdia divina responsável por permitir que alguém sofra por tanto tempo assim?

– Célio, o sofrimento de Carlos durou apenas setenta anos!

– Mas, setenta anos não é muito tempo para um espírito viver nessa agonia!? – indagou Celina.

– Realmente, é tempo demais para um espírito ficar sofrendo. Mas o sofrimento durará conforme a necessidade de purificação do espírito. Há os que vivem essas alienações mentais por um período tão longo que nem podemos calcular!

– Ernesto, seria possível conhecermos mais alguns detalhes da historia de Carlos? – Agora, era Célio perguntando.

– Sim, meus filhos, quero que vejam o que aconteceu com ele e o que o levou a passar por todo esse martírio.

Carlos traz a consciência atormentada pelas dívidas contraídas em existências passadas. Sabemos que a lei de Deus fica marcada em nossa consciência e que, perante essas leis, somos nossos próprios juízes.

Após conhecer a história de sua vida, poderão concluir o porquê de tantos sofrimentos. Vou relatar os fatos e, intercalados a estes, veremos algumas imagens da encarnação de Carlos no tempo em que nasceu no continente africano.

No ano de 1700, ele já trabalhava para o governo do seu país. Era um coronel do Exército e tinha sob seu comando mais de uma centena de soldados. Sempre acompanhado de seus subordinados, sentia grande satisfação em sair para descobrir novas tribos que existiam nas matas menos civilizadas daquela região. Ao chegar a algumas dessas tribos, ele mesmo fazia questão de capturar os negros mais fortes para ser vendidos aos contrabandistas. E fazia dessas pobres criaturas, seus prisioneiros, para no momento oportuno, vendê-los como escravos para outros países, como Brasil e Portugal. Dominado pela insensatez e pela maldade, escolhia as negras mais bonitas daquelas tribos, para também vendê-las como escravas. Como os tribais já o conheciam e sabiam da maldade que era capaz de praticar, ao tomarem conhecimento da aproximação do seu exército, cercavam todas as entradas, dificultando a invasão. Ao serem impedidos, Carlos, revoltado com aquela atitude, ordenava que seus homens ateassem fogo e queimassem todos os que estivessem dentro da tribo. E muitas tribos foram dizimadas desse modo trágico. Quantas vezes, ao chegarem a uma tribo, após fazer vários homens seus escravos, ele, debaixo de diabólicas gargalhadas, ordenava a seus soldados que estuprassem e matassem todas as mulheres! Quanta dor e destruição ele causou!

Os tribais que se revoltavam eram amarrados e presos em uma árvore. O coronel, com sua navalha afiada, retalhava os corpos nus dos pobres homens. Tirava-lhes a pele, causando-lhes dores alucinantes. Após executar o ato infame, atirava fogo naquelas criaturas de Deus, e ainda lhes dizia que tudo aquilo era para servir de exemplo, caso outros não aceitassem a prisão sem revolta.

Soavam em seus ouvidos, sem nenhuma compaixão, os gritos desesperados das mães e esposas. Com extrema maldade, lhes roubava seus maridos e filhos mais velhos.

Era temido e detestado por seus próprios conterrâneos.

E, assim, de forma brutal, vendia seus prisioneiros para traficantes de escravos. Eles iam à África para comprá-los, já que seu próprio povo os faziam prisioneiros e mercantilizavam-nos sem um pingo de compaixão.

No seio da África, estavam reencarnados espíritos que traziam o coração endurecido no mal. Viveriam ali, tendo uma reencarnação de prova, mas com o objetivo de ajudar aqueles que sofriam a falta de tudo, até do mínimo necessário para a sobrevivência. A maioria das vezes, ao invés de cumprirem sua missão, eles adquiriam mais débitos, além dos que já traziam registrados no espírito. Foi justamente isso o que aconteceu com Carlos.

Ele era casado com uma linda jovem branca. Tinha em mente que, para manter aquele casamento e aquela família, precisava ganhar bastante dinheiro e, para isso, não media as consequências de seus atos infames. Vivia para si e para a família, assim era sua vida. Sempre que aprisionava a quantia de quinhentos homens, os vendia aos traficantes, do mesmo modo como se vende um animal em uma feira.

Quando enriqueceu com o trabalho sujo que fazia, resolveu deixar aquele país. Ele detestava sua cor e, consequentemente, não aceitava ser chamado de africano. Além de tudo, não gostava de sua pátria. Seu maior e único sonho sempre foi o de viver no Brasil, e aqui enriquecer ainda mais nos engenhos de cana. Após acumular grande capital financeiro, poderia seguir para o Brasil e se tornar um grande investidor, pensava ele. A cana, o açúcar e a rapadura eram seu alvo nesta terra abençoada. Entre os escravos capturados, escolheu cinquenta jovens. Ele mesmo fez questão de escolher dez mulheres que, a seu ver, pareciam boas parideiras.

E com tudo minuciosamente preparado e no intuito de ficar ainda mais rico, embarcou trazendo consigo, como escravos, seus próprios irmãos de raça, abandonando de modo abrupto o exército que servia em seu país. Foram muitos meses de viagem exaustiva.

Assim que chegou ao Brasil, comprou uma grande extensão de terra, e ali construiu sua fazenda. Plantou cana-de-açúcar e montou um engenho para fabricar o açúcar, e assim começou seu trabalho. Sentia-se feliz porque estava na terra de seus sonhos. Vangloriava-se de ter os melhores escravos e as melhores parideiras. Em pouco tempo, com certeza, a fazenda estaria cheia de negrinhos, e estes aumentariam o número de escravos, pensava entre risos sarcásticos.

Apesar de se sentir muito só em terras brasileiras, sua esposa o amava. Como lidava com muita gente, ele nunca permitiu que a esposa tomasse conhecimento dos seus negócios. Dentro de casa, era carinhoso, gentil e deixava transparecer ser um homem de muitos amigos. No entanto, fora de casa agia como um verdadeiro carrasco. Enquanto esteve casada, ela não conheceu o seu lado cruel.

Vejam, meus queridos, as imagens:

Certa manhã, Ana Lúcia, sua esposa, teve um encontro que marcou sua vida.

Enquanto colhia flores no jardim de sua casa, ela se encontrou com um jovem que, além de bonito, era muito simpático. Aquele rapaz era um escravo. Ao fixar o olhar naquela senhora, o fez com tanta ternura que o brilho dos seus olhos a deixou paralisada e completamente magnetizada. Aquele encontro deixou claro para os dois que eles já se conheciam de outros tempos. Ela sentiu grande ternura e um amor incomensurável por ele. Era o sentimento de uma mãe que reencontra o filho depois de longo tempo de separação. Ele também se sentiu como que amparado e protegido por ela, e um sentimento muito forte e puro se apoderou daqueles dois corações.

Rapidamente, ela se dirigiu àquele jovem e, envolvida em um sentimento de carinho, perguntou-lhe:

– Meu filho, como se chama?

Ao que ele respondeu:

– Senhora, meu nome é Dhion.

Tomada de grande ternura, Ana Lúcia lhe disse:

– Dhion, meu rapaz, vou pedir a meu esposo para que você venha trabalhar aqui na casa-grande.

O jovem nada respondeu. Na verdade, sentiu muito medo, porque sabia que o patrão era violento e mau. E quanto mais distante ficasse daquele monstro, melhor.

O jovem, no entanto, não podia se negar ao pedido daquela senhora. Era a patroa que estava dando ordens a um escravo. Carlos, que naquele momento estava de saída para cuidar de seus afazeres, ao ouvir a conversa e perceber que algo de estranho estava acontecendo entre os dois, trêmulo de raiva afastou-se dali sem nada dizer.

À tarde, quando o marido, retornou para casa, Ana Lúcia, expôs a ele o seu desejo:

– Meu querido, estou precisando de um rapaz para trabalhar conosco aqui na casa-grande, porque as sinhazinhas não estão dando conta dos serviços, que são muitos. Os trabalhos pesados deveriam ser realizados pelas mãos de um homem. Hoje, conheci um jovem e senti grande simpatia por ele, portanto, gostaria que viesse trabalhar aqui em casa conosco!

Para a infelicidade dos dois, o marido tinha presenciado aquela situação, e ouvira muito bem a conversa que a esposa tivera

com seu escravo. Quando ele viu a troca de olhares entre o escravo e sua esposa, ficou dominado pelo ciúme, e naquele momento teve vontade de matar o rapaz. E ainda pensou: "Que ideia mais absurda é esta de Ana Lúcia, e mais petulante é este escravo pensar que vai trabalhar em minha casa!" Mas ele precisava se conter, pois na presença da esposa ele demonstrava ser um homem de bem, não um criminoso, como na verdade era.

Carlos precisava ficar bem com a esposa, pois sabia que ela estava sentida por estar em uma terra distante e longe de seus familiares. Ele não queria contrariá-la por nada. Mas, por outro lado, não podia deixar que ela dividisse seu afeto com ninguém. Tinha pela esposa um ciúme doentio, enciumava-se da própria sombra e queria sua atenção só para si.

À sua volta era possível notar, com a visão do espírito, a presença dos espíritos vingadores, de pessoas que foram assassinadas por ele naquela encarnação. Eles reivindicavam justiça e a própria liberdade, pois ainda se sentiam seus prisioneiros.

Mas o certo é que Carlos tinha de dar, e rápido, um sumiço naquele escravo. Com sua mente doentia, pensava em um modo de resolver tal situação.

Depois de alguns minutos de intensa reflexão, Carlos já tinha a solução para aquele problema. Agindo naturalmente, disse a sua esposa:

– Minha querida, já faz algum tempo que estamos passando por graves problemas financeiros. Diante desta situação, tenho de vender alguns escravos para que possa sanar alguns problemas urgentes, e só assim poderemos dar prosseguimento às atividades da nossa fazenda. Tenho de escolher os mais valiosos, e isso para que eu tenha de dispor de poucos escravos e obter um retorno satisfatório para quitar nossas dívidas.

Sua esposa, que era uma pessoa dotada de certa elevação moral, respondeu:

– Meu querido, será que não existem outros meios de se conseguir o dinheiro, sem ter de vender pessoas? Elas não são animais e, além do mais, são nossos irmãos em Cristo!

Tentando manter a pose de bonzinho, nada respondeu.

Na verdade, não estava tendo problemas financeiros. O certo era que jamais aceitaria que o escravo fosse trabalhar dentro de sua casa.

Observem como a mente de Carlos estava envolvida em energias deletérias.

No outro dia, antes de raiar o Sol, Carlos saiu de casa sorrateiramente e se dirigiu ao local onde dormiam os escravos. Sem ser visto, entrou no local onde Dhion estava. De forma brutal, imobilizou-o.

E assim, ele realizou seu intento. Vendeu o escravo por uma ninharia, para um amigo seu que tinha uma fazenda bem distante dali.

Logo após tomar seu café da manhã, Ana Lúcia saiu à procura do rapaz. Precisava vê-lo. Procurou por toda a fazenda, mas não o encontrou. Quando o esposo retornou para o almoço, muito aflita, perguntou a ele sobre o paradeiro do jovem. E, disfarçando bem, respondeu à pergunta da esposa após tomar um gole de vinho:

– Querida, aquele escravo era o mais valioso que tínhamos na fazenda. E no mercado, os jovens fortes são os que têm mais valor. Dhion tinha todas as características de um bom escravo e um bom reprodutor. Foi vendido pelo preço de três escravos. O dinheiro que consegui com a venda dele e de alguns outros foi suficiente para quitar as dívidas da fazenda.

Ao ouvir a resposta do esposo, ela sentiu como se um punhal penetrasse em seu coração. Aquela notícia feriu profundamente sua alma. "Meu Deus, onde estaria o jovem naquele momento?", pensou Ana Lúcia. Chorando muito, ela se recolheu a seu quarto.

O escravo foi vendido e levado para uma fazenda distante. Aquele primeiro encontro e a afinidade espiritual entre os dois marcaram suas vidas para sempre. A imagem da patroa estava gravada em sua mente. Ele não conseguia esquecer aquele olhar, um misto de doçura e carinho. Seu olhar terno, o fazia sentir-se importante e, ao mesmo tempo, protegido. Sentiu que entre eles existia uma ligação bastante forte, mas não sabia como explicar aquele sentimento. Pensando melhor em tudo o que lhe aconteceu naqueles últimos dias, chegou à conclusão que fora vendido não somente por causa do interesse da patroa em tê-lo trabalhando em sua casa, havia algo mais que, naquele momento, não saberia dizer.

Dhion agora nutria pelo ex-patrão ódio, raiva e muita mágoa, mas a verdade era que aquele homem era detestado por todos os seus escravos. Só de lembrar-se da forma brutal e violenta pela qual fora arrancado do convívio do seu povo e levado para longe, sem ter ao menos o direito de decidir se queria ou não ser deportado de sua terra, ele estremecia. E, para piorar, novamente fora afastado do convívio dos seus conterrâneos. Sofrendo com aquela situação, ele se perguntava como estaria seu pai, sua mãezinha e seus irmãos em terra tão distante! Agora, Dhion tramava uma maneira de acabar com a vida daquele monstro. Ele precisava arranjar um jeito de se vingar do patrão por tamanha crueldade contra ele e toda sua gente.

Sabemos, que o ódio é um veneno que, quanto mais alimentado em nosso coração, mais nos domina. Esse sentimento nos deixa irreconhecíveis. Por mais que se odeiem e queiram se distanciar um do outro, não conseguirão. O contrário acontece quando amamos, pois damos liberdade uns aos outros.

A partir de então, formou-se um elo muito forte entre os dois. Os pensamentos negativos que os envolviam, permitiram uma ligação entre eles difícil de ser desfeita. Quanto mais saudade sentia, mais o ódio aumentava em seu coração.

Meus queridos, aquele que odeia não percebe que carrega seu inimigo no coração, pois sabemos que o espírito está, onde está, seu pensamento.

O escravo, que era forte e saudável, em pouco tempo apresentou uma úlcera estomacal que lhe provocava fortes dores. Já não se alimentava mais, a não ser do ódio que tinha pelo ex-patrão. E não demorou muito tempo, veio a falecer à míngua, jogado no celeiro da tal fazenda.

CAPÍTULO 23

A MORTE DE CARLOS

Agora, livre do corpo físico, o espírito Dhion foi à procura de seu desafeto. A partir desse dia, ele passou a viver na fazenda obsediando aquele que lhe destruíra a vida. Queria vingança, pois era de longa data, que aquele homem vinha causando dores e sofrimentos ao seu povo.

A esposa de Carlos, uma mulher de paz, quando se desprendia do corpo, no sono físico, tentava apaziguar aquele conflito.

O marido, no entanto, acordava apavorado, sentia nitidamente o ataque dos escravos, principalmente de Dhion. E com isso, seu ódio por sua raça aumentava ainda mais. Ele acusava os escravos de estarem fazendo bruxaria para perturbar-lhe o sono. Transtornado com seus pesadelos, começou a impor castigos aos escravos para que eles lhe entregassem o infeliz que queria prejudicá-lo. Obcecado por esta ideia, fazia questão de castigar todos eles. Precisava descobrir o maldito, queria matá-lo com as próprias mãos.

Por um longo tempo, ele continuou a impor severos castigos, até que um dia se viu acometido da doença do fogo.

Na época, essa doença era conhecida como o fogo que queimava e coçava. Muito tempo depois, passou a ser chamada de fogo selvagem.

Agora acamado, sentia na pele as reações de seus atos.

Em pouco tempo, todo seu corpo foi coberto pelas feridas. Além da dor, seu corpo queimava e coçava, fazendo com que as feridas se abrissem e ficassem na carne viva. Ele sentia como se chamas de fogo queimasse sua pele. Isso o deixava completamente desesperado. Gastou quase toda sua fortuna em busca da cura. Os médicos usaram de toda sua experiência e conhecimentos, mas não obtiveram nenhum resultado com os tratamentos. Na verdade, naquela época não existia cura para essa doença. Nosso companheiro sofreu por um longo tempo, até que veio a desencarnar.

Desperto no mundo espiritual, viu-se frente a frente com seus desafetos que, podemos afirmar, meus queridos, não eram poucos.

Eles estavam à sua espera e cobravam por justiça. Havia muitas famílias que tinham sido massacradas por ele. Era impossível contar o número de crianças e jovens que estavam ali, pois haviam morrido de fome na África pela falta do pai, que trazia o sustento para a família. Outros o cobravam por terem sido exilados de sua terra natal, deixando para trás seus costumes e sua gente.

Carlos não tinha como se livrar dos ataques. Eram muitos os espíritos enfurecidos que clamavam por vingança.Sentia que ia enlouquecer, pois os ataques vinham de todos os lados. Nunca tinha pensado em Deus ou em uma força superior ao seu dinheiro. Para ele, ter dinheiro, fazendas e escravos era tudo.

Estava presa à mente de Carlos, toda a maldade que havia praticado contra seus conterrâneos africanos. Ele sofreu por muitos anos, até que tivesse seus débitos quitados, pois para cada pessoa que ele lesou, foram contados anos de sofrimento. Essas cenas foram repetidas por centenas de vezes, até que pudesse quitar todos os seus débitos com aqueles espíritos que foram martirizados por ele. Via, também, as dramáticas cenas de sua morte em sua última encarnação, em que ele havia sido linchado e queimado pelos familiares da moça que engravidara dele.

Amigos no momento oportuno, tomarão conhecimento da encarnação em que esse irmão foi morto por linchamento.

Entre aquelas pessoas que sofreram em suas mãos, a maioria delas não sentiram dor no corpo físico. Amparadas pelas equipes socorristas, seus espíritos foram retirados e encaminhados para as colônias socorristas. Mesmo passando pelo sofrimento físico e moral, eles já estavam preparados para perdoar, porque eram espíritos regenerados e estavam em condições de quitar seus débitos sem reclamar.

Mas aqueles espíritos, que traziam o coração endurecido no mal, não tinham condições de perdoar, e tinham dívidas a pagar, continuaram a sentir as dores do seu martírio. Mas estes eram espíritos rebeldes, que praticaram crimes hediondos na Terra. O coração era insensível para o amor e a capacidade sagrada de perdoar. E foram esses espíritos, que se tornaram seus grandes inimigos e o perseguiram ferozmente.

Muitos anos depois, ele foi retirado do ambiente que o mantinha ligado aos seus restos mortais.

Mas, como nunca estamos sozinhos, na dimensão espiritual, existia um anjo, uma grande estrela tentando ajudá-lo.

Capítulo 24

Tempo de Reconciliação

No dia seguinte, ao encontrarmos com Alberto, recebemos um convite para acompanhá-lo na realização de um importante trabalho. Enquanto caminhávamos, nos disse:

– Há alguns anos, nossa equipe vem trabalhando na programação da reencarnação de Carlos. Os trabalhos têm sido árduos e intensos para que consigamos êxito. Carlos passou pela morte de forma violenta e, depois de muitos anos envolvido em terrível sofrimento, ele foi acolhido neste Complexo. Estamos confiantes de que hoje é o dia ideal para ajudá-lo. Ele será encaminhado à reunião de desobsessão, e toda a equipe está otimista para que o trabalho tenha o resultado esperado.

Façamos uma oração, assim estaremos nos preparando para os trabalhos que se iniciam daqui a alguns minutos. Sabemos que a doutrinação desse espírito, ajudará centenas de outros que estão passando pela mesma dor. Estamos em expectativa positiva.

Quando chegamos à sala onde aconteceria a reunião, estavam presentes muitos companheiros compenetrados no bem, no amor a Deus e no trabalho de caridade.

–Alberto, o senhor está falando de Carlos? Aquele jovem que nasceu no continente africano?

– Exatamente, estou falando dele mesmo! Esta é a lei, e sempre chega o tempo de novas oportunidades.

Confiante nos bons resultados do trabalho daquela noite, eu disse a Alberto:

– Estou confiante de que teremos bons resultados referentes aos envolvidos neste drama, pois temos hoje 90% do quadro de médiuns presentes à reunião!

Alberto, naquele instante, fez uma importante observação:

– Ernesto, meu amigo, alguns médiuns aqui presentes não estão sintonizados com os trabalhos, mas sim preocupados com a crise econômica pela qual a Terra está passando. Estão amedrontados com a possibilidade de perderem o emprego, e a maioria está fisicamente cansada. Podemos observar que a grande dificuldade para os espíritas ainda é vivenciar o Evangelho de Jesus, principalmente no que diz respeito à fé. A narrativa do Evangelista Mateus (13:31-32) nos relata uma das passagens muito lidas nas Casas Espíritas, que é a Parábola do Grão de Mostarda. Mas o interessante é que eles ainda não entenderam que essa passagem do Evangelho é para ser vivida por eles mesmos.

– Você tem toda a razão, realmente temos de procurar exercitar nossa fé. Mas devemos dar graças pela boa vontade de virem ao Grupo Espírita. Pior são os que perdem a fé e se afastam do trabalho. Por enquanto, estes companheiros só estão tendo pouca fé. Apesar de vacilante, com o tempo, as experiências da vida, o sofrimento pelo qual passam e o amparo que recebem do plano maior, que é sempre constante, um dia descobrirão que a fé remove montanhas.

–Amigos, observem bem a situação vibracional deste médium. Antes de vir para o Grupo Espírita, recebeu uma notícia que o deixou muito triste. Ele descobriu que alguém planejava lhe causar prejuízos materiais. Esta situação gerou nele uma grande perturbação. Seu pensamento vaga, o tempo todo, para onde está a causa dessa aflição.

– Bom, vamos ao trabalho, pois foi para isso que aqui viemos! disse Alberto, mais confiante.

Diante de tal situação, convidamos alguns companheiros que têm grande experiência nessa área. Eles trabalham no pavilhão onde se encontram em tratamento, os espíritos que trazem lesões profundas em seus corpos espirituais.

– No entanto, faremos um trabalho junto ao médium, para que ele se harmonize, porque no momento, é o médium ideal que temos disponível, em razão da afinidade que ele tem com o espírito.

Depois de receber as energias reconfortantes, por meio dos passes magnéticos, o médium harmonizou-se, entrando em sintonia com os trabalhos. E o espírito começou a comunicação, dizendo:

– Pelo amor de Deus, parem de bater minha cabeça na pedra, já não suporto mais tanta dor!

Em sua tela mental, o espírito via seus assassinos, e um deles gritou:

– Morra, desgraçado, isso é para você nunca mais tocar em uma moça de família. Você é um cão maldito, que não merece piedade. Faço questão de cortar seu corpo imundo, pedaço por pedaço. Arrancaremos qualquer centelha de vida do seu corpo, para que sinta a mesma dor que estou sentindo, ao saber que minha filha foi desonrada por um negro, um cão sarnento e miserável como você. Desgraçado, você destruiu minha família. Jamais imaginei que minha filha pudesse se apaixonar por um verme como você, que além de pobre é negro. Com sua morte, em pouco tempo ela vai esquecê-lo. Nunca mais vai tocar nela!

De repente, o espírito comunicante continuou:

– Pelo amor de Deus, não faça isso comigo! Vocês já quebraram minha cabeça, agora estão arrancando minha pele, não suporto mais tanta dor!

Alguns médiuns videntes puderam ver algumas cenas de sua encarnação anterior.

Aqueles três espíritos, muito furiosos que praticavam aquele ato insano, dominados pelo ódio, continuaram a cortar-lhe o corpo. Um deles pegou o galão cheio de gasolina que haviam trazido no carro e, depois de abri-lo, espalhou sobre o que restou do seu corpo. Sem dó nem piedade, o mais velho atirou um fósforo aceso. O fogo se alastrou rapidamente, e aquele corpo foi reduzido a alguns pedaços de carvão.

Um dos médiuns constatou que o espírito que ateou fogo nos restos mortais, era o pai da moça, a qual engravidara daquele rapaz.

Eles pensaram que, matando aquele corpo, estaria tudo resolvido. Mas o espírito não morre, sobrevive à matéria.

Sua morte foi tão dolorosa, que ele continuou envolvido naquele sofrimento, e por muitos anos viu aquela cena, que se repetia em sua mente.

Mas se aproximava o momento de libertação daquele espírito, porque perante a contabilidade divina, seu resgate já havia chegado ao fim. E assim, nossa assistência se fez em favor de nosso companheiro.

Após o término da reunião, nos dirigimos ao salão de vídeo, para que os dois pudessem tomar conhecimento dos fatos relacionados à vida de Carlos, do tempo em que reencarnou como empregado na fazenda de Moisés, seu maior inimigo.

Era tempo de voltarem à Terra.

Nesse tempo, seu maior inimigo, Dhion, também estava reencarnado na Terra e vivia na mesma região, agora em melhores condições financeiras. Ao invés de ser escravo, era patrão, um poderoso fazendeiro rico, e dono de grandes extensões de terras. Suas fazendas ficavam na divisa do estado de Minas Gerais com São Paulo. Lá, a terra era muito fértil e foi cultivada na plantação de cana-de-açúcar. A fazenda era uma herança de seus antepassados.

Por ter assumido o compromisso no mundo espiritual, Dhion, reencarnado como Moisés, casara-se com a jovem Tereza, que somente alimentava por ele mágoas e ressentimentos. Era um casamento provacional. Mas eles receberiam em seu lar, uma alma que poderia ser chamada de um anjo adorado, que tinha como compromisso assumido, trazer felicidade e alegria àquele lar. Pai e filha tinham afinidades, pois o elo que os unia já vinha de vidas passadas. Em um passado longínquo, aquela criança, que receberia o nome de Sheila, havia sido sua mãe.

O ex-patrão (Carlos), perverso, em nova oportunidade, contava com apenas quatro anos de idade quando a menina Sheila nasceu. Dessa vez ele se aproximaria de Moisés, que fora Dhion em anterior reencarnação, como empregado de sua fazenda e se apaixonaria pela filha de seu maior inimigo, numa possibilidade de reconciliação. Aceitá-lo como genro seria uma tarefa muito difícil para Moisés, pois ainda trazia na alma as cicatrizes deixadas pela mágoa e pelo ódio que alimentara pelo patrão em sua encarnação anterior.

Para Carlos, a situação não seria diferente, pois também trazia seu perispírito marcado pelas atrocidades que praticara contra seus irmãos de raça. Somente o trabalho com amor e o perdão de seus algozes apagariam tais marcas.

Quando se preparava para a nova reencarnação, com intenso trabalho e esforço da espiritualidade superior, ele, não muito satisfeito, aceitou a situação.

Na vida anterior, ele adquirira todos os seus bens por meio do tráfico de escravos. Agora ele se propunha a ajudar aqueles que viviam nos poucos quilombos que ainda existiam, já que sua árvore genealógica estava espalhada por esses quilombos, e muitos de seus familiares estavam reencarnados ali. Aquela seria uma grande oportunidade para se redimir de seus erros.

A espiritualidade, esperançosa, preparou o reencontro entre os três.

Mas, infelizmente, nem sempre a programação oficializada no mundo espiritual é realizada na Terra. Grande parte da humanidade não consegue cumprir os compromissos assumidos e, na maioria das vezes, ainda adquire outros débitos. Não que o espírito regrida com isso, ele apenas não consegue avançar. Ao reencarnar no corpo físico, o espírito passa pelo processo do esquecimento, não se recordando, dos compromissos assumidos, e dotado de livre-arbítrio, escreve uma nova história.

Mesmo que a espiritualidade nos auxilie com flashes dos compromissos assumidos no mundo espiritual, poucos têm a capacidade de assimilá-los e aceitá-los. Ignorando os conselhos, praticam novos crimes, acumulando mais débitos a resgatar. Mas o banco de Deus tem uma contabilidade infinita, e está sempre preparado para as novas negociações. E, mesmo que paguemos em pequenas parcelas, essa contabilidade não se esquece da dívida. Ela está gravada na consciência espiritual do seu devedor. A eternidade é a oportunidade que Deus dá a todos. Ele não tem pressa. Somos nós que devemos nos apressar para saldar nossos débitos.

Deus nos dá todas as condições, para que possamos quitar nossas dívidas com as leis imutáveis que Ele criou. Isso para que vivamos em harmonia com nossos semelhantes. A falta desta, traz sofrimentos e dores consequentes da ignorância. Mas, mesmo nessa condição, há sempre um ponto de luz que pode iluminar nosso caminho. Seguindo-o, retornaremos um dia à pureza, com a qual Deus nos criou. Em sua infinita sabedoria e bondade, Ele nos dá a oportunidade de chegarmos à condição de merecedores do amor pleno. Mas nós, por imediatismo, vaidade, ciúme, fraquezas espirituais, continuamos no erro. Mesmo não gostando do sofrimento, somos viciados em sofrer. Há muitos milênios alimentamos este vício.

Mas um dia será despertada em nós a realidade, mostrando que a vida é para ser vivida, em pleno respeito à lei de justiça e amor, pois somente assim seremos felizes.

Quando vivenciarmos em nosso coração, a Lei de Amor, e deixarmos que ela nos dirija, nos conduziremos ao caminho seguro da real felicidade. A compreensão das compreensões, a solidez da bondade, da caridade, do respeito ao semelhante, pois só assim estaremos respeitando nossa imagem, que está em nosso semelhante. Tendo respeito à imagem de Deus, já que fomos criados a partir dela, estaremos respeitando a imagem de Deus no próximo. Sabemos que isso nos dá força para entrarmos na contabilidade divina e quitarmos nossos débitos, suavemente, em pequenas prestações, porque estaremos preparados para vivermos dentro das normas e respeitando as leis divinas. São elas que nos conduzem ao porto seguro, o porto da felicidade, que nos dá a liberdade de sermos donos de nós mesmos, pois somos herdeiros da nossa consciência. E só assim estaremos ligados à consciência universal e poderemos dizer que estamos em plenitude, ligados a Deus.

Quando Sheila nasceu, seus pais a chamavam de princesa. À medida que foi crescendo, todos os parentes também a chamavam desse modo carinhoso, pois realmente aquela menina tinha um ar de princesa. Tinha fina educação e tratava todos com muito respeito. Sheila, no entanto, deixava transparecer uma profunda tristeza na alma. Desde tenra idade, ela sempre repetia para sua mãe que faltava algo em sua vida. A menina foi crescendo e, quando completou quinze anos de idade, sua mãe constatou que realmente havia algo diferente com ela.

Todos os dias, antes de sair para a escola, ela gostava de ficar na janela da casa, onde podia assistir a um dos maiores espetáculos da Terra, o nascer do sol. Uma vez que no interior, é hábito de todos dormir e acordar muito cedo, esse costume proporcionava aos moradores daquele lugar a possibilidade de apreciar tal espetáculo. A cada amanhecer, o Sol trazia esperança e uma nova oportunidade de recomeçar a vida. A verdade era que dona Tereza tinha toda a razão, Sheila sentia saudade e esperava por alguém. Inconscientemente, sabia que um dia essa pessoa chegaria ali na fazenda. Mas, da forma como os dois agiram, seria muito difícil para eles viverem aquele grande amor. Nos fins da tarde, ela gostava de ir para um lugar reservado do jardim, onde existia uma bica d'água. E, com o olhar perdido no horizonte, ficava a observar o pôr do sol. Seu olhar vislumbrava as campinas verdejantes, como se estivesse procurando por alguém.

Carlos, nesta oportunidade, recebera o mesmo nome, e posso lhes afirmar que isso tinha uma razão de ser. E os anos se passaram.

Capítulo 25

O Reencontro de Duas Almas Afins

Certo dia, depois de uma forte tempestade, o caminhão que Carlos dirigia, afundou em um lamaçal próximo da porteira da fazenda em que trabalhava, quando surgiu na estrada um dos carros do patrão. O rapaz, educadamente, correu até a porteira para abri-la. Para sua felicidade, ele deparou com um rosto que jamais sairia de sua mente. Era Sheila, a filha do seu patrão. E, do mesmo modo, a moça também foi envolvida em intensa felicidade ao ver aquele moço. Naquele primeiro encontro, os dois sentiram um pelo outro, terno carinho. Mas, quando se afastaram, um amor ardente brotou no coração dos dois. Era como um fogo a lhes queimar a alma.

E aquela jovem, que até então vivia em profunda apatia, sentiu nascer em seu coração a alegria e a vontade de viver e rever aquele moço que abrira não somente a porteira da fazenda, mas retirara para sempre da sua vida a angústia e a tristeza que trazia na alma. Vibrando de felicidade, pensou: "Meu Deus, encontrei meu amor"! A moça tinha gravado em sua retina o rosto daquele rapaz. Ela se dirigia à escola, mas naquele dia não conseguiu ouvir uma palavra do que foi dito pela professora. Com o coração descompassado, tinha esperança de, em breve, poder reencontrar aquele moço.

Enquanto realizava seus afazeres, Carlos só enxergava a sua frente aquele belo par de olhos. Ele tinha completado dezenove anos e nunca havia pensado em namorar e, do mesmo modo, a filha do fazendeiro nunca aceitara namorar com nenhum dos colegas da escola, que sempre a cortejavam, pois estava à espera de seu príncipe.

A partir daquele encontro, as noites daqueles dois se tornaram intermináveis. E posso lhes afirmar que aquele era o reencontro de duas almas afins. Tudo estava se encaminhando dentro de uma programação divina.

No sábado, quando todos os trabalhadores iam até a fazenda para receber o salário, Carlos foi o primeiro a chegar. A casa-grande da fazenda mais parecia uma mansão. Ele tinha certeza de que jamais teria permissão para namorar aquela encantadora moça, pois a diferença social impediria o encontro daqueles dois corações que se amavam. Ele era um peão e morava na vila, em uma casa coberta de sapé, o chão de terra batida e as paredes cobertas de barro. "Isso jamais aconteceria, um peão se casar com a filha do fazendeiro", pensava o jovem, enquanto mantinha os olhos fixos na casa onde ela morava.

Desde que a conheceu, o rapaz desesperançado, mesmo não querendo, tentava tirar a imagem da jovem de sua mente. Não queria pensar nela, pois sabia que aquele amor poderia causar muitas dores e angústias ao seu coração.

Em dado momento, estando ele no meio de uma turma de mais de cinquenta homens, todos enfileirados para receberem o pagamento da mão do próprio fazendeiro, eis que surge na janela da casa, a filha do patrão. Deixando transparecer grande alegria no coração, fixou o olhar em Carlos. Demonstrando, assim, a perfeita sintonia que existia entre os dois. Em um gesto muito rápido, ela colocou a mão nos lábios e jogou beijos para o rapaz. Em seguida, fechou a janela para não ser vista pelas outras pessoas e em respeito ao seu pai. Ele jamais permitiria que sua filha se casasse com alguém que não fosse o filho do seu vizinho, um próspero fazendeiro. O que ele mais queria era a união das duas fazendas.

Infelizmente, o homem só pensa nos bens materiais e se esquece de que não é só com ele que se vive na Terra. Ele é importante, mas passageiro.

O tempo passou, e o jovem sentiu renascer nele a esperança. O olhar daquela moça havia hipnotizado sua alma. Muitos dias haviam se passado, e só então ele teve noção de que, se o pai da moça tivesse visto ou até mesmo sonhado com tal situação, aquele gesto poderia representar sua morte! Com o tempo, o amor havia tomado conta do coração dos dois.

Depois de um dia de trabalho pesado, o rapaz retornou ao lar. Estava triste porque agora sentia no peito dois sentimentos, o amor e o medo.

O pai daquela moça, tinha fama na cidade de ser uma pessoa severa, e todos o temiam por causa de sua agressividade. Ele pensou em não voltar mais ao trabalho, mas, naquela semana, o patrão pediu ao responsável pelos empregados o retorno à fazenda de todos os trabalhadores da lavoura.

Ele queria selecionar alguns trabalhadores e, aquele que se destacasse entre todos, seria escolhido para permanecer trabalhando definitivamente na fazenda, e não seria temporário, como era o caso da maioria. Queria um jovem forte, que pudesse buscar e tratar do gado. Esse funcionário ministraria os medicamentos aos animais, principalmente os carrapaticidas, pois o carrapato estava se tornando uma praga comum naquela região.

Como as coisas seguiam um planejamento feito no mundo espiritual, Carlos foi o indicado ao cargo, pelo grande potencial e dedicação que demonstrava no trabalho. Além do seu carinho e respeito por todos, na forma de tratar as pessoas, seu porte físico e sua humildade também foram levados em consideração. Ele se aproximou do fazendeiro, que o olhou dos pés à cabeça, observou principalmente seu porte musculoso. O pai de Sheila não entendia por que tinha por aquele rapaz certa reserva. Havia algo nele que não lhe agradava. E naquele momento pensou: "Não gosto deste moço, mas é o homem mais forte que temos aqui!"

Quando o empregado se colocou de pé na frente do patrão, ele lhe disse:

– Meu rapaz, você já trabalhou em alguma fazenda?

– Sim, respondeu ele. – Há dois meses, saí de uma fazenda onde trabalhei por quatro anos.

– Você tem experiência com animais?

– Tenho sim, senhor. Em se tratando de fazenda, sei fazer de tudo.

– Pois bem, meu rapaz, faremos uma experiência. Você pode começar a trabalhar na próxima segunda-feira. Durante uma semana, faremos vários testes e, caso você passe, ganhará duas vezes mais do que ganhava na lavoura. Mas quero lhe dizer que aqui temos algumas regras que deverão ser respeitadas. Todos os meus empregados moram naquela casa que vemos lá ao longe. Existe um limite ao qual os empregados podem chegar, e este curral é o limite. Definitivamente não é permitida a chegada de nenhum deles até a casa-grande. O velho João é o responsável pela fazenda e pelos funcionários daqui, qualquer problema que houver você poderá procurá-lo. É terminantemente proibido falar com meus familiares, pois aqui existe uma separação entre patrão e empregados. O respeito é necessário para o bom entendimento entre todos nós. Eu respeito meus funcionários, mas exijo o mesmo deles. Você entendeu, meu rapaz?

Ao ouvir aquelas palavras, Carlos sentiu seu corpo estremecer, pois lembrou-se da filha daquele homem, que estava ali na sua frente lhe fazendo tal exigência, e sentiu seu coração disparar. Mesmo estando muito trêmulo, respondeu:

– Sim, senhor, farei de tudo para não decepcioná-lo!

Ao ouvir a resposta do empregado, o patrão novamente o olhou de cima a baixo e, sem dizer uma só palavra, virou-se e seguiu em direção a sua casa.

Aquele fim de semana foi um dos piores da vida daquele jovem, pois tinha a mente fixa na filha do patrão. E a todo o momento, se lembrava da observação feita pelo pai dela. Ele não podia acreditar que estivesse vivendo tal situação, e se perguntava a todo instante por que se apaixonara por uma moça tão rica.

Na segunda-feira, bem cedo, ele assumiu sua nova função na fazenda.

Seria difícil cumprir a promessa feita, porque, mesmo morando um pouco distante da casa-grande, era possível avistar a janela do quarto da moça. Sheila, a par de todos os acontecimentos, sabia que o amor de sua vida agora morava ali bem pertinho dela. Tomando os cuidados necessários, ela o procurava por todos os lugares, precisava vê-lo. Apesar da distância, eles começaram a se comunicar por gestos. Agora namoravam, e por gestos se abraçavam e se beijavam. Na inocência, aqueles dois jovens se amavam de verdade. Até que um dia, os dois, em total desespero, não mais suportando ficar apenas no olhar, naquela noite sonharam que estavam passeando pelas campinas. No sonho, tinham toda a liberdade, eram como dois pássaros quando saem da gaiola e encontram o céu para voar.

No Dia de Ação de Graças, que era festejado pela Igreja Católica, com missa e comemoração, a cidade parava e as famílias se aprontavam para ir à festa. Os fazendeiros liberavam os funcionários por uma questão de respeito à santidade.

O funcionário do senhor Moisés, que havia vários meses trabalhava sem folga, aproveitou o fim de semana para ir ao vilarejo saber notícias da mãe, pois ficara sabendo que ela se encontrava adoentada. Carlos solicitou ao patrão que lhe desse a segunda-feira de folga, pois precisava resolver algumas questões particulares.

Segundo o costume, durante os festejos, os homens deveriam se assentar ao lado esquerdo do altar, e as mulheres, ao lado direito. Com o pensamento fixo em se encontrar com a filha do patrão naquela festa, ele pensou em uma forma como isso se daria.

Carlos decidiu que se vestiria de mulher. Usaria muita maquiagem e na cabeça usou o lenço da mãe. Ao olhar no espelho, percebeu que havia ficado parecidíssimo com sua irmã.

A iluminação fraca e a noite escura foram suas aliadas, uma vez que ficava difícil discernir se aquela pessoa que encontrava dentro daquela roupa era um homem. Quando chegou à Igreja, ficou esperando a chegada do seu anjo encantado. Quando ela desceu daquele carro, ele ficou a observá-la, enquanto a moça caminhava entre a multidão.

Com o olhar discreto, ela o procurava por todos os lados. E não demorou muito para que ela notasse que, entre as mulheres que se encontravam ali, havia uma diferente e que se parecia com seu amado. E, ao observar melhor, ela viu que aquela pessoa era ele disfarçado. Ela acenava para que ele se aproximasse e, assim, pudessem se sentar juntos. Não haveria nenhum problema, pois, sua mãe também estaria a seu lado. Seu pai havia se sentado no banco da frente, que havia sido reservado apenas para aqueles que contribuíam para a Igreja. De onde ele estava não era possível vê-los.

As duas sentaram-se na fileira do meio e, imediatamente, o jovem travestido de mulher sentou-se a seu lado, e nesse momento foram tomados de forte emoção.

Durante o sermão, de modo discreto, suas mãos se entrelaçaram. Durante a missa, a jovem realizou seu sonho de poder estar ao lado do seu grande amor.

Com a voz embargada pela emoção, ele disse:

– Meu nome é Carlos, eu te amo do fundo de minha alma, e gostaria de te chamar do mesmo modo como seu pai te chama, porque você é também a minha princesa!

Depois, daquela declaração, ela falou:

– Eu tambem, te amo. Você é meu príncipe encantado, e quero viver para sempre ao seu lado. Mesmo que eu tenha de morrer por este amor, esse é o meu desejo. Se eu puder viver com você pelo menos por alguns momentos, morrerei feliz.

E Carlos respondeu de forma carinhosa:

– Sou o homem mais feliz do mundo, e tenho certeza de que nosso encontro já estava programado por Deus. Minha querida, amanhã estarei na cidade e gostaria muito de voltar a vê-la.

Sheila indagou aflita:

– Como e onde nos encontraremos, se todos os dias venho para a escola de carro?

– Minha princesa, amanhã, quando vier para a escola, eu estarei te esperando naquele lote vago que fica ao lado da escola.

Com o coração batendo descompassado, ela respondeu:

– Com certeza, irei ao seu encontro!

Ao raiar o dia, o rapaz vestiu sua melhor roupa e saiu rapidamente de casa. Precisava chegar ao local do encontro antes da chegada dos professores e dos alunos da escola. Ele não podia ser visto. Dirigiu-se ao lote vago, e ali, debaixo de uma mangueira, ficou à espera da sua princesa. Os minutos pareceram horas. O barulho dos carros que paravam em frente ao colégio fazia seu coração disparar. Por várias vezes, chegou a subir no muro para ver se o barulho era do carro preto que trazia sua amada. De repente, ela apareceu e veio correndo em sua direção. Sheila se jogou em seus braços e disse:

– Carlos, meu amor, me abrace...

Capítulo 26

Compromisso e Responsabilidade

Meus amigos, quando os dois se abraçaram, sentiram que haviam nascido um para o outro. Como crianças desprotegidas, o casal buscava consolo e proteção. Abraçadinhos, eles se sentiam protegidos do mundo.

E continuamos a ver as cenas que se seguiram.

Meus companheiros puderam observar que no plano espiritual fez-se uma grande movimentação, houve uma preocupação com a situação daquele jovem casal de namorados. Os benfeitores espirituais responsáveis por aquelas famílias já previam que alguma tragédia poderia acontecer, caso os dois jovens cometessem algum desatino. Mas tudo estava nas mãos deles. Os benfeitores até poderiam intuí-los, mas nada é forçado.

Aquele amor era muito forte. Ali se encontravam duas almas afins, que já tinham vivido juntas por dez encarnações consecutivas, e era difícil haver uma separação. Mas um destino cruel poderia estar reservado, e a principal causa seria a situação financeira do jovem proletário. Se conseguissem vivenciar este amor formando uma família, seriam muito felizes.

Mas, como vivemos em um mundo de Provas e Expiações, e a cada encarnação experimentamos novas situações para testar nossa capacidade de vencer os obstáculos, com nosso jovem casal não foi diferente. Ela, nascendo no seio de uma família rica, teria um empecilho pela frente ao se reencontrar com seu amor. Ele, sendo negro e de origem pobre, não seria aceito pela família, principalmente pelo pai da moça.

Se os dois, naquele momento, tivessem buscado um entendimento dentro de uma normalidade, no qual os pais da moça aceitassem o relacionamento deles, esta situação não teria desencadeado uma tragédia.

Aquele era um momento complicado para os dois. Teriam de superar o preconceito dos familiares da moça. Ignorante das coisas espirituais, o pai de Sheila, homem orgulhoso, não compreenderia que sua filha poderia ser uma pessoa feliz, se casando com um homem humilde.

Ali sozinhos, não viram o tempo passar. Estava na hora do início da aula, e eles tinham de novamente se separar. Várias sirenes tocaram, a última chamada para a entrada dos alunos no colégio já tinha sido feita e, se demorasse a entrar na escola, ela ficaria de fora, e isso lhe causaria um grande problema. Que

explicação daria ao pai, quando ele soubesse que ela não assistira à aula, se o motorista havia deixado sua princesa no portão do colégio?

Depois de se beijarem ternamente, os dois se despediram com grande pesar. Ela saiu correndo e olhando para trás entrou na escola. Imóvel, Carlos ficou a observá-la até que ela desaparecesse no portão. O caminho que percorreu até a casa de sua mãe parecia não ter fim. Desde o momento em que a deixou na escola, o jovem só pensava em uma coisa, em como se encontrar novamente com sua princesa. Precisava vê-la novamente. Com mil pensamentos, ele se sentia o homem mais feliz do mundo. Tinha certeza de que todos os rapazes e moças do mundo queriam viver um amor como o que eles estavam vivendo. Mas também sabia que teriam de enfrentar grandes dificuldades para viver aquele amor. Aqueles momentos em que estiveram juntos marcaram para sempre suas vidas, e sabiam que ninguém teria o poder de afastá-los um do outro.

Ele se aproximava ao máximo da casa-grande para vê-la. E, estando mais perto, eles se comunicavam por gestos.

O rapaz, que há dias vinha pensando em um jeito para se encontrarem novamente, teve uma ideia. O problema estava resolvido.

Eu posso lhes dizer, meus amigos, uma infeliz ideia. Mas, para nós, que estavámos no mundo espiritual observando a situação, sabíamos que se Sheila aceitasse colocar em prática o que aquele rapaz havia decidido, o resultado poderia ser uma grande tragédia para aquela família.

Houve uma mobilização espiritual em torno do caso. Ele assumira compromissos importantes e não deveria perder o foco, deveria estar atento para não se comprometer ainda mais. Se o pai da moça descobrisse o envolvimento dos dois, mandaria matá-lo.

Vejamos aqui as palavras de Lázaro. No Evangelho Segundo o Espiritismo - Em Instruções dos Espíritos, Cap. XI, item 8.

"Disse eu que em seus começos o homem só instintos posssuía. Mas próximo, portanto, ainda se acha do ponto de partida, do que da meta, aquele em quem predominam os instintos. A fim de avançar para a meta, tem a criatura que vencer os instintos, em proveito dos sentimentos, isto é, que aperfeiçoar estes últimos, sufocando os germes latentes da matéria. Os instintos são a germinação e os embriões do sentimento; trazem consigo o progresso, como a glande encerra em si o carvalho, e os seres menos adiantados são os que, emergindo pouco a pouco de suas crisálidas, se conservam escravizados aos instintos. O espírito precisa ser cultivado, como um campo. Toda a riqueza futura depende do labor atual, que vos granjeará muito mais do que bens terrenos: a elevação gloriosa. É então que, compreendendo a lei de amor que liga todos os seres, buscareis nela os gozos suavíssimos da alma, prelúdios das alegrias celestes. Lázaro.

(Paris, 1862). Esses ensinamentos nos mostram, que ainda temos um longo caminho a percorrer.

Mas como bem sabemos, cada um é dono do seu destino, e mais uma vez não pudemos evitar (às escondidas) o encontro daqueles dois jovens.

Como sempre conversavam por gestos, Sheila achou melhor ir ao encontro do rapaz. Ela pegou vários lençóis e, depois de amarrá-los pelas pontas, fixou-os na janela, desceu e foi ao encontro do seu amado.

De onde o moço estava, era possível ver todos os seus movimentos. Assim que ela chegou ao solo firme, caminhou devagar, evitando fazer o menor ruído. Carlos, cuidadosamente, dirigiu-se até onde Sheila se encontrava. Ela foi a primeira a falar:

– Meu querido, está sendo muito difícil ficar longe de você. Já não consigo mais fazer os trabalhos da escola.

As cenas nos mostraram que, certo dia, logo no início da aula, a professora de Sheila, muito preocupada, quis saber o que se passava com sua aluna, mas ela não lhe disse nada. A professora, no entanto, resolveu chamá-la para uma conversa:

– Sheila, minha filha, o que está acontecendo? Você é tão dedicada aos estudos, é uma das melhores alunas que temos aqui! Tenho observado que não tem feito as lições! Você está se sentindo mal, minha filha?

E ela respondeu para a professora:

– Dona Terezinha, não estou passando mal, só estou um pouco confusa e preocupada com algumas coisas que vêm me acontecendo.

A professora, uma senhora com grande experiência de vida, disse-lhe bem baixinho:

– Sheila, minha filha, você está gostando de algum rapaz?

A jovem, um tanto acanhada, respondeu:

– Quem me dera, dona Terezinha! mentiu a menina. – Eu, com essa idade, nunca namorei, mas gostaria muito de poder encontrar meu príncipe encantado!

– Sheilinha, alguma coisa está acontecendo com seu coração, mas você não pode me contar, não é mesmo? Eu, como professora, que convivo com jovens de sua idade há muitos anos, tenho experiência para lhe dizer que algo está acontecendo. Se encontrou seu príncipe encantado, desejo que seja feliz e que essa felicidade não seja um empecilho para sua família.

Quando a professora se referiu à sua família, ela foi tomada de grande pânico e chorou. Realmente sua professora tinha razão, o seu amor por aquele rapaz causaria muitas tristezas aos seus pais. Quando as lágrimas rolaram na face de sua aluna, a professora teve a confirmação. Realmente, Sheila estava com o coração ferido, alguma coisa importante estava acontecendo na vida daquela jovem.

Sensibilizada com a situação, ela disse:

– Minha filha, vou orar para que você possa ser feliz com seu príncipe encantado.

Uma de suas colegas, ao ouvir a conversa, levantou-se e de modo irônico falou:

– Nossa colega se apaixonou pela primeira vez, vamos aplaudi-la e dar-lhes os parabéns!

Muito assustada, Sheila se levantou e, mesmo sabendo ser verdade tudo que ouvira das duas, não podia se expor daquele jeito e, mentindo, disse a todos:

– Eu não estou namorando, e vocês sabem que, se meu pai souber desta conversa, vai acabar comigo.

Trêmula continuou:

– Não se metam, minha vida não é da conta de ninguém!

Dizendo isso, ela desabou em pranto desolador. Chorava porque sabia que seu pai jamais aceitaria o seu namoro com o empregado da fazenda, pois queria, a todo custo, fazer seu casamento com o filho do fazendeiro.

E assim os dias se passaram e os dois continuaram a se encontrar às escondidas.

Em pouco tempo, começaram a trocar juras de amor. Eles já estavam tendo um relacionamento íntimo e, como fruto desse relacionamento, uma gravidez. Sheila tentou esconder até quando foi possível, uma vez que a ideia de aborto jamais tinha passado por sua cabeça. Aquele filho significava a continuidade daquele amor e, pelos dois, ela seria capaz de dar sua própria vida. Ela sabia que seus pais sofreriam com aquela notícia, mas precisava dizer a verdade.

Na manhã de um sábado, assim que o pai saiu para o trabalho no campo, a menina foi até o quarto da mãe e, após beijá-la, carinhosamente disse:

– Minha mãezinha, quero lhe contar algo importante. Não sei qual será sua reação, mas sei que, diante da minha situação, o pior pode me acontecer. E, mesmo que algo me aconteça, ainda assim serei feliz, pois o meu sonho foi realizado.

Pelo jeito como ela falava, a mãe tinha certeza de que a filha queria fazer-lhe importante confidência. Mesmo não sabendo como a mãe receberia aquela notícia, Sheila lhe disse:

– Minha mãe, estou perdidamente apaixonada por alguém que também me ama muito.

Emocionada e feliz ao ouvir aquela confissão, ela não podia imaginar que a sua filha estivesse se relacionando com um dos empregados da fazenda. Não contendo de felicidade, ela lhe deu os parabéns sem saber que aquela nóticia, poderia lhes causar tantos desgostos. E Sheila continuou, dizendo:

– Mamãe, mesmo sabendo que a senhora não é preconceituosa como o meu pai, sei que vai estranhar ao saber quem é a pessoa por quem estou apaixonada. Tenho certeza de que ficará preocupada com o que papai poderá fazer com ele!

A mãe, um tanto aflita, perguntou:

– Minha filha, que mal seu pai poderá fazer à pessoa que você está amando?

Preocupada com o modo como a filha falava, perguntou:

– Sheila, quem é esse rapaz?

– Mamãe, por favor, não conte nada ao papai, e me dê um tempo para que eu possa me preparar para te contar toda a história.

– Filha, quanto tempo você precisa para me contar a verdade?

– De pelo menos uma semana!

– Filha, uma semana é tempo demais. Preciso saber quem é este rapaz! Eu te dou até hoje à tarde para que me conte tudo, nem um dia a mais!

Sheila sabia que seu amor por aquele rapaz, assim como a gravidez, não iria ficar escondido por muito tempo e, que naquele momento a única pessoa com quem poderia contar seria sua mãe.

À tardinha, antes de seu pai retornar para o lar, a jovem chamou sua mãe ao seu quarto, trancou a porta e disse:

– Mamãe, o que tenho a dizer causará profunda tristeza à senhora e ao meu pai, mas, de coração, sinto muito em decepcioná-los. Sei que o sonho de vocês era me ver casada com o filho do nosso vizinho, mas eu não o amo nem sequer sinto nenhuma admiração por ele. Infelizmente, estou trocando minha vida por minha felicidade. Apaixonei-me por um rapaz muito trabalhador e honesto, o nome dele é Carlos.

– Mas quem é esse Carlos, algum amigo da escola? – indagou a mãe aflita.

– Mamãe, ele é um dos nossos empregados!

– O que é isso, menina, você ficou louca! Namorar um empregado da fazenda? Seu pai vai te matar, isso é muita loucura!

– Minha mãe, por favor, fale mais baixo, ninguém pode nos ouvir.

– Pelo amor de Deus, quem é esse rapaz, onde ele trabalha? – perguntou novamente a mãe.

– Ele é domador de cavalos, aquele rapaz que cuida dos animais da fazenda.

– Você enlouqueceu de vez, seu pai vai matar os dois se descobrir uma coisa dessas. Você deveria ter me contado esta história há mais tempo, pois assim eu teria te mandado para Belo Horizonte, e você iria conviver com pessoas do seu nível e esqueceria esse rapaz.

A filha, sentindo-se ferida com aquelas palavras, perguntou à mãe:

– A senhora se casou com o papai por amor?

A mãe, que não esperava ouvir tal pergunta, entrou em profundo silêncio. Aqueles instantes foram o suficiente, para que dona Tereza relembrasse tudo o que havia se passado em seu casamento, e não demorou muito para que as lágrimas rolassem em sua face.

– Posso imaginar que essas lágrimas sejam resultado de muito sofrimento. Acredito que a senhora tenha preferido fazer o que era melhor para sua família e deixado de se casar com alguém que amava. Foi isso o que aconteceu, mãezinha?

– Pare com isso, menina! De onde tirou essas ideias? Na minha vida mando eu. Estamos falando de você, não de mim.

– Mamãe, a primeira vez que vi este rapaz eu me encantei com ele. E, a partir desse momento, não consegui mais parar de pensar nele. E toda aquela tristeza que havia em meu coração desapareceu.

– Sheila, minha filha, realmente notei que, de um tempo para cá, você estava diferente, mais feliz. Cheguei a pensar que poderia estar gostando de algum rapaz do colégio, mas jamais poderia imaginar que você estivesse apaixonada por um funcionário do seu pai. Há quanto tempo você conhece este rapaz?

– Já faz alguns meses.

– Meu Deus! Preciso dar um jeito de afastar você daqui da fazenda. Você tem de esquecer esse rapaz, antes que seja tarde demais.

Aos prantos, Sheila colocou as mãos sobre o ventre.

A mãe ficou atônita com aquela cena, não queria acreditar no que via.

– Filha, por que colocou as mãos em sua barriga e chora deste jeito? Não me diga que é o que estou pensando, por favor, poupe-me dessa tristeza. Eu não sei se eu e seu pai aguentaríamos passar por tal vergonha!

– Eu sinto em decepcioná-la, minha mãe, mas estou grávida, e nada vai poder nos separar, porque dentro de mim existe o fruto do nosso amor.

A mãe, no auge do seu desespero, e andando de um lado ao outro do quarto, continuou dizendo:

– Meu Deus, isso não pode ser verdade! Eu devo estar ficando louca! Sheila, por que foi fazer uma coisa dessas conosco?

– Minha mãe, se a senhora já tivesse amado de verdade, compreenderia o que estou sentindo!

– Até posso entender o seu amor por este rapaz, mas engravidar dele? Isto, jamais vou entender!

Mãe e filha se abraçaram e choravam juntas por alguns minutos, num misto de alívio para a filha e desespero para a mãe.

Tereza estava fora de si. Ela não podia acreditar que estivesse vivendo tal situação, mas, pensando no bem-estar da filha, lhe disse:

– Filha, vocês estão correndo risco de vida. Eu sei que é contra as leis de Deus abortar, mas é isso que vamos fazer! Eu te levo para Belo Horizonte e, estando lá, daremos um jeito de abortar essa criança. Infelizmente, para salvar sua vida e a desse rapaz, é melhor que apenas uma vida se perca, porque, se seu pai descobrir sua gravidez, vai matar os três!

Como deve saber, seu pai vai morrer de desgosto, mas antes matará você e este moço.

– Mamãe, eu jamais abortaria meu filho, ele é um ser inocente e indefeso. Eu, sim, devo pagar o preço que for necessário para ver meu filho nascer!

– Você sabe como seu pai é ignorante e covarde. Ele não tem amor no coração, só pensa em dinheiro e mais nada.

– Minha mãe, o que aconteceu para que a senhora fale do papai desse jeito?

– Filha, eu sei o que estou dizendo, pois sou eu que convivo com ele há trinta anos. Ele é igual a um animal. Nunca pude falar sobre isso com ninguém, nem confessar a minha dor. Precisamos ter todo o cuidado, porque seu pai é um assassino!

– Meu Deus! Por que a senhora está falando estas barbaridades de meu pai? Ele não é um assassino!

– Você nunca soube, mas ele já matou quatro pessoas.

Muito assustada com a revelação, Sheila se abraçou a ela. Tereza revelou à filha todo o drama que vivia com o esposo. Toda mágoa que guardava em seu coração foi ali exposta.

– Estou estarrecida com esta revelação. Não pode ser, meu pai um assassino! Mas, diante desta situação, o melhor que tenho a fazer é fugir para bem longe daqui.

– Fugir? Você deve ter ficado louca! Sempre sonhamos em vê-la entrar na Igreja de véu e grinalda. Quero que saiba que, ajudá-la a fugir será a morte para mim. Sofri a vida inteira com seu pai, e agora você... Mas, pensando melhor, para evitar uma tragédia ainda maior, esta é a melhor solução. É o preço que temos de pagar por nossos erros.

– Hoje, pela manhã, seu pai me disse que pretende vender a fazenda lá do estado de Mato Grosso. E assim que resolver esta venda, ele vai trazer seus dois filhos para ajudar nos trabalhos daqui, porque ele está comprando a fazenda do nosso vizinho.

– Mamãe, tenho de fugir o mais rápido possível, pois, quando meus irmãos estiverem aqui, não vou conseguir me encontrar com Carlos sem que um deles me veja! A senhora sabe como aqueles dois são ciumentos! Meus irmãos acham que são donos de mim, nunca permitiram que eu conversasse com meus colegas da escola. Eles são piores que o papai.

– Na verdade, eles são parecidíssimos com o pai. Agora teremos três feras dentro de casa! disse a mãe. – Vamos pedir a Deus para que nos ajude nesta questão. Minha filha, você confia neste rapaz? Assim como eu, você também não o conhece!

– Mamãe, ele é uma boa pessoa e é um rapaz trabalhador. Quando conhecê-lo, tenho certeza de que irá se encantar com sua modéstia e simplicidade.

– Você ficou louca, menina? Se seu pai souber que andei conversando com qualquer um dos empregados, ele me mata.

– Eu sei muito bem disso, mamãe, mas faça isso no dia em que papai não estiver aqui. Converse com o Carlos e saberá que ele tem boas intenções. Ele quer cuidar de mim e de nosso filho.

Certa manhã, o esposo de Tereza lhe comunicou a viagem.

Aquela era a oportunidade de conversar com Carlos – pensou. Apesar do desgosto, ela precisava conhecê-lo. Aquela seria uma conversa séria, pois sua filha era muito nova e, para complicar a situação, estava grávida dele!

Após o café, o esposo lhe disse:

– Amanhã, eu viajo para Mato Grosso. Você e a princesa também irão comigo, pois vamos fechar a venda da fazenda!

A esposa, não deixando transparecer sua angústia em relação aos últimos acontecimentos, disse:

– Meu marido, tenho andado um pouco adoentada. Não aguentarei uma viagem tão longa como esta! Você vai e eu fico com nossa filha.

– Meu Deus! como vou fechar o negócio sem a sua assinatura? já marquei tudo no cartório.

Muito nervoso, ele voltou a dizer:

– Tudo bem, mas cuide bem de nossa menina. Se alguma coisa acontecer com ela, você me paga!

– Fique tranquilo, enquanto você estiver fora, ela não vai nem à escola, está bem assim? – disse a esposa mais aliviada.

Sheila, apesar da pouca idade, tinha plena consciência de que havia cometido um gravíssimo erro. Não somente para com seus pais, mas principalmente consigo mesma. Apesar do amor que sentia por aquele rapaz, tinha certeza de que aquela gravidez iria trazer grandes desgostos a sua família. Sua mãezinha estava muito chorosa desde que soube da notícia. A filha, no entanto, estava vivendo um momento de incerteza. Se fugisse, ficaria longe de seus pais, mas não havia alternativa.

Naquele mesmo dia, ao se encontrar com o rapaz, contou-lhe sobre a viagem do pai e lhe disse que ele deveria ir até sua casa, pois sua mãe precisava conhecê-lo.

Capítulo 27

O Sofrimento de uma Mãe

No outro dia, após o marido sair de viagem, Tereza, no auge de sua angustia, ficou aguardando a chegada do rapaz.

No momento em que ele se aproximou, Tereza chorava muito. O primeiro a falar foi o rapaz, que também estava aflito e preocupado com toda aquela situação:

– Minha senhora, quero lhe pedir perdão por toda esta situação que estamos vivendo. Eu amo sua filha desde o primeiro momento em que a vi e tenho certeza de que nosso amor é verdadeiro. Quero me casar com ela, mas sei que por ora isto não será possível. Sei de nossa diferença social e, aos olhos da maioria, esta situação cria um abismo entre nós. Sheila me falou da possibilidade de fugirmos, mas não era este o meu desejo. Na verdade, eu gostaria de ficar e enfrentar a situação. Eu não sou homem de fugir das minhas responsabilidades. Mas, diante de tudo o que nós dois conversamos, não vejo outra saída para resolver este conflito! Se a situação se resolver assim, quero que a senhora saiba que vou fazer sua filha feliz.

Tereza fixou o olhar em sua filha, e disse com voz firme:

– Eu sei o que é isso. Não pude ser feliz e me casar com quem eu tanto amei, porque, infelizmente, seus avós, minha filha, eram mais severos que seu pai. Vocês não imaginam o que eu passei. Mas eu te digo, minha filha, para ter cuidado. E você também, meu jovem. Eu não sei o que pode acontecer com vocês, porque meu marido é um homem perigoso. Não quero nem pensar no que fará quando descobrir a gravidez de nossa filha, mas, se vocês fugirem, tenham certeza de que, enquanto tiver vida, vai procurar por vocês. Não vai sossegar enquanto não encontrá-los. O problema maior é que, quando voltar dessa viagem, vai trazer os dois irmãos de Sheila que vivem em Mato Grosso. Meu maior medo é do que possa vir a acontecer com vocês se ficarem aqui!

– Mamãe, o melhor que temos a fazer é fugir. Ainda não sabemos para onde. Nós só precisamos que a senhora acerte as contas com Carlos, pois com esse dinheiro, juntando com mais algumas economias que tenho, poderemos ir para bem longe daqui. Moraremos em uma casinha simples. Se for preciso, darei aula em alguma escola primária do interior!

Quando Sheila terminou, sua mãe, que estava em estado de choque com tudo que ouvira da filha, pediu aos dois que refletissem melhor. E, depois de alguns minutos, lhes disse:

– Filha, como viverei sem você? E seu pai, mesmo sendo uma pessoa difícil, é seu pai! Você não acha que ele também vai sofrer com tudo isso? Claro que vai sofrer, e muito mais que imaginas! Você é nossa única filha. Seu pai tem um zelo muito grande por você! E, como já lhe disse, sempre sonhamos que você se casasse em uma Igreja vestida de branco.

– Mamãe, mais uma vez nós lhe pedimos perdão, mas não temos alternativa! Temos de fugir em nome da minha felicidade. Eu também vou sofrer com sua ausência, mas, mesmo distante desta casa, a senhora estará para sempre no meu coração e nas minhas orações também.

Eles conversavam na varanda. Mas era proibido para qualquer funcionário se aproximar daquele local.

Sem se deixar ser visto, o feitor da fazenda os observava. Com todo o cuidado, ele se aproximou o máximo que pôde, pois precisava escutar aquela conversa. De longe, ele pôde ver que os dois jovens estavam de mãos dadas. Para descobrir o porquê de aquele empregado estar na varanda da casa, ele se aproximou e, depois de ouvir a conversa, disse a patroa:

– D. Tereza, desculpe-me, mas preciso avisá-la que amanhã pela manhã eu não poderei vir trabalhar, mas logo após o almoço estarei aqui.

Após lhe dar permissão para a falta ao trabalho, ela pediu ao feitor, que arrumasse outro trabalhador para substituí-lo na tarefa até sua chegada.

Aterrorizada com a situação, Tereza sabia que o empregado João, estava ali interessado em saber o que estava acontecendo. A presença do feitor deixou a mãe de Sheila ainda mais preocupada. Diante de situação tão constrangedora, ela disse à filha:

– E agora, minha filha, o que vamos fazer? Assim que seu pai chegar, senhor João vai contar o que viu aqui hoje.

– Não vamos esperar por sua volta, fugiremos hoje à noite, não haverá oportunidade melhor, quando ele chegar já estaremos longe – disse Sheila dominada de grande pavor.

– Filha, eu até posso imaginar o que seu pai vai fazer comigo quando souber da sua fuga. Eu posso estar correndo risco de vida!

– Então vamos conosco, mamãe! – disse a filha.

– Eu não posso, se eu fugir com vocês, as coisas vão piorar ainda mais.

– A senhora está certa, mas pode ter certeza de que ele não fará nada com a senhora.

Sheila abraçou a mãe e, beijando seu rosto, continuou dizendo:

– Mãezinha, quem sabe Deus nos ajude e meu papai entenda, nos perdoe e aceite que eu me case com Carlos?

– Filha, não espere por isso. O que vocês fizeram foi deveras grave, poderiam ter sido mais cuidadosos. Sempre a ensinei a respeitar as pessoas, e você deveria ter pensado melhor, antes de se entregar a um rapaz do modo como aconteceu. É muito triste para os pais saberem que a filha os traiu de forma tão cruel. Daqui para a frente, pense bem antes de tomar decisões, que venham, causar sofrimento aos seus semelhantes. O amor é lindo, eu bem sei disso; mas por que tinha de ser desse jeito? Minha filha, sabemos que não poderemos viver de brisa, pois precisamos de um teto para nos abrigar no fim de um dia estafante de trabalho.

O jovem, abraçando a futura sogra, lhe disse:

– Eu sei que a senhora tem toda a razão, até mesmo eu

jamais pensei em viver tal situação. A senhora está me entregando o grande amor da sua vida, mas pode ter certeza de que eu vou cuidar dela como a senhora cuidou até hoje. Se for preciso, eu darei minha vida em seu favor.

– Eu sei, meu filho, porque um dia alguém também disse isso para mim, mas infelizmente não pôde viver o suficiente antes de isso acontecer, e eu tenho medo que o mesmo aconteça com vocês.

– Fique tranquila, dona Tereza, para onde vamos eles nunca vão nos encontrar. Lembre-se de que estaremos orando pela senhora e por ele para que um dia possa nos perdoar.

– Isso será difícil acontecer. E rezem para que ele nunca encontre vocês, porque, se encontrá-los, vocês terão um fim muito triste!

Ao ouvir aquelas palavras, o jovem se fez forte e disse:

– A minha vida só existe se a dela existir. Longe dela não posso e não consigo viver, porque ela é o ar que respiro, é o alimento que mata minha fome, é a luz da minha vida.

Ao ouvir aquela declaração de amor, Sheila sorriu e disse:

– Mamãe, Carlos também completa a minha vida, sem ele não consigo viver. Às vezes temos de enfrentar as dificuldades para que possamos ser felizes, e isso requer sacrifícios de nossa parte. Mesmo com os problemas que enfrentaremos, lutaremos para dar uma vida digna ao nosso filho.

As duas se abraçaram, enquanto as lágrimas incontidas desciam pelas suas faces . Ficou decidido que, naquela noite, o casal partiria da fazenda.

O feitor, para não desfeitear o patrão, a quem ele considerava, já esperava sua volta para lhe contar todo o acontecido.

A noite chegou, e com ela muita tristeza e dor para aqueles três corações. No momento em que Sheila se despedia da mãe, ela a abraçou fortemente. Aquela, talvez, fosse a última vez que se veriam. Tereza começou a chorar, e a emoção daquele momento triste fez seu coração parar. Tereza, ainda abraçada à filha, teve uma parada cardiorrespiratória, seguida de aneurisma cerebral.

Quando Sheila percebeu que sua mãe havia parado de chorar, estava pálida e desfalecida, assustou-se e começou a gritar pedindo socorro. Carlos, que se encontrava na varanda à sua espera, ao ouvir os gritos, entrou na casa correndo. Ao ver a situação da mãe de sua amada, ele a pegou no colo e a levou para o quarto. Com as mãos, o rapaz começou a fazer pressão sobre seu peito. Depois de alguns segundos, ela voltou a respirar, mas não conseguia falar, Tereza estava paralisada.

Desesperada com a situação, Sheila pediu a um dos empregados que fosse até a casa do feitor e pedir-lhe que viesse até a casa-grande com urgência. A situação era tão grave, que Sheila nem sequer lembrou que o feitor poderia querer saber, o que aquele empregado estava fazendo dentro da casa-grande àquela hora da noite. Mas o feitor, que já sabia de todos os fatos, ao vê-lo, nada falou. Quando viu a patroa naquele estado, disse à moça:

– Senhorinha, vou até a cidade para avisar o doutor do ocorrido. Minha filha, parece-me que o caso da patroa é gravíssimo.

O dia já amanhecia quando o feitor chegou à cidade. Foi direto à casa do dr. Antônio e, ao relatar o acontecido, o médico se prontificou a ir à fazenda

Desesperada, ao ouvir o barulho do carro, Sheila foi ao encontro do doutor. Aproximando-se do carro, ela mesma abriu a porta e foi logo lhe dizendo:

– Doutor, pelo amor de Deus, salve a vida de minha mãe!

Assim que o médico avaliou a situação de sua paciente, percebeu a gravidade do caso. Sem muita demora, ele a levou até o carro e se dirigiram para o hospital.

Sheila também entrou no carro, deixando seu príncipe e seu sonho de fuga para trás. Era o fim de uma expectativa, seus planos haviam sido abortados. Ela precisava estar perto da mãe, que necessitaria de cuidados.

Carlos havia ficado na fazenda, mas estava desorientado, temendo pela saúde de sua amada. O rapaz teve medo de que, com aquela situação, Sheila perdesse a criança.

Capítulo 28

Arrependimento

Quando o pai de Sheila retornou, havia quinze dias que sua mãe estava hospitalizada. Logo na chegada, o sr. Moisés foi interceptado por seu maior amigo. Sr. Geraldo, nervoso, foi logo dizendo:

– Moisés, meu amigo, dona Tereza passou mal e está internada no hospital da cidade. Graças a Deus, ainda está viva, mas pode estar vivendo seus últimos dias.

Assustado com aquela notícia, ele perguntou:

– Pelo amor de Deus, me fale logo o que aconteceu com minha esposa?

– Vamos até o hospital, para que o senhor mesmo veja a situação dela – disse o amigo, abrindo a porta do seu carro.

No mesmo instante, Moisés entrou no carro do amigo, que saiu em disparada. O esposo de dona Tereza estava fora si, o tempo havia parado para ele. De casa até o hospital, toda sua vida passou por sua mente como um filme. Em poucos minutos, ele se lembrou, principalmente, dos momentos em que maltratava a esposa. E aquele homem embrutecido de coração, foi envolvido em um profundo sentimento de arrependimento. Agora, se amargurava por não ter sido um esposo amoroso. "Ela, sim, era uma mulher de fibra, boa mãe e uma excelente esposa", pensou ele, naquele momento de reflexão.

Chegando ao hospital, imediatamente foi autorizada sua entrada no quarto. Moisés foi tomado de grande angústia ao ver a esposa imóvel em cima da cama. Chorando, ele se perguntava o porquê de tudo aquilo, e dizia que não era possível que sua esposa estivesse morrendo. E, entre soluços, beijava-lhe a mão e lhe pedia mil perdões pelo sofrimento que lhe havia causado.

O sofrimento nos leva a refletir sobre nossos atos para com nossos semelhantes. Essa é a verdadeira escola, que muitas vezes muda os quadros para que possam ser utilizados da forma necessária para o nosso progresso moral.

E o sr. Moisés continuou dizendo:

– Saiba, minha querida, que a amo do fundo do meu coração. Quero que me perdoe por tê-la maltratado todos estes anos! Se você voltar para mim, eu te prometo que, a partir de hoje, serei um bom esposo.

Não suportando a dor do remorso, ele começou a gritar:

– Oh! Meu Deus, eu não consigo viver sem minha esposa, devolva-me minha Tereza.

E Moisés, repetiu por várias vezes seu pedido de perdão.

As pessoas que observavam aquela cena, percebendo a sinceridade nas palavras daquele homem, afastaram-se uma a uma, deixando-o a sós no quarto. Aquele poderia ser um momento importante na vida de nossos companheiros, era um marco para renovação de atitudes. O arrependimento, quando é sincero, nos leva a refletir sobre uma nova forma de ver a vida. Aquela declaração de amor nos mostrava que naquela alma, havia um sentimento de profundo arrependimento.

Meus filhos, o amor tem um grande poder curativo. Diante do desespero de Moisés e a sinceridade com que se expressava em relação ao seu amor pela esposa, ela começou a fazer alguns movimentos. Ao ouvir a voz do esposo, ela fez um imenso esforço para voltar à vida, pois se lembrara de que eram casados havia muitos anos. E com esses pensamentos, Tereza abriu os olhos. Ao deparar com o olhar triste daquele homem, que um dia lhe causou tantas tristezas, pudemos ver as lágrimas a rolar em sua face. O esposo, vendo aquela cena, começou a gritar chamando pelo doutor. O médico entrou no quarto e, após examinar a paciente, disse:

– Sr. Moisés, procure se acalmar, dona Tereza já está voltando do coma. Observe que ela está abrindo os olhos, isso é um bom sinal. A fase crítica já passou, vocês não precisam mais se preocupar, porque agora, com muita dedicação da família, a saúde dela vai melhorar significativamente a cada dia. Não sabemos se vai voltar a ter uma vida normal, mas nada é impossível, já que os recursos da medicina se encontram muito avançados. Talvez vocês possam levá-la para a capital, com certeza lá estão os melhores recursos.

Quando ela receber alta, o senhor poderá levá-la para casa e arrumar uma boa enfermeira para cuidar da minha paciente. Na fazenda, o ar puro vai favorecer sua recuperação.

Sabemos que essa enfermidade costuma deixar lesões profundas, mas com um pouco de paciência, se obtém bons resultados. Os exames ficarão prontos em mais alguns dias, só aí poderemos dizer com precisão se ela irá para a fazenda ou se vocês devem procurar outros recursos na capital.

Moisés, aflito, perguntou ao médico se, caso ele levasse a esposa para casa, ele poderia acompanhá-la em seu tratamento. Dr. Antônio, sempre atencioso lhe disse que, com certeza, poderia visitá-la nas segundas e nas sextas-feiras.

Quando Tereza recebeu alta, o médico indicou à família uma enfermeira competente. Essa profissional tinha experiência em cuidar de pacientes acamados.

Com o passar do tempo, seu quadro clínico já estava bem suavizado. Era visível a melhora de Tereza. Ela já conseguia realizar alguns movimentos com os braços e pernas e, gradativamente, começava a se lembrar das coisas e a reconhecer as pessoas. Ela era uma mulher forte, e isso contribuiu para o seu restabelecimento.

Nesse tempo, adquiriu uma semi-independência para os cuidados com a higiene e alimentação. Restava-lhe somente conseguir voltar a caminhar.

Sheila, no entanto, ainda alimentava seu grande desejo de fugir para um lugar bem distante dali, onde ela e seu amor pudessem viver em paz. Desde que soube pela mãe, das maldades que o pai era capaz de fazer, teve vontade de sair dali e criar seu filho longe daquelas energias ruins.

Seu medo era que, com sua fuga, a saúde de sua mãezinha piorasse e ela tivesse novas crises.

Mas o tempo passava e estava ficando difícil esconder a gravidez, pois sua barriga já estava bem crescidinha.

A patroa já se encontrava bem melhor, e senhor João viu que era o momento de contar ao patrão tudo o que sabia, pois temia que ele descobrisse a gravidez da filha por intermédio de outras pessoas. E, se isto acontecesse, como ficaria sua lealdade para com o patrão?

Certo dia, quando Moisés estava saindo com seus filhos para uma caçada, o empregdo pediu permissão para ir junto com eles. Essa caçada acontecia uma vez por mês, e aquele era o momento apropriado para lhe contar o acontecido. Eles reuniam a cachorrada e saíam pelas campinas à procura de veados.

Durante a cavalgada, seria o momento ideal para contar ao patrão tudo o que havia presenciado, quando da sua viagem para Mato Grosso.

O humilde funcionário, tentava encontrar as palavras certas para falar do assunto. Quando pararam no alto de uma campina, um lugar deslumbrante, ele pensou: "É aqui o lugar!" Enquanto fazia o café, ele disse:

– Patrãozinho, desculpe-me, mas não fui bom o suficiente para evitar que acontecesse uma tragédia no seio de vossa família. Apesar do meu esforço, falhei. Tenho plena consciência de que o patrão poderá até me mandar embora daqui, pois meu erro não tem perdão. Fomos traídos por alguém que um dia eu mesmo apresentei ao senhor. Eu achava que aquele rapaz pudesse ser uma pessoa boa e respeitadora, assim como é um bom trabalhador. Eu jamais imaginei que ele pudesse trazer tantos transtornos para nós.

O silêncio do patrão o deixava nervoso.

Muito triste com o ocorrido, ele continuou dizendo:

– O senhor pode fazer minhas contas que amanhã mesmo sairei da fazenda. Eu só gostaria de que o senhor me perdoasse, pois devo-lhe muitas obrigações!

O fazendeiro, sem entender o que estava se passando, pediu a seu empregado que explicasse melhor o porquê de toda aquela conversa. E, um tanto nervoso, disse:

– Desembucha logo, não fique aí parecendo cachorro, que fica andando em círculos para se deitar. Diga logo o que aconteceu de tão grave na minha ausência!

– Na verdade, patrão, o fato não se deu na sua ausência!

E, gaguejando muito, disse:

– Uma coisa séria aconteceu com sua filha.

– Eu não acredito que você não tenha conseguido cuidar da minha casa.

Enfurecido, Moisés disse ao empregado:

– Pelo Amor de Deus, diga logo o que aconteceu com minha princesa!

O senhor João, homem sério, leal às recomendações do patrão, olhou para ele e disse:

– Fiz de tudo, mas Carlos, aquele empregado da fazenda traiu nossa confiança!

Após escutar aquele nome, Moisés começou a gritar.

– Desde a primeira vez em que vi aquele miserável, eu sabia que havia alguma coisa de errada com ele, só não consegui decifrar aquele enigma. Mas senti que esse rapaz poderia causar uma tragédia no seio de minha família. Eu percebi, mas não tive forças para reagir. Eu via em seus olhos o ato de traição.

Desesperado, pediu ao empregado que lhe contasse tudo o que sabia.

Começou a andar de um lado para o outro e a gritar como louco. Senhor João silenciou, e pediu a Deus para que colocasse as palavras certas em sua boca, para que ele pudesse falar ao patrão. Mas sua origem humilde não lhe permitia palavras diferentes, e foi dizendo ao patrão:

– Senhor Moisés, eu acho que sua filha está prenha dele.

Enlouquecido, ele disse:

– Eu não acredito que tenha acontecido uma tragédia dessa com minha menina. Não é possível, minha filha grávida de um pobretão como esse. Eu tinha tanta esperança de que ela se casasse com o filho do nosso vizinho! Meu Deus, que vergonha para um pai ter uma filha solteira grávida de um maldito peão como aquele!

Desesperado com a notícia, ele continuou gritando:

– Podem ter certeza de que eu vou beber o sangue daquele miserável.

Seus olhos estavam cheios de ódio, pareciam um vulcão em erupção.

Do mesmo modo como Tereza havia se sentido mal, na hora da partida da filha, o mesmo poderia acontecer com Moisés. Naquele momento, aquele pai não tinha capacidade de raciocinar e assimilar toda aquela situação.

Ao ouvir os gritos, os filhos correram para junto dele. Ao se aproximarem, perceberam que o pai estava completamente transtornado e, se eles não fizessem alguma coisa, ele poderia sofrer um ataque fulminante. Algo de ruim havia acontecido, pois nunca tinham visto o pai agir daquele jeito.

Enquanto corriam em sua direção, o mais novo disse:

– Meu Deus, alguma coisa está acontecendo e, pelo visto, algo de muito ruim. O que pode ter mordido seu calcanhar?

Chegando mais perto, um deles indagou:

– O que aconteceu que te deixou assim tão nervoso?

A única coisa que aquele homem sabia fazer era xingar. E, aos gritos, dizia que beberia o sangue do maldito. Sem entender o real motivo de tanta fúria, o primogênito se pronunciou:

– Por favor, meu pai, diga se alguém fez mal para o senhor!

Moisés, depois de extravasar todo seu ódio, contou aos filhos tudo o que ouviu do empregado. Dominado pela raiva, o mais velho foi o primeiro a falar:

– Meu pai, é certo que vamos acabar com esse rapaz, mas é preciso que tenhamos cuidado para que dona Tereza não saiba de nada. Ela está se recuperando e não pode sofrer nenhuma contrariedade. Vamos montar um esquema para acabar com aquele miserável, mas temos de agir com bastante calma. Eu quero ser o primeiro a arrancar-lhe um pedaço da orelha.

Capítulo 29

Pai e Filhos Tramam a Morte do Empregado

Ali mesmo, no meio da mata, eles deram início ao plano para matar o inimigo da família.

Meus amigos, infelizmente, quando se trata de situações que dizem respeito aos sentimentos, os processos de obsessão se tornam mais difíceis de ser tratados. Na maioria das vezes, são processos obsessivos que nos acompanham por séculos e séculos. Meus queridos, o amor e o ódio estão muito próximos um do outro. O ódio é alimentado pelo sentimento causado por um desrespeito e infidelidade de quem amamos e, portanto, é difícil de ser perdoado. Pode levar anos ou séculos, para que o espírito possa amadurecer e desperte para a necessidade de perdoar.

Muitas vezes, somente a dor consegue libertar os corações para a renúncia do egoísmo, que é a grande chaga latente no seio da humanidade. São poucas as pessoas que conseguem perdoar, sem ter de passar pela dor. Somente pelos conhecimentos adquiridos dentro dos caminhos da evolução conseguiremos perdoar. A maioria sofre as consequências de seus atos, mas se coloca como vítima. Mesmo passando por reencarnações de grandes sofrimentos não consegue se libertar desse ódio, que é uma ferida crônica que existe no fundo da alma. Para muitos, mesmo que tenham se passado anos, quando se lembram dos fatos que aconteceram na juventude, o ódio bate forte em sua alma. Este é o sinal de que a pessoa ainda não aprendeu a perdoar. Isso só acontecerá com a maturidade do espírito, que é a chave para essa libertação. Na maioria das vezes, é necessário que a pessoa passe por uma dor profunda na alma, para que consiga perdoar aquele que um dia a maltratou. Sabemos que a vida não é fácil para quem busca viver em renúncia. A maior luta que o homem tem para vencer é consigo mesmo. Quando ele consegue se libertar dos seus vícios milenares, que é o orgulho, o ódio, a vaidade, a injúria e todos os sentimentos que levam o homem à sua fixação na Terra, acontece a desmaterialização humana desses sentimentos doentios.

A libertação dessas enfermidades é que amadurece o espírito para continuar buscando novas paragens evolutivas. Mas voltemos ao assunto que estávamos relatando referente a Moisés.

Nesses momentos devemos ter compaixão, e é importante que saibamos lidar com essas situações, porque muitos são os envolvidos nessa tragédia, e sabemos que não é fácil perdoar verdadeiramente. Às vezes, aceitar até conseguimos, mas o perdão de coração, o esquecimento, não é tão fácil assim, e precisamos de tempo para que isso aconteça. Nada melhor para resolver os problemas da vida que o tempo.

No caminho de volta ao lar, os três já estavam com o plano traçado. O empregado preferiu não manchar suas mãos com sangue ao executar aquela vingança, que era apenas deles. Os filhos de Moisés concordaram com o empregado.

Um deles disse ao feitor:

– Essa alegria é nossa, e não queremos dividi-la com ninguém.

Diante disso, ele deixou que os três passassem à frente e temeroso com o resultado de tanto ódio, foi caminhando logo atrás.

Os três, com a mente envolvida em um sentimento de vingança, só queriam destruir aquele que manchara a honra da família.

Quando os três entraram em casa, Sheila, sobressaltada, com repentino retorno deles, desconfiou que houvesse acontecido algo errado, pois todas as vezes que saíam para uma caçada ela se prolongava por todo o dia.

Aflita com o modo como o pai agia, ela perguntou:

– Meu pai, o que aconteceu com o senhor nesta caçada, e por que voltaram tão cedo?

Muito secamente, ele respondeu:

– Não aconteceu nada, minha filha, não se preocupe, só estou um pouco cansado.

Sheila, preocupada, foi até a cozinha buscar um pouco de água quente para que o pai lavasse os pés. Enquanto ele estava com os pés na água, ela o observava. A única coisa que percebeu era que os olhos do seu pai estavam vermelhos. Naquela noite, Sheila não conseguiu dormir. Tinha uma grande desconfiança de que seu pai já soubesse de tudo, então pensou: "Se meu pai soube do ocorrido, vai matá-lo!" Em dúvida, pensou: "Não, ele não sabe de nada, senão já o teria matado!"

No outro dia, quando Sheila retornou da escola, seu pai estava reunido com seus irmãos. Eles conversavam bem baixinho e pareciam querer esconder algo dela. Na verdade, estavam tentando incrementar o plano para matar o empregado, sem que a filha desconfiasse de que eles já sabiam de toda a história.

Extremamente nervosa, tentava descobrir o assunto que unia aqueles três naquela hora da tarde. Para disfarçar sua ira contra seu empregado, Moisés chamou a filha e pediu a ela que opinasse sobre um assunto importante.

– Filha, estou com um gado para ser levado ao frigorífico lá na cidade de Barretos, mas nem eu nem seus irmãos poderemos ir. Diante do problema de sua mãe, não podemos deixá-la sozinha, nesse momento a família deve estar reunida. Até cheguei a pensar em mandar o senhor João junto com dois ou três peões, mas também preciso dele aqui para cuidar do povo que vem da cidade para a colheita do café. Esta viagem deve ser feita por uma pessoa que tenha muita experiência e, sinceramente, não sei o que fazer.

"Aquela era a oportunidade de Carlos mostrar como era bom no que fazia", pensou Sheila, após dar um suspiro. Então, disse ao pai:

– Meu pai, tem um rapaz aqui na fazenda que parece ser muito inteligente e trabalhador, por que o senhor não dá um voto de confiança a ele?

Depois que a filha explicou quem era o tal rapaz, o pai, demonstrando estar satisfeito com a indicação, disse:

– Minha filha, estou realmente convencido de que este rapaz é uma boa pessoa, pois fiquei sabendo que ele ajudou sua mãe, no dia em que ela passou mal aqui em casa!

– Realmente, meu pai, ele demonstrou ser uma pessoa atenciosa.

– Então está resolvido, vamos mandar esse rapaz! – disse Moisés.

Tudo saíra como o esperado, essa era uma forma de Moisés mostrar para a filha que tudo estava bem. Infelizmente, pela vontade de ajudar, a simplicidade e a pureza que trazia no coração, ela não desconfiou de nada.

Senhor João mandou juntar a boiada no pasto e trouxe tudo para o curral, selecionando os melhores bois. Mandou chamar mais alguns peões, e pediu ao funcionário Carlos que tomasse a frente, e levasse aquela boiada até a cidade de Barretos, que naquela época era o local para onde os fazendeiros levavam o gado para ser abatido.

Para não deixar nenhuma dúvida quanto à confiança depositada no empregado, Moisés pediu a senhor João para que levasse o empregado até a casa, pois tinham de acertar mais alguns detalhes da viagem. Tanto Sheila quanto Carlos estavam radiantes, e isso pudemos constatar ao ver o encontro dos dois dentro da casa-grande.

Passava pela mente de Sheila que, diante dos valores do rapaz, quem sabe seu pai pudesse aceitar o relacionamento entre os dois e toda aquela situação se resolvesse sem que eles precisassem fugir. Acostumados a se comunicar por gestos e olhares, ali mesmo na sala ele marcou um encontro para aquela noite, no lugar de sempre.

Quando já estava tudo acertado, Carlos disse ao patrão:

– Sr. Moisés, estou pronto para o servir. Amanhã cedo partiremos para levar sua boiada até Barretos e me empenharei ao máximo para que tudo transcorra bem.

Para fechar com chave de ouro aquela trama, Moisés disse ao moço:

– Não se preocupe, eu confio no seu trabalho, pois recebi boas informações a seu respeito!

Sheila estava radiante e feliz ao ouvir as últimas palavras proferidas pelo pai. Aquele seria um passo importante na vida dos dois, pensou Carlos.

E assim aconteceu. Na madrugada, os dois se encontraram debaixo da mangueira. O encontro foi marcado por juras de amor. Abraçadinhos, fizeram muitos planos para o futuro dos três. Fizeram planos de um pegar o Sol de presente para o outro.

Nessa história de amor, ele se esqueceram que o amor deve ser vivido em sua plenitude, mas é necessário discernimento, bom senso e algo que vai muito além, o respeito aos seus familiares e a si mesmos. Para se viver plenamente, não podemos nem devemos ferir quem quer que seja, isso porque dentro da Lei de Causa e Efeito nada fica impune. A lei determina que para cada ação há uma reação. E aqui fica uma pergunta: como podemos saber se estamos agindo de forma errada?

Meus filhos, nossa consciência nos mostra nosso erro. Muitos podem dizer que acharam que estavam agindo certo! Será que não estamos tentando encobrir nossos erros? Somos espíritos milenares e conhecemos o Deus de amor e bondade.

Aquele era o último dia de vida de Carlos. Ele pagaria com a vida, o mal que criara para si mesmo e para aquela jovem.

Os dois aproveitaram cada instante em que estavam juntos, para reafirmarem o amor que sentiam um pelo outro. Fizeram planos e mais planos para o filhinho que iria nascer. Trocaram ideias sobre o nome que iriam dar àquela criança. Sheila só retornou para seu quarto, quando os galos da fazenda começaram a cantar. Preocupada, pois dali a alguns minutos ela teria de ir para a escola, Sheila despediu-se de Carlos, desejando-lhe boa sorte e lhe disse que já estava sentindo saudades.

Nas primeiras horas do dia, Carlos deixou a fazenda rumo a Barretos. E, mais uma vez, ali na porteira da fazenda, o rapaz encontrou sua amada indo para a escola. Do mesmo modo, abriu a porteira, mas desta vez ele foi mais audacioso. Dirigiu-se até o carro e, educadamente, pediu ao motorista para falar com a moça. Sem se importar com os olhares curiosos do motorista e dos peões, ele colocou suas mãos sobre as mãos da jovem e deu-lhe um beijo. Um beijo não foi suficiente. Eles se abraçaram e, ao se despedirem, choraram juntos. Aquele foi o último encontro daquelas duas almas.

Depois de um longo dia de viagem, a noite chegou. Dentro do veículo onde estavam o pai e os dois irmãos de Sheila, havia um tambor de gasolina. Eles escolheram o maior, pois seria ali o lugar onde colocariam o corpo do homem que havia desonrado a família.

Aproximadamente às vinte e três horas, enquanto todos provavelmente dormiam, os três saíram de mansinho, atravessando uma pequena trilha até chegarem às margens do rio onde Carlos e seus peões iriam passar a noite. Os peões dormiam ao lado da grande fogueira e, um pouco mais afastado, estava Carlos. Ele estava recostado em um tronco de árvore, com o chapéu sobre o rosto. Os filhos de Moisés se aproximaram e, sem fazer o menor ruído, tamparam-lhe a boca e os olhos. Enquanto um pegava na cabeça, o outro o segurava pelos pés, e sorrateiramente o levaram dali. Quando já estavam em lugar seguro, encheram-lhe a boca de estopa, ele não podia gritar. Depois de lhe atarem as mãos e os pés, ali aconteceu a morte de Carlos.

Moisés fez questão de atirar o fósforo aceso sobre o corpo do rapaz, que havia destruído sua família.

Quando os três perceberam que não existia mais nem uma centelha de vida naquele corpo e que já estava reduzido a uns poucos pedaços de carvão, eles os recolheram e, debaixo de muito xingamento e de modo cruel, colocaram seus restos mortais dentro do latão. Depois de amarrar a tampa com um pedaço de arame, ele foi colocado dentro da caminhonete, e dali levado até a margem do rio, onde foi jogado.

Na visão de Moisés e dos filhos, estava tudo acabado, pois a polícia não encontraria nada que pudesse incriminá-los.

Enquanto retornavam para casa, eles comemoraram, pois estavam livres para sempre daquele que desonrara e tirara a paz da família.

Os dias se passaram e Sheila estava preocupada, pois já havia se passado uma semana e Carlos não havia retornado da viagem. Com mil pensamentos, ficava a imaginar o que poderia ter acontecido.

Ela desconfiou que seu pai pudesse ter descoberto seu namoro e, por isso, o tinha mandado embora da fazenda. "Mas, se descobriu, havia conseguido disfarçar muito bem!", pensou. Ela ouviu seu pai dizer que aquela viagem não demoraria mais que uma semana, e que havia dado ordens a seus funcionários para permanecerem naquela cidade, para ajudarem o fazendeiro, que era muito amigo seu. Isso porque na sua fazenda, os serviços dos peões não seriam tão necessários quanto para seu amigo.

E assim, foi o fim da reencarnação de Carlos, como peão da fazenda.

Como já dissemos, ao retornar para o mundo espiritual, constantemente ele revia as cenas de sua morte como também as cenas dos crimes que praticara em sua encarnação como coronel. Depois de muito sofrimento, ele foi socorrido por esta Casa de caridade. Foram anos e anos alimentando-se de ódio e rancor contra aqueles que lhe tiraram a vida. Quando Carlos estiver em melhores condições, poderá se encontrar com Sheila e o filho, que não chegou a conhecer. Os dois já se encontram aqui em recuperação.

Quando o fato se deu, o pai, homem astuto e mau, contou a seu modo o que havia se passado com Carlos. Ele mesmo fez questão de contar à filha que o rapaz, ao atravessar um rio, foi levado pela correnteza. E ainda lhe disse que, no momento em que se deu o fato, os peões haviam procurado o corpo e não o encontraram. A princípio, ela acreditou, mas depois de algum tempo pressentiu que havia algo de errado na versão dos fatos, mas não tinha motivos para não acreditar, tudo levava a crer que isso realmente tinha acontecido.

Quando estamos reencarnados, é muito fácil sermos enganados, porém, ao despertamos na vida espiritual, o véu que cobre nossa mente se dissipa e tudo é descoberto.

Ao despertar no mundo espiritual, Sheila tomou conhecimento de todos os fatos acontecidos naquela viagem. Exigindo vingança, desejou a morte do pai e seus irmãos.

E, por isso, certa vez trouxemos Sheila para participar da reunião de desobsessão, para que pudesse entender que ela precisava perdoar aqueles que a fizeram sofrer.

Depois de anos de estudo, Sheila descobriu que a melhor forma de ajudar seu amado seria perdoando-os. Ela teria de dar o primeiro passo para ajudá-lo, só assim ele entenderia a necessidade do perdão. Lembrando das palavras de Paulo, quando disse que o exemplo arrasta multidões, ela teria que ser exemplo. Só assim, ajudaria Carlos a se libertar do casulo de ressentimentos e mágoas em que havia se atrofiado.

Somente pela reencarnação, na vivência da vida física, é que o espírito consegue forças suficientes para perdoar. E assim compreendemos que o amor é o que supera as dores. Por mais que o mal persista, o amor sempre vence. Ele é a força que não perde força, porque é a força de Deus, e a força de Deus é a força da vida.

Neste momento, Célio interpelou:

– Ernesto, como está hoje a situação de Carlos em relação ao fazendeiro Moisés, seu maior inimigo?

– O velho Moisés está nas dimensões espirituais participando de reuniões no Edifício de Regeneração, juntamente com sua filha e esposa. A família está fazendo cursos regeneradores para que, no momento oportuno, possam receber Carlos nas mesmas dependências desse edifício, e assim ter uma boa convivência e um melhor entendimento, com vistas a recebê-lo novamente e viverem em família. Mas agora será diferente, pois Carlos e Sheila receberão o velho Moisés como filho.

Tereza, que foi mãe de Sheila, agora receberá Carlos como filho. E assim, essa família recebe do Pai uma nova oportunidade de recomeço, seguindo um importante ensinamento do Mestre Jesus: *"Em verdade vos digo que de maneira nenhuma sairás dali enquanto não pagares o último ceitil"(Mateus-5:26)*

Nessa oportunidade, essa família terá o papel de trabalhar na regeneração de seus corações para que possam ser felizes, pois a felicidade, meu filho, só existe na consciência do ser que a deseja.

Afirmo-lhes, meus queridos, que Carlos e a família de Moisés têm vínculos muito fortes com os médiuns deste Grupo Espírita, em consequência do que ocorreu em um passado distante.

CAPÍTULO 30

BRILHE A VOSSA LUZ

A luz divina está em mim, em você e em todos aqueles que queiram se beneficiar dela. Atentem para as palavras do Cristo: *"Brilhe a vossa luz"*. Quando ele disse estas palavras, sabia que cada um tem uma luz dentro de si e deve fazê-la brilhar. E o combustível utilizado é a boa vontade, a fé, a esperança, a tolerância, a resignação, a renúncia e a humildade.

Em relação à felicidade plena, os encarnados da Terra ainda não são capazes de possuí-la, por estarem em um mundo de expiações e provas, mas a felicidade relativa, sim. Ela não é uma situação que buscamos externamente. Os espíritos superiores a possuem por já terem extirpado do coração todas as mazelas que dominam a humanidade. Não devemos esperar e exigir que o outro nos faça feliz, você será feliz por si mesmo, procurando purificar seus sentimentos e fazendo o melhor que estiver ao seu alcance.

Neste momento em que você está lendo essas lições, permita que a alegria e a felicidade façam parte de sua vida e, do mesmo modo, proporcione aos seus a felicidade.

Jesus nos disse que seus ensinamentos vinham de fora para dentro e, uma vez estando dentro de nós, poderíamos externá-los por meio de boas ações.

Meus queridos, quando somos agredidos, nosso primeiro pensamento é de revidar a agressão, devolver a ofensa com a mesma intensidade.

Não somos felizes quando agredimos alguém, principalmente se conhecemos os ensinamentos do Cristo Jesus. Não conseguiremos, no fim do dia, colocar nossa cabeça no travesseiro e dormir o sono dos justos, porque o Cristo nos incomoda, porque ele está nos vendo por dentro. Quantas vezes perdemos noites de sono rememorando a ofensa que alguém nos fez no passado? Quando alguém nos ofende e não nos sentimos ofendidos, é porque estamos preparados para receber as ofensas.

O sofrimento é uma luz na vida dos que já compreendem os ensinamentos de Jesus. Em alguns, o trabalho da reforma interior está pronto, enquanto em outros está por se realizar. As dores do mundo nos igualam perante os caídos. O sofrimento nos faz diminuir para que o outro cresça e nos ensina a olhar para cima, em gesto de humildade, para ver o Pai, e sentir as belezas que Ele nos oferece em toda a sua criação. O sofrimento com renúncia e resignação é a compreensão que Jesus, um dia, sofreu muito, além do que imaginamos, depois de passar pela Terra por três anos em sua vida missionária. Mensageiro e modelo da humanidade, como está escrito na pergunta 625 de O Livro dos Espíritos, Ele entendeu que a humanidade precisava de calma, esperança e tempo para entender seu grande amor por nós, quando ele diz: *"Pai, perdoa-os, eles não sabem o que fazem"*. Ele sabia o que estava dizendo, porque seu maior sofrimento não foi a cruz nem a crucificação, mas saber que ainda continuaríamos por longo tempo na ignorância. A luz veio à Terra e a humanidade não compreendeu. Todos estavam cegos e não conseguiram ver a luz. Mas aqueles que já conhecem Jesus são os responsáveis pela divulgação do seu amor e pela exemplificação da sua palavra e seus ensinamentos.

Após aquela longa conversa, novamente nos dirigimos ao setor reencarnacionista do Complexo.

E nós, estando ali naquele setor, pudemos ouvir as palavras da instrutora responsável pelo processo reencarnatório daquele Complexo. Todos os presentes demonstravam grande emoção e choravam copiosamente. Ao observar melhor, podíamos notar que estavam felizes e confiantes em sua vitória. Tinham convicção de que não seria fácil a convivência em família, pois teriam de enfrentar as dificuldades criadas por eles mesmos, mas traziam uma grande vontade de acertar. Emocionados, ouvimos atentos as doces palavras de nossa irmã Marina:

– E todos nós aqui presentes, estamos diante do gesto sublime de perdão e renúncia entre espíritos que se odiaram por tanto tempo. Hoje estão prontos para enfrentar novamente a vida física, na esperança de viver na Terra e se unir em laços carnais na família, que é o cadinho que liberta a alma.

É na família consanguínea que temos a oportunidade de reparar nossos erros, pois nela vem aquele que dá estabilidade, que são os espíritos que têm a responsabilidade de ajudar e aconselhar. Sabem que, sem sua presença naquele lar, as provações serão piores, mais dolorosas e difíceis de vencer. Em todas as famílias sempre reencarna um espírito com um pouco mais de conhecimento, que tem o compromisso de dar suporte e amparar, aconselhando, exemplificando e sendo o ponto de apoio. E reencarnam nesses lares, também, espíritos endurecidos e cobradores, exigentes, não compartilham nada, estão ali só para cobrar o que têm direito, porque a lei de Deus é imutável e soberanamente justa. Eles não estão ao nosso lado como amigos, mas como inimigos, e é por essa razão que nos veem com uma visão diferente. E é assim que Deus nos dá a oportunidade de nos reconciliarmos com nossos adversários.

– Ernesto, depois de tantos anos de planejamento, será que tudo o que está sendo dito nesta ocasião, será assimilado por nossos companheiros quando estiverem encarnados na Terra? – indagou Célio.

– Célio, meu querido, quando o homem está vivenciando a experiência carnal, muitas vezes se recolhe para o repouso do corpo físico triste e sem esperança. Mas, ao elevar o pensamento a Deus por meio de uma prece, quando adormece, é trazido para o plano espiritual para reviver em suas telas mentais, tudo o que foi programado um dia, por eles mesmos. Após rever pequenos detalhes, sentem-se capacitados a enfrentar e vencer as dificuldades da vida. E, ao despertar no corpo físico, voltam a ficar alegres, pois sentem que encontraram a solução para o problema. Eles sentem saudade e melancolia, mas também forças para continuar vivendo e vencendo os problemas da vida. Sabemos que viver na Terra não é uma situação muito confortável. Imagine, se o espírito encarnado não tivesse a oportunidade de se encontrar com amigos espirituais no momento em que adormecesse no corpo físico? Ele se sentiria abandonado à própria sorte. Ao chegar aqui, nós o motivamos e o levamos a participar de reuniões de estudos. A maioria se encontra com seus familiares, e esse encontro os leva a entender o porquê de estarem vivenciando dificuldades.

– Vocês observaram a quantidade de espíritos desencarnados que temos aqui? Os espíritos que estão ligados a um cordão fluídico, ou cordão de prata, são os espíritos encarnados. Muitos deles são frequentadores do Grupo Espírita e estão envolvidos nas atividades da Casa. Temos aqui muitos médiuns passistas. Ali está uma companheira que trabalha na assistência social, e a seu lado está uma que trabalha na cozinha, a responsável pela alimentação servida aos necessitados. Aquelas duas senhoras que se encontram na cabeceira da mesa, recebem ajuda material e espiritual aqui na Casa Espírita.

Naquele mesmo dia, participamos da reunião ostensiva no Grupo Espírita.

Carlos, mais uma vez, foi levado até lá numa premente necessidade de ser ajudado. O médium doutrinador, com o coração envolvido em um sentimento fraternal disse àquele espírito:

– Com todo o respeito à sua dor, gostaríamos que observasse melhor o ambiente em que se encontra. Você está em uma casa de oração, onde os ensinamentos de Jesus são levados a todos os que amargam sua dor. Todo esse sofrimento vivido por você aconteceu há muitos anos. Ouça essa música e deixe que ela envolva seu coração. Todos nós aqui presentes te amamos muito e queremos ajudá-lo. A seu lado há uma equipe de médicos e enfermeiros que querem ampará-lo. Você será colocado em um leito confortável e bem limpinho. E será medicado, para o alívio de suas dores. Isso que você está vendo não é sua realidade de agora. É muito normal, quando passamos por um grande sofrimento, como o que você passou, continuar se lembrando do acontecido. Seja forte e veja como seu corpo está perfeito!

Quando o doutrinador terminou de falar, Carlos pôde ver uma luz vindo em sua direção. Naquele instante, ele se viu por inteiro. "Meu Deus, como não percebi que estava curado!?", disse com a voz chorosa.

Apesar de aquele espírito se apresentar com o corpo perispiritual em perfeitas condições, ele teria de passar por vários tratamentos na Casa Transitória. Ele foi acolhido por uma equipe de médicos experientes, na realização de cirurgias perispirituais, pois teria de se submeter a várias delas.

Após ser envolvido em vibrações benfazejas, adormeceu profundamente, facilitando assim o tratamento. Seu corpo perispiritual estava completamente lesionado, portanto, permaneceria no CTI até o seu pronto restabelecimento.

Carlos tinha débitos de encarnações anteriores, mas o sofrimento pelo qual passou ao desencarnar, poderia ter sido diferente. Ele poderia ter passado por alguma outra tragédia sem necessitar da interferência de nossos companheiros.

No momento em que cometemos um crime, estamos interferindo nas leis divinas, porque Deus não criou o homem para cometê-lo. Para que suas leis sejam executadas, Deus não precisa se utilizar das mãos do homem para fazer justiça, para isso existem as tragédias naturais, e muitos passam por elas em desencarnações em massa, cumprindo a Lei de Causa e Efeito. São pessoas que foram envolvidas na mesma situação, e a lei divina as coloca próximas umas das outras para que, no momento certo, a lei seja cumprida. O próprio espírito pede essa quitação. Nossa consciência está de acordo com os ensinamentos de Jesus e, enquanto não pagarmos o último ceitil, não sairemos da Terra.

Quando Carlos deixou o recinto, eu disse aos meus companheiros:

– Antes do seu envolvimento com a filha de Moisés, ele era receptivo às nossas intuições, mas no momento em que o jovem se apaixonou, houve um completo distanciamento.

O homem, quando se encontra na Terra e se envolve com a paixão, tem muita dificuldade para receber nossas intuições. Antes de reencarnar, os amigos espirituais abriram os canais sensitivos, para que ele pudesse receber as intuições. Se ele estivesse atento, teria dado um salto muito importante em sua evolução. Mas, quando é dominado pela paixão, como já dissemos, o homem não consegue manter o equilíbrio, porque a paixão cega e domina as pessoas. E foi isso o que aconteceu com Carlos.

Capítulo 31

Atendimento Fraternal

É nosso dever dar graças pela oportunidade dos trabalhos realizados no âmbito físico e espiritual. Quando chegamos ao salão principal do Grupo Espírita, eu disse aos meus companheiros:

– Meus queridos, hoje é um dia muito importante para esse núcleo hospitalar, pois comemoramos o Dia da Integração Divina.

A comemoração é realizada tanto nas dependências físicas do Grupo Espírita quanto do Complexo Hospitalar (Casa Transitória).

– O que significa o Dia da Integração Divina? – indagou Célio.

– É o dia em que é realizado um dos mais importantes trabalhos nas dependências da Casa Espírita. Este foi um compromisso assumido por nossos companheiros quando estavam aqui no mundo espiritual. Aliás, quando estamos desencarnados sempre nos propomos a realizar algo de bom.

Estamos falando do Departamento de Assistência Social, que os homens poderiam chamar de Trabalho Fraternal que acontece nas Casas Espíritas. E eu diria que Assistência Fraternal seria o nome mais correto.

Nas dependências da Casa Espírita, são atendidos aqueles que trazem grandes chagas em seu coração. Mães que foram abandonadas pelos companheiros e que vivem mendigando, de porta em porta, por uma migalha para alimentar seus filhos. Elas visitam a Casa semanalmente, com o interesse de ganhar uma cesta de alimentos e, em muitos casos, que só dá para alimentar durante uma semana. Diante de suas necessidades, para sua sobrevivência e a da família, elas deixam os filhos sozinhos e trancados dentro de casa, quando não ficam soltos pelas ruas recebendo influências negativas de mentes perigosas, que são espíritos ainda endurecidos nos vícios e na criminalidade e que vivem a incentivar esses pequenos, a se envolver na prostituição e na diversidade de crimes.

A criminalidade tem atingido populações abastadas, da mesma forma que ocorre na classe menos favorecida. A diferença é que os filhos de pais que têm posses, podem pagar a droga que consomem, enquanto os outros, na maioria das vezes, não têm condições financeiras para manter seu vício. Diante dessa situação, o traficante, para servir de exemplo, tira a vida de quem deve ou de alguns de seus familiares.

Este é o retrato do nosso planeta Terra.

O homem ainda não conseguiu compreender a importância da liberdade. Não sabe que a grande liberdade é a do pensamento. Quando o espírito está passando pelo processo da viciação, não tem domínio de sua autoridade, e o vício fica ainda mais forte e mais difícil de ser combatido, pois ele é maior que sua própria vontade.

A explicação para o momento difícil que a humanidade está atravessando, é o resultado do esvaziamento das regiões umbralinas e trevosas da Terra. Ali se encontravam milhares de espíritos com vícios de todos os matizes. Eles permaneceram aprisionados em alienações mentais durante vários séculos, mas em estado de dormência. Apesar de em todo esse tempo, terem tido acesso aos ensinamentos do Cristo, muitos, ou a maioria, não conseguem colocar esses ensinamentos em prática, apesar de os trazerem registrados em seu espírito imortal. Hoje, esses espíritos estão encarnados na Terra e trazem as características do que adquiriram durante séculos. Ao conviverem com toda essa perturbação mental, não conseguem seguir pelo caminho do bem. A falta de uma família bem estruturada, para fazer o encaminhamento dos filhos para uma religião, para que eles possam ser educados, doutrinados e a falta de exemplo dentro do próprio lar, os levaram a essas grandes calamidades morais em que a humanidade está mergulhada.

Ah, meus filhos, se os pais e mães soubessem, da importância de dar aos filhos uma educação religiosa, eles atinariam para esse detalhe e procurariam se preparar espiritualmente, antes mesmo de a mulher engravidar. Nos dias de hoje, a educação religiosa é muito mais importante que a alimentação farta na mesa, mas a maioria dos pais se preocupa em dar aos filhos, apenas a educação escolar. Podemos observar, que as crianças com idade entre seis e sete anos já estão aprendendo vários idiomas e utilizando a mais alta e avançada tecnologia. Arrancaram-lhes das mãos, abruptamente, os brinquedos com os quais elas poderiam se movimentar com iniciativa própria, criar e desenvolver sua capacidade humanitária.

Quantas crianças, neste instante, estão presas ao computador assistindo a jogos violentos? Estão ali aprendendo a matar e a destruir. Esses programas inferiorizam a mente da criança, tirando a inocência e a pureza e incentivando, cada vez mais, a violência. Infelizmente, esta é a triste situação em que estão vivendo nossas crianças e jovens.

Aqui na Casa Espírita é diferente. Muitos de nossos irmãos, assumiram o compromisso e outros são missionários e trazem o coração cheio de amor. Eles acolhem com carinho e zelo todos os que adentram o espaço da Casa Espírita. Um pequenino detalhe é motivo de elogios, e isso faz com que elevem a autoestima dessas crianças e de suas mãezinhas.

A Evangelização na Casa Espírita é baseada nos ensinamentos de Jesus Cristo. As crianças chegam aqui como uma pedra bruta que, ao ser lapidada, faz sua luz brilhar. É um trabalho que exige paciência das abnegadas evangelizadoras. Elas regam seus coraçõezinhos, com a água dos sentimentos sublimados e jogam a sementinha da luz divina do ensinamento do Evangelho de Jesus, para que um dia essa sementinha possa nascer, crescer e dar bons frutos. Essas companheiras, deixam o aconchego de seus lares e seus afazeres e vêm aqui para compartilhar com mães e filhos suas dores e seus sofrimentos.

Por isso, meu filho, podemos dizer que hoje é o dia da Assistência Fraternal na Casa Espírita, onde a fraternidade e o amor estão à frente de todas as atividades aqui executadas.

As turmas da evangelização estão divididas em pequenos grupos. Apesar do número pequeno de encarnados, podemos observar que os espaços estão superlotados de desencarnados. Observem, que muitos deles, estão acomodados no salão ouvindo atentamente as palestras. Por todos os lados, podemos notar a presença dos amigos espirituais, que intuem os trabalhos aqui realizados. O clima de solidariedade, paz, paciência, tolerância, amor e caridade reina no ambiente. Do corpo perispiritual dos abnegados trabalhadores espirituais, saem pontos de luz que se espalham no ambiente, transformando esta Casa em grande foco de luz, a irradiar por uma extensa faixa ao seu redor. E, muitas vezes, essas boas radiações permanecem por até uma semana no coração daqueles que vêm doar seu amor e no dos que vêm receber.

Esta Casa de amor recebe e ampara todos, principalmente os mais necessitados, seja amparo material ou espiritual. Os trabalhadores têm sempre uma palavra de carinho a ofertar. E é este sentimento, meus filhos, que faz nascer a fraternidade, num Trabalho Fraterno ou Social na Casa Espírita.

Mas, no dia em que uma Casa Espírita começar a acumular dinheiro em bancos, ou em caderneta de poupança, e deixar de atender os necessitados, que vêm em busca do alimento para matar sua fome, ou mesmo de um agasalho para cobrir-lhes o corpo desnudo, infelizmente, deixará de ser uma casa de caridade e se transformará em uma empresa, passando a acumular tesouros na Terra.

A Casa Espírita, administrada por pessoas conscientes de seus deveres, é um tesouro na construção da felicidade de todos os que estão envolvidos na realização desse trabalho.

Havia no ambiente muitos médicos espirituais envolvendo todos em vibrações de paz e, ao serem envolvidos nessas energias benfazejas, todos se sentiam reconfortados e conseguiam se esquecer de suas labutas, das preocupações cotidianas e do sofrimento do dia a dia. E sempre se emocionavam com as doces palavras de consolo que ouviam. Os médicos espirituais, aproveitando aqueles momentos de paz, realizavam pequenas ou grandes cirurgias em seus corpos espirituais. E as doenças que futuramente iriam se materializar no corpo físico deixavam de existir.

Assim é o trabalho com a presença de Deus na Terra. Quando a caridade é solicitada pelo necessitado e não é correspondida, o socorro chega tarde.

Mas nem sempre nossa vontade é a vontade de Deus, porque, às vezes, não estamos em boa sintonia. Mas é por meio da caridade que estaremos ligados às leis divinas, principalmente a Lei de Amor. A caridade é a materialização da presença de Deus na Terra. Por isso temos o papel de sensibilizar as almas endurecidas.

CAPÍTULO 32

O ANIVERSÁRIO DE EURÍPEDES BARSANULFO

Já estava completando uma semana que estávamos visitando as dependências daquela Casa Transitória, que está sob a direção de Eurípedes Barsanulfo, que, por intermédio de seus mensageiros espirituais, tem o papel de trazer mensagens de paz a todos os corações.

Muitas vezes, essas mensagens não chegam por palavras, mas, a maior parte em forma de ações como as que estão acontecendo aqui agora.

— Realmente, foi muito emocionante tudo o que pudemos ver e ouvir neste lugar. – disse Celina emocionada.

Naquele tempo de visitação ao Complexo Hospitalar e às dependências da Casa Espírita no plano físico, quantas lições de vida Célio e Celina puderam presenciar! Com mais clareza puderam observar os trabalhos que são realizados em uma Casa Espírita. Conheceram os equipamentos utilizados na divulgação da Doutrina Espírita, que têm o importante papel de retransmitir a mensagem de consolo e paz às regiões umbralinas. Encantaram-se com as atividades do Departamento Social e também com os trabalhos realizados na divulgação da doutrina pelo rádio, sendo retransmitidos nas duas dimensões da vida.

Os dois ficaram encantados com tudo o que presenciaram, mas o que tocou profundamente seus corações, foi a distribuição dos livros da Codificação Kardequiana realizada pela direção do grupo.

Certo dia, ao presenciarem tal evento, eles se emocionaram e chegaram às lágrimas, pois sabem que um número considerável de pessoas não teria acesso a essas obras, nem sequer passava por sua mente adquiri-las. Quando viram o sorriso e a alegria dos que recebiam os livros como presente, perceberam a importância do maravilhoso trabalho ali realizado. Recebê-las como gesto de carinho, torna as obras muito mais valorizadas do que quando são compradas, porque vêm imantadas com muito amor.

Quando os tarefeiros do plano físico deixaram o ambiente da Casa Espírita, eu disse aos meus dois acompanhantes:

– Meus filhos, agora que Manuela já se encontra em plena recuperação e já foram realizados os preparativos para seu retorno

ao corpo físico, nossa missão aqui já está chegando ao fim.

Vocês sabem o que este mês representa para nós e para os integrantes dos incontáveis Grupos Espíritas que têm Eurípedes como mentor, e que estão espalhados por este imenso Brasil?

No mesmo instante, os dois quiseram saber o que representa tal data.

– Meus queridos, no mês de maio é feito um balanço dos trabalhos que realizamos durante o ano. É neste mês, que prestamos conta ao nosso saudoso benfeitor espiritual Eurípedes Barsanulfo, de todos os trabalhos executados pelos tarefeiros dos Grupos Espíritas. Todos nós sabemos, que Eurípedes representou para nós o grande modelo de caridade. Ele foi um verdadeiro emissário de Jesus na Terra, e conseguiu ser um verdadeiro discípulo, pois cumpriu com fervor todos os ensinamentos do Mestre.

A evolução de Eurípedes Barsanulfo está distante do nosso raciocínio. Sua trajetória na Terra, despertando os laços de caridade, de fraternidade e de educação, começou há milhares de anos, depois de vivenciar essas experiências por dezenas de reencarnações na Terra. E a cada uma dessas vivências, melhor ele cumpria seu papel.

Por tamanha evolução que tem nosso mentor, podemos dizer que a única pessoa que conhecemos, que pôde ver e falar com Jesus, foi somente Eurípedes Barsanulfo, quando estava encarnado.

E por isso, podemos aqui imaginar sua ligação com o Mestre. A amizade entre eles já vinha de um tempo incalculável para nossa imaginação.

Não queremos falar aqui, sobre a vida do nosso mentor Eurípedes Barsanulfo, porque esse não é nosso objetivo. Comprometemo-nos somente em falar dos trabalhos realizados nas dependências do Grupo Espírita e do Complexo Hospitalar no mundo espiritual.

Todos estes relatos auxiliarão os trabalhadores da Casa, porque, ao lerem estas páginas, irão entender a importância da fidelidade ao trabalho e compreenderão que os trabalhos vão além do que se vê entre as quatro paredes, onde estão acostumados a permanecer. Ao tomarem conhecimento das tarefas realizadas nas dimensões espirituais da Casa Espírita, vão saber a importância da afinidade do trabalhador com o trabalho e a obra social.

As Obras Sociais ou o Trabalho Fraterno que acontecem em uma Casa Espírita, podem ser comparados, logicamente em nível inferior, com o trabalho realizado por Jesus quando saía a pregar a Boa Nova.

A Casa Espírita, quando é conduzida com amor, representa a "Casa do Caminho", que foi fundada pelo apóstolo Pedro para pregar e praticar os ensinamentos do Mestre Jesus.

Quando Pedro fundou a Casa do Caminho, deu o primeiro passo para a propagação dos ensinamentos do Cristo. Ela foi um belo modelo que deve ser seguido. Apesar de a atmosfera, naquela época, estar envolvida pelo magnetismo da presença de Jesus na Terra, ainda hoje, podemos comparar a Casa Espírita com um dos caminhos a serem seguidos, por todo aquele que quer avançar em seu crescimento espiritual. Mas, se ela se distanciar desse modelo, também se afastará das obrigações divinas. Afastando-se das obrigações divinas às quais foi destinada desde sua idealização no Mundo Espiritual, infelizmente passa a ser mais material que espiritual. À medida que os integrantes de uma Casa Espírita, se esforçam para se melhorarem e se humanizarem, consequentemente o progresso chega a essa Casa, e assim o grupo continua a ser assistido por uma falange de benfeitores espirituais. Entretanto, no mundo espiritual, os espíritos agem livremente, sem dependerem dos encarnados. Mas, para que uma obra idealizada nas dimensões espirituais seja materializada na Terra, é preciso que as emanações divinas estejam presentes no coração de cada trabalhador encarnado. E assim, vamos criando um elo entre os dois mundos.

Quando terminei, já era o momento de nos reunirmos com todos os envolvidos naquela bendita tarefa que se encerrava. Juntaram-se a nós, outros companheiros que já se encontravam ali, havia anos, no trabalho devotado em favor dos nossos semelhantes e que, naquele momento, deixavam aquela tarefa, pois haviam cumprido seu tempo. Uma boa parte deles iriam para a Colônia Espiritual Nova Esperança e, nesta oportunidade, conheceriam nosso instrutor espiritual Eurípedes Barsanulfo.

Quando todos já se encontravam reunidos, eu lhes disse:

– Meus amigos, no dia 2 de maio comemoramos o aniversário de Eurípedes Barsanulfo. Todos os anos, nesta data, ele se reúne com todos os tarefeiros, no pátio do Colégio Allan Kardec, e o encontro acontece debaixo de uma frondosa mangueira.

As equipes chegam de todas as partes do nosso Brasil, e também do exterior. Os trabalhadores das Casas Transitórias e das colônias que estão sob seu comando, também se reúnem ali.

Neste encontro, recebemos orientações e tomamos conhecimento de toda a programação que teremos de realizar no ano seguinte. Essas reuniões se transformam em uma imensa festa espiritual, onde Eurípedes nos presenteia com uma linda palestra.

Assim que terminei de falar, já era hora de partirmos.

Célio e Celina estavam gratos pela oportunidade de conhecerem a verdadeira história de Manuela e em saber que estavam amparados.

Naquele dia, chegaram ao Complexo Hospitalar, muitas equipes que tinham o compromisso de substituir aquelas que estavam de partida para assumirem novos cargos em outras Casas Transitórias ou em outras Colônias.

Alguns desses trabalhadores se preparavam para reencarnarem na Terra, para continuarem o trabalho na Casa Espírita, terrena após a desencarnação de outros companheiros que ali se encontravam, pois estavam chegando ao fim de sua missão na Terra e o trabalho não pode parar.

Minutos antes de nossa partida, oramos em agradecimento pelos importantes aprendizados. Como um relâmpago, materializamo-nos na Colônia Nova Esperança, e ali fomos recebidos com alegria por nossos amigos.

No outro dia, ainda bem cedo, nos dirigimos ao Colégio Allan Kardec. Quando chegamos, já estava tudo preparado para o importante encontro com nosso mentor. No momento de nossa chegada, um coral formado apenas de jovens fazia uma apresentação. Um pouco afastados do jardim, estavam reunidos vários corais compostos de crianças bem pequeninas que também entoavam hinos de louvor.

O clima era de festa, a alegria era visível na face de todos. Era a satisfação do dever cumprido. Quando todos os convidados já se encontravam no local, surgiu à nossa frente uma grande luz, e nela materializou-se nosso mentor espiritual Eurípedes Barsanulfo. Ele trajava as mesmas roupas que gostava de usar, e tinha o mesmo corte de cabelo de quando viveu na cidade de Sacramento, em Minas Gerais. Numa tentativa de ofuscar sua luz, ele imediatamente se dirigiu à tribuna que fora preparada para que pudesse falar conosco.

Após a saudação, começou dizendo:

– Meus queridos, sinto-me imensamente feliz com a presença de todos vocês. Quero agradecer-lhes pela grande homenagem que me prestam, não somente nas dimensões espirituais, onde nos encontramos desencarnados, mas também nas dimensões físicas deste colégio.

Posso lhes afirmar que este é um momento muito importante para todos nós, em que nossos corações trocam os mais puros sentimentos de fraternidade e solidariedade. Quantas experiências adquiridas, em mais um ano de trabalho, junto aos necessitados que se encontram encarnados e desencarnados na Terra!

Eu pude acompanhar, à distância, todos os trabalhos que foram realizados pelas equipes espirituais das Casas Transitórias. E, em alguns desses lugares, estive bem próximo de vocês por intermédio da mediunidade, que continuo exercitando aqui no mundo espiritual. A faculdade da ubiquidade, permite-me estar em dois lugares em curto espaço de tempo. Para vocês não é nenhuma surpresa que, após nossa desencarnação, continuamos a estudar e a trabalhar utilizando-a. A mediunidade é a grande forma que temos de falar com nosso Mestre. O Cristo também a utilizou para falar com Deus.

Em qualquer área em que atuarmos, seremos eternos aprendizes da mediunidade, pois todas elas são importantes para nosso crescimento espiritual.

Pude presenciar situações dolorosas, juntamente com vocês, nos resgates de irmãos sofredores que viviam nas regiões umbralinas e trevosas da Terra. Eles estavam ali aprisionados pelos crimes que cometeram, já que suas consciências lhes cobravam constantemente, e por isso não se julgavam merecedores de perdão.

E, ao fixar o olhar em meus dois companheiros, ele disse:

O caso de Manuela muito me emocionou. O esposo e os filhos queriam ajudá-la, mas ela não se julgava merecedora. Em sua fixação mental, preferiu o sofrimento a se recuperar e se aproximar dos filhos e do marido, contribuindo de forma mais proveitosa para o crescimento espiritual do grupo familiar. Permaneceu por muitos anos nas regiões umbralinas, onde espíritos ignorantes das leis divinas, faziam suas próprias leis e o que chamavam de justiça, usando suas próprias mãos para martirizá-la, acreditando que eram representantes de Deus.

Mas como a evolução não dá saltos, meus filhos, continuaremos a ajudá-los. Não podemos forçá-los a nada que seja contra sua vontade. Eles têm permissão de utilizar seu livre-arbítrio. E, se Deus permite e respeita o livre-arbítrio deles, nós também temos de respeitar.

Mas, um dia, todos irão passar pelo processo da reencarnação, e lá encontrarão suas provas, e somente por meio delas, terão a possibilidade de se redimirem de seus erros. Sabemos que somente pela reencarnação temos a oportunidade de nos purificarmos. A maioria das vezes é vivenciando uma reencarnação dolorosa, que conseguimos encontrar o caminho de volta aos braços do Pai, de onde saímos um dia, simples e ignorantes. Ao sairmos em trajetória evolutiva, muitos de nós nos contaminamos com o egoísmo, a inveja, o orgulho, o ciúme e todos os tipos de viciações que nos afastam de Deus. E podemos dizer que esses sentimentos ferem profundamente nossa consciência.

Mas o dia em que a consciência do ser individual, despertar para a grandiosidade da vida, o espírito terá forças suficientes para se redimir. A força é uma só, a diferença é a destinação que damos a ela, que pode ser para o bem ou para o mal.

Assim, meus queridos, há muitas pessoas na Terra se doando profundamente em favor do bem do próximo. E aqueles que estão por perto chegam a pensar: "este é um verdadeiro representante de Deus na Terra, um espírito santificado".

Ah! pudessem encontrar a contabilidade divina e pegar sua ficha, conheceríeis os fatos e veriam que o ato do esforço está sendo pela consciência culpada dos débitos tenebrosos de um passado não muito distante!

Mas é assim que retornamos ao caminho que nos leva ao Pai. Ninguém conseguirá transformar seu coração de um dia para o outro. É pela nossa consciência que vamos nos redimindo e nos melhorando, buscando retribuir com o bem todo o mal que um dia fizemos a alguém.

Assim, meus amigos, por meio desse contato com nossos irmãos mais necessitados, é que vamos consolidar em nós o verdadeiro amor divino. E só assim, entraremos na atmosfera espiritual, em que poderemos beber desse sentimento que está espalhado por toda a parte. Aquele que ama seu semelhante, estando ele encarnado ou não, o conhece na mais pura essência divina. E quem sabe o que é o amor, sabe também o que é Deus. Nós somos parte dele, mas em menor proporção. Vivenciando o amor, e com muito esforço, conseguiremos superar todo o mal que ainda existe em nós. Quando isso acontecer, passaremos a nos alimentar por ele, porque é o alimento divino de todos os Espíritos Superiores. É como o sangue que corre nas veias do ser humano. Sem esse sangue é impossível a sobrevivência. Assim também é o Espírito Superior, que não existe sem o amor, porque também sem ele não o seria.

Todos os presentes puderam ver e sentir as intensas vibrações, pois à medida que falava, de seu coração saíam raios de luz. Em sua simplicidade, tentava escondê-los ou, pelo menos, ofuscá-los, para que os presentes não se sentissem envergonhados ou inferiorizados.

Mas ele queria chegar até nós com sua bondade, e não demonstrar sua evolução. Queria descer da grandiosidade para que pudéssemos crescer. Ser menor para que pudéssemos subir. Eurípedes, envolvido em sua grande capacidade de amar, nos comparou aos discípulos de Jesus. A emoção tomou conta de todos quando ele falou do Mestre. Ele citou a narrativa do Evangelho de São João, 13:1,11, no momento em que Jesus nos deu seu grande exemplo de amor, de humildade e de caridade. Quando ele se ajoelhou aos pés de cada apóstolo e, após lavá-los, beijou-os. E assim, Eurípedes narrou a passagem:

"*Antes da festa da Páscoa, Jesus sabia que tinha chegado a hora de passar deste mundo para o Pai. E, tendo amado os seus que estavam no mundo, amou-os até o fim. Durante a ceia, o diabo já tinha posto no coração de Judas Iscariotes, filho de Simão, o propósito de entregá-lo. Jesus sabia que o Pai lhe tinha colocado todas as coisas nas mãos; sabia que tinha saído de Deus e para Deus voltaria. Levantou-se, então, da mesa, tirou o manto, tomou uma toalha e amarrou-a na cintura. Depois, derramou água numa bacia e começou a lavar os pés dos discípulos e a enxugá-los com a toalha da cintura. Ao chegar a Simão Pedro, este lhe disse: "Senhor, tu me lavas os pés?" Jesus respondeu-lhe: "O que estou dizendo não o entendes agora. Mais tarde o compreenderás". "Jamais me lavarás os pés", disse Pedro. Jesus respondeu: "Se não te lavar os pés, não terás parte comigo". Simão Pedro disse: "Então, senhor, não só os pés, mas também as mãos e a cabeça". Jesus lhe disse: "Quem se banhou precisa lavar só os pés, pois está todo limpo. Vós estais limpos, mas nem todos estão". Jesus sabia que havia de entregá-lo. Por isso disse: "Nem todos estais limpos".*

Capítulo 33

Humilde Servidor

Assim que encerrou a narrativa evangélica, ele completou, dizendo:

– Longe de mim querer ser como Jesus, mas, se pudesse, eu também lavaria e beijaria vossos pés. Eu não tenho amor o suficiente como o Mestre teve e tem, mas gostaria de, em espírito, abraçar todos vocês neste momento, encarnados e desencarnados que se encontram aqui, e todos os que se encontram nas dimensões espirituais executando seus trabalhos nas Casas Transitórias. Tenho certeza de que não sou merecedor de tanta gratidão como a que tenho recebido da parte de vocês. Mas, seguindo os ensinamentos de Nosso Senhor Jesus, não posso dispensar o trabalho. Diante de minhas imperfeições, sinto que posso melhorar e por isso, preciso trabalhar cada vez mais. E cada oportunidade que me é possibilitada, como mentor espiritual de uma Casa Espírita, é o momento favorável que tenho para evoluir.

O Mestre nazareno é nosso maior modelo, e temos de segui-lo. Jamais passou alguém como ele pela Terra e jamais passará, porque ele atingiu um grau de evolução tão elevado, que é impossível calcular com o pacato raciocínio de que somos dotados. Jesus está além da nossa imaginação sobre o que é o amor e a fraternidade. Ele conseguiu cobrir a si mesmo de tudo o que é justiça. Quem conheceu Jesus não O esquece jamais. Por isso, meus amigos, amem profundamente, do fundo do coração.

Amem os criminosos, eles são nossos irmãos em Cristo e os mais necessitados, sem se esquecerem dos que foram violentados por crimes bárbaros. O amor não tem limites, e aqueles que necessitam dele são os suicidas, que cometem tal delito por desconhecerem as leis divinas. Amem a todos e não julguem ninguém. O Mestre nos disse: "não julgueis para não serdes julgados". Na verdade, ninguém tem nas mãos a ficha reencarnatória de ninguém, mesmo se tivesse e conseguisse avaliar as reencarnações passadas, não deveria julgar. Essa contabilidade somente Deus pode fazer. Mesmo quando a pessoa vive as mais terríveis dificuldades e está envolvida no mal, ainda assim ela está evoluindo.

Nossos companheiros que ainda cometem crimes bárbaros, como os que temos presenciado na Terra, são espíritos que em outras encarnações cometeram crimes ainda piores. Muitos estão em luta constante para se desvincular dessas mazelas e, por mais que lutem, ainda estão envolvidos em energias densas e pesadas. Isso, meus queridos, é porque, como já lhes dissemos, não conseguiremos fazer uma mudança em nós de uma hora para outra. E, para ser mais claro, a natureza não dá saltos.

Então, meus amigos, como julgar se não conhecemos nem temos mecanismos para fazer essas contas? Nós mesmos não fazemos a menor ideia de quanto mal já praticamos em nossas vidas passadas!

Às vezes, temos pequenos flashes, lembranças, mas a visão de tudo ainda não temos. Deus, em sua Lei de Amor, sabe o que é melhor para nós. É essa Lei Universal que rege os mundos, as constelações e todo o universo.

As leis de Causa e Efeito, de Atração e Repulsão, não deixam os mundos se chocarem uns contra os outros. Essa harmonia existe dentro de nós também. Cada célula, cada princípio inteligente está fazendo sua caminhada evolutiva, trabalhando para a sustentação do corpo físico e espiritual para nos oferecer condições de nos manifestar. E, por meio dessa manifestação, poderemos trocar experiências uns com os outros, como estamos fazendo agora. Se não tivéssemos o corpo espiritual, como seria nossa experiência? Ainda dependemos desses princípios inteligentes para que possamos, um dia, fazer a intercalação e nos transformarmos num todo, em respeito à Lei Universal. Precisamos do micro, dessa centelha divina que existe dentro de nós, para conhecermos o macro e atingirmos o alvo, que será a nossa evolução. Todos nós estamos interligados pelo princípio inteligente que habita em todos os reinos, que faz esse elo. E são esses reinos que administramos na Terra.

O homem é responsável pelo desenvolvimento desses pequenos seres em formação. A grande importância do progresso para a raça humana, é a evolução dos seres humanos sobre a vida física nesse plano, nessa dimensão terrestre onde nos encontramos tendo a oportunidade de evoluir. Sabemos que o corpo físico ainda é muito grosseiro e desconhecido pela ciência humana. Se soubéssemos que dentro dele existem bilhões de seres individuais fazendo sua evolução na marcha do tempo, na trajetória do progresso diante da eternidade criada por Deus, permaneceríamos sempre em alerta com nossos pensamentos para não interferirmos na sua evolução, porque existe, de ambas as partes, uma ligação física e espiritual. Há um elo para o crescimento e o progresso entre todas as criaturas filhas do Criador.

No momento em que o homem emite pensamentos de desequilíbrio, amargura e rancor, esses bilhões de seres, ao receberem essas energias destruidoras, entram em decadência, e isso atrasa sua evolução e causa enfermidade no corpo físico, que é o veículo no qual o homem encontra a oportunidade de expurgar aquilo que já é enfermidade no seu corpo espiritual. Em seguida, essas doenças são expurgadas de seu físico se já estiverem materializadas. E é pela dor que o espírito começa seu processo de purificação.

As palavras de amor e carinho transmitem a esses seres entusiasmo, saúde, alegria e motivação, e essas reações passam a iluminar a aura dos homens. Ao invés de homens com rostos pálidos e degradados, veremos rostos felizes e olhos brilhantes de alegria. Isso nos mostra a motivação dessas influências sobre o progresso e a evolução desses bilhões de indivíduos, que evoluem nos campos mais sutis da matéria, que nem mesmo um potente microscópio teria capacidade de perceber. Aprofundando um pouco mais essa visão, além do átomo e das partículas que foram divididas diversas vezes, existem bilhões de seres em um microcosmo profundo de nosso corpo físico até chegar à atmosfera do corpo sutil do perispírito. Encontramos, ainda, bilhões de seres fazendo sua evolução nesse corpo que oferece a vida humana. A ciência, um dia, vai evoluir, e assim, penetrar profundamente nessas nuanças mais sublimes. E, então, compreenderemos a grande importância dessa obra-prima criada por Deus, que é o corpo físico.

Muitos de nós ainda não compreendemos a grandeza nem damos valor suficiente a esse corpo físico que nos abriga e nos dá a oportunidade de ser grandes maestros, podendo reger essa grande orquestra. Cada um tocando uma nota, para fazer essa verdadeira sinfonia da vida na materialidade humana. O homem precisa compreender que, dentro dessa atmosfera física, psíquica e espiritual, ele é o ser principal, que recebe os bilhões de seres e pode influenciá-los constantemente, positivamente, emitindo saúde e respeito, ou negativamente.

Quando o homem emite pensamentos de destruição, isso pode ser comparado a uma guerra nuclear, onde as partículas atômicas se incendeiam, destruindo o corpo, que para esses seres, representa seu mundo, causando destruição nos átomos do corpo perispiritual, átomos esses que não são vistos pelos microscópios humanos. Dessa forma, destroem também, a matéria sutil onde esses seres estão fazendo sua evolução, causando um vazio imenso, provocando intensa perturbação, que um dia irá eclodir no corpo físico na forma de doença destruidora, onde parte dos órgãos terá de ser retirada. Essas enfermidades criadas pelo homem são incuráveis. É a grande chaga humana que causa muitas dores e sofrimentos. Isso ocorre não porque Deus castigou ou puniu alguém, mas porque o próprio homem buscou esse caminho para seguir e, muitas vezes, pelos próprios pensamentos, por não respeitar os princípios inteligentes, que estão em evolução no campo intelectual e moral.

Ah, meus filhos, se o homem entendesse a oportunidade que Deus dá a todos nós ao permitir nossa evolução no corpo físico, mesmo sendo ele muito grosseiro, pesado e materializado! Ele respeitaria mais a natureza, porque mesmo no reino animal, existe um sopro de vida inteligente que também está evoluindo. Nesses corpos há bilhões de princípios inteligentes evoluindo na Terra e em todo o Sistema Solar.

Nessa dimensão em que o homem começou a penetrar, com a descoberta de outros mundos, a luz do Sol não chega brilhantemente, mas, ainda assim, ela é parte do nosso Sistema Solar. Em estado latente, em cada sementinha há bilhões de seres esperando o momento certo para eclodir e fazer sua caminhada evolutiva por onde o homem um dia passou como princípio inteligente e individualidade. Deus lhe deu a sua visão a eternidade, o caminho a percorrer entre o átomo e o arcanjo, e há uma forte ligação entre eles.

O arcanjo de hoje foi o átomo de ontem. O átomo de hoje será o arcanjo de amanhã e, por isso, meus amigos, respeitem a natureza. A Terra é uma enorme maternidade, onde os germes da vida se encontram em estado latente, manifestando-se, às vezes, em futuras mentes, e outros germes se manifestarão. O Pai nunca para de criar. Existem outros mundos iguais à Terra, com a mesma atmosfera física, onde se encontram espíritos como nós e também seres vivendo como princípio inteligente, fazendo sua evolução. Não estamos sozinhos no universo.

Esses mundos se encontram tão distantes da Terra que não temos capacidade física e mental para imaginar, para compreender tamanha distância. Poderíamos fazer uma pequena comparação. Se puséssemos uma pequena formiga para atravessar a Terra em cinco segundos, entre o início e o fim, de um extremo a outro, seria a mesma proporção que gastaríamos em nosso tempo biológico para chegarmos a esses mundos.

É difícil comparar a pobreza material em que nos encontramos na Terra, com a condição dos espíritos puros que habitam nosso mundo e outras esferas espirituais, aos quais podemos chegar somente em sonho, quando nosso corpo físico está descansando e nosso espírito pode ir para essas dimensões espirituais ou visitar outros mundos, dependendo de sua condição evolutiva. A distância entre esses mundos em que existe vida semelhante à nossa e o nosso, pode ser comparada ao tempo que os espíritos superiores gastam para sair da Terra e visitar um desses mundos. Seria o mesmo tempo gasto por um pai de família que sai pela manhã e vai para o trabalho, mas antes fala para a companheira: "Prepare o almoço, pois venho para almoçar".

O espírito superior, pode visitar esses mundos utilizando esse mesmo tempo ou até menos, não existe distância para ele, porque tem uma facilidade incrível de se locomover de um lugar para outro com a velocidade do pensamento. Isso, para nós, espíritos criados por Deus que se encontram em evolução, seria uma verdadeira alegria e total liberdade. Sabemos que os espíritos têm uma capacidade muito superior à do homem para refletir quando se encontram desencarnados, porque viver num corpo de carne traz grandes limitações. Mas, quando está no estado de espírito livre, essas desaparecem e ele se liberta, deixa de ser escravo desse corpo físico que nos prende ao solo da Terra.

Somos tão importantes para Deus que Ele nos criou individualmente, e dentro de cada um de nós colocou sua centelha divina. Ele espera que um dia essa semente possa se manifestar, mediante nosso comportamento moral e intelectual, e que seja à sua semelhança. Por amor e pelo amor nos criou e nos colocou no universo. Nesse espaço cósmico, todos podem fazer sua caminhada entre mundos e mundos, até que um dia possamos encontrar a verdadeira felicidade, criada por nós mesmos e conquistada com muito trabalho e dedicação. Devemos cuidar desta obra-prima que é a natureza divina que está em nós, e que se manifesta em favor de outras criaturas que existem em toda a parte do universo.

E nós, como espíritos inteligentes, no caminho de retorno aos braços do Pai, ao encontro com a felicidade eterna que é o Deus em nós, podemos assim dizer: "O Deus em mim cumprimenta e compreende o Deus que está em você".

O homem ainda tem um caminho a percorrer até que a Terra passe por essa transformação. Ainda virão muitas dores, lágrimas, e provas. Mas a luz que brilha no alvorecer de cada dia há de trazer a regeneração aos homens. Brevemente, quando a Terra se encontrar na condição de regenerada, o amor há de se sobrepor ao mal. No momento, o mal continua se sobrepondo ao bem. O homem vai encontrar dentro de si mesmo o instinto de regeneração. Ele estará regenerado, preparado para exercer um novo papel na Terra, na convivência com seus esmelhantes, respeitando o próximo e amando como Jesus amou.

Capítulo 34

Eurípedes, Exemplo de Humildade

Ao término, Eurípedes, com a humildade que lhe é peculiar, proclamando ser apenas um servo da seara e, portanto, necessitado de oportunidade de trabalho no campo espiritual, estava grato à homenagem que lhe era concedida. Ele repassava e, ao mesmo tempo, retribuía a honra daquela homenagem a Jesus, ressaltando que só Ele é digno de tal deferência! Em agradecimento pela presença dos trabalhadores, Eurípedes encerrou o encontro recitando o Poema intitulado Deus, que foi psicografado por ele quando estava encarnado na Terra.

Deus

O universo é obra inteligentíssima, obra que transcende a mais genial inteligência humana. É como todo efeito inteligente tem uma causa inteligente, é forçoso inferir que a do Universo é superior a toda inteligência. É a inteligência das inteligências, a causa das causas, a lei das leis, o princípio dos princípios,a razão das razões, a consciência das consciências; é Deus! Deus!... nome mil vezes santo, que Isaac Newton jamais pronunciava sem descobrir-se!...

É Deus! Deus, que vos revelais pela natureza, vossa filha e nossa mãe. Reconheço-vos eu, Senhor, na poesia da Criação, na criança que sorri. No ancião que tropeça, no mendigo que implora, na mão que assiste, na mãe que vela, no pai que instruí, no apóstolo que evangeliza!

Deus! Reconheço-vos eu, Senhor, no amor da esposa, no afeto do filho, na estima da irmã, na justiça do justo, na misericórdia do indulgente, na fé do pio, na esperança dos povos, na caridade dos bons, na inteireza dos íntegros!

Deus! Reconheço-vos eu, Senhor, no estro do vate, na eloquência do orador, na inspiração do artista, na santidade do moralista, na sabedoria do filósofo, nos fogos do gênio!

Deus! Reconheço-vos eu, Senhor, na flor dos vergéis, na relva dos vales, no matiz dos campos, na brisa dos prados, no perfume das campinas, no murmúrio das fontes, no rumorejo das franças, na música dos bosques, na placidez dos lagos, na altivez dos montes, na amplidão dos oceanos, na majestade do firmamento!

Deus! Reconheço-vos eu, Senhor, nos lindos antélios, no íris multicolor, nas auroras polares, no argênteo da Lua, no brilho do Sol, na fulgência das estrelas, no fulgor das constelações!

Deus! Reconheço-vos eu, Senhor, na formação das nebulosas, na origem dos mundos, na gênese dos sóis, no berço das humanidades; na maravilha, no esplendor, no sublime do Infinito!

Deus! Reconheço-vos eu, Senhor, com Jesus, quando ora: "Pai nosso que estais no céus..." ou com os anjos, quando cantam: "Gloria a Deus nas Alturas..."*

Aleluia!....

Eurípedes Barsanulfo

Sacramento, 18 de Janeiro de 1914

* CORINA NOVELINO, *Eurípedes- o homem e a missão* - Francisco Cândido Xavier, Araras, SP, Editora IDE, 17a, 2005.

Quando Eurípedes terminou o poema, a comoção tomou conta de todos os presentes. Célio e Celina não se continham, pois era a primeira vez que participavam de tão importante festa espiritual.

E, envolvidas em energias renovadas para os compromissos assumidos, todas as caravanas retornaram a seus postos.

No percurso de volta à Casa Transitória, deparamos com uma situação que nos chamou a atenção. Ao longe, era possível ver um intenso facho de luz que partia de uma comunidade carente de uma metrópole do nosso Brasil. A cada segundo, a luz aumentava de intensidade e, pela forma contínua como era emitida, pressentimos que se tratava de um pedido de socorro. Observando atentamente, pudemos visualizar uma cena que nos deixou impressionados. Uma criança, de mais ou menos nove anos de idade, encontrava-se ajoelhada junto ao corpo da mãe, tinha os olhinhos fechados e fervorosamente fazia uma rogativa a Deus. Pedia ajuda para sua mãezinha que, a seu ver, estava desmaiada no solo.

A menina estava desesperada, pois não sabia mais o que fazer para reanimá-la.

Em fração de segundo, chegamos ao local. O atendimento deveria ser de pronto, pois aquela senhora corria risco de morte. Suas forças vitais estavam chegando ao fim.

Receptiva às nossas intuições, a menina, de constituição física bastante franzina, reuniu suas forças e virou o corpo da mãezinha, colocando-o em decúbito dorsal. Após subir em cima do dorso da mãe, impulsionou seu corpo para cima e deixou-se cair sobre ele. No mesmo instante, o sangue que estava represado na garganta daquela senhora foi expelido, fazendo com que ela voltasse a respirar.

Um pouco mais calma, a menina saiu às pressas à procura de socorro. Não demorou muito tempo, um veículo parou na rua principal, próximo do beco que levava ao humilde barraco. E, assim, nossa irmã foi encaminhada ao hospital. A menina, ao seu lado, continuou a orar, agora agradecia a Deus pelo socorro que chegara rápido para salvar a vida de sua mãezinha. Orava, também, pelo pai, pobre criatura que vivia para beber e ainda maltratava sua mãe, mulher de fibra e muito trabalhadora.

Deveríamos seguir até o hospital, pois lá uma equipe de samaritanos que já nos aguardava para acompanhar o caso. Pelas energias emanadas pela mulher, meus companheiros, podiam imaginar os graves problemas enfrentados por aquela família.

No mesmo instante, vimos, através de um aparelho, que o marido daquela senhora se encontrava em um bar que ficava próximo de sua residência. Totalmente bêbado e fora de si, fazia-se de arrogante quando se referia ao ato de barbárie que havia praticado contra a esposa.

Celina, compadecida da situação daquelas duas almas sofredoras, indagou:

– Ernesto, ao orar, a menina nos deu a entender que seu pai vem espancando a esposa há anos. Em que podemos ajudá-los?

– Minha amiga, hoje estão unidos pelos laços familiares, pois precisam superar suas mágoas e se perdoarem. São espíritos que se reuniram para transformar desenganos que normalmente têm raiz no passado bem distante.

O que podemos fazer neste momento é envolvê-las em energias benfazejas, aliviando as dores da progenitora e tranquilizando a filha quanto ao estado de saúde da mãe.

Após a oração fervorosa, agradecemos a Deus pela oportunidade de trabalho e, em seguida, nos dirigimos ao Complexo.

No trajeto, disse aos meus companheiros:

– Pudemos observar o poder de uma prece quando vem do coração.

A fé é uma força, uma energia inerente a todo aquele que a busca.

A oração proferida por aquela criança é de uma fé pura, carregada de simplicidade, longe de qualquer pensamento contrário à ajuda. Esta é a fé que tem o tamanho de um grão de mostarda. E Jesus nos disse que, se tivéssemos essa fé, poderíamos transportar montes de um lugar para outro. Pela fé, a menina conseguiu grande êxito em sua oração. Se tivéssemos uma fé robusta, seriamos mais felizes. A oração é o canal que liga a criatura ao Criador. É, nesses momentos de sofrimento e amargura, que a misericórdia divina nos liberta do passado, que na maioria das vezes, pode ser tenebroso e cheio de remorsos. Mas Deus sempre nos dá a oportunidade do recomeço.

Recomeçar é nascer de novo em atitudes e seguir o caminho do Cristo para ser feliz. Isso está ao alcance de todos. Abra seu coração para o céu, e o céu te ajudará. É buscando o reino de Deus para dentro de você mesmo que será feliz.

E, em um piscar de olhos, já estávamos diante do grande muro que protege a Casa Transitória. E ali, debaixo daqueles gigantes ipês, vimos vários amigos que aguardavam nossa chegada. Entre eles estavam Jerônimo Mendonça, Antusa e o doutor Alberto. Jerônimo Mendonça, que sabe aproveitar a oportunidade de levar incentivo ao trabalho renovador, nos disse com reiterada alegria:

– Sejam bem-vindos! Os bons filhos sempre à casa retornam. Aqui é um lugar abençoado, onde a prática do bem pode modificar o roteiro do nosso destino, fazendo-nos mais humildes e confiantes na sabedoria divina.

E eu lhe respondi:

– Você tem toda a razão, realmente quem bebe desta água jamais esquece. Depois de participarmos de celestial banquete junto a Eurípedes Barsanulfo, nos sentimos ainda mais fortalecidos e prontos para o trabalho. Somente ele nos acelera para os cimos de vida abundante.

E com nosso espírito transbordando de alegria, abraçamos todos fraternalmente.

Célio agradeceu, dizendo:

– Amigo, Deus te abençoe por tudo o que fez por mim, Celina e por nossos familiares, indo ao socorro deles, nas esferas menos evoluídas da Terra. Com essa caminhada, tivemos a grande oportunidade de conhecer melhor a vida espiritual.

E, então, eu lhes disse:

– Meus amigos, eu também devo obrigação a vocês, pois aprendi muito com o caso de Manuela que, depois de tanto sofrer, está aliviada de suas dores e pronta para recomeçar a caminhada, em busca da sua real paz de espírito. Sabemos que conhecendo os sofrimentos daqueles que estão a nossa volta, é que podemos avaliar os nossos. Diante de tanto sofrimento vivido por , os nossos se tornam tão pequenos e insignificantes que desaparecem no meio da amplidão do tempo.

Após a comovente despedida, todos estavam radiantes e com a consciência em paz pelo dever cumprido. Cada um seguiu para seu posto de trabalho, encerrando as atividades daquele dia com o merecido repouso para, no dia seguinte, reiniciarem novas e edificantes tarefas no bem.

E assim, meus queridos, é *a misericórdia divina nos libertando do passado*, possibilitando-nos alçar voos a outras paragens.

FIM

Na Barca do Coração

Quando as nuvens negras dos pensamentos tormentosos cobrirem com escuro véu o horizonte de tuas esperanças e a barca de teu coração agitar-se, desgovernada, sobre as ondas...

Quando as obrigações diárias, as dificuldades e os problemas, as surpresas – nem sempre agradáveis -, levarem-te a dizer: – Que dia! Lembra-te...

Caía a tarde e a multidão ainda estava reunida na praia. Desde que o sol surgira, Jesus atendera as incontáveis súplicas daqueles que O buscavam. Mãos e lágrimas roçavam-Lhe o rosto e a túnica – antes tão limpa e alva – e agora, toda manchada de lamentos.Finalmente, chegara às margens do lago, vencendo a dor e as tristezas dos sofredores.

Aqueles que O viram deixando atrás de Si um rastro confortador de estrelas, perguntavam-se: – Quem será este Homem, a Quem as dores obedecem?

O céu acendia as cores da noite quando a barca de Pedro recolheu a preciosa carga. Jamais Jesus mostrara na face sinais tão evidentes de cansaço. Acomodado sobre uma almofada de couro, Sua majestosa cabeça pendeu sobre o peito, como um girassol real despedindo-se ao poente. Seus lábios deixaram escapar um longo suspiro antes de adormecer. Seus amigos pescadores não ousaram perturbar-Lhe o merecido sono, manejando remos com cuidado, auxiliados pelos sussurros de doce brisa.

O lago de Genesaré assemelhava-se a gigantesco espelho de prata ao luar, tranqüilo e sereno como o Mestre adormecido. Faltava pouco para completar a travessia, quando tudo transformou-se.

O tempo irou-se, sem aviso. Adensadas, as nuvens de gaze leve tornaram-se tenebrosa tempestade, e o lago esqueceu a calmaria, encrespando-se, açoitado pelo vento. Para a barca, vencer a tormenta, era como lutar contra vigoroso e invencível Titã. Pedro usou toda a sua força e sabedoria nos remos, gritando ordens que se perdiam entre as gargalhadas dos trovões e dos relâmpagos. Os discípulos assustados, correram a acordar Jesus que ainda dormia. Mestre! – exclamaram em coro desesperado – Perecemos! Jesus, assim desperto, levantou-Se prontamente, equilibrando o corpo cansado muito ereto, apesar da barca que por pouco não naufragava. Sua majestosa silhueta parecia estar envolta em misteriosa luz, quando ergueu os braços, ordenando à tempestade:

Calai-vos!

E voltando-se para os amigos: – Acalmai-vos! Homens, onde está a vossa fé?

Os ventos emudeceram e o lago baixou suas ondas, aplacado por misterioso imperativo. Os discípulos olhavam-se, num misto de surpresa e alívio. Envergonhados, voltaram-se para os remos. No compasso ritmado avançava a barca, ao compasso do coração daqueles homens que se perguntavam:

"Quem será este Homem, a Quem os ventos obedecem?"

Quando as nuvens negras dos pensamentos tormentosos cobrirem com escuro véu o horizonte de tuas esperanças, e a barca de teu coração agitar-se, desgovernada, sobre as ondas...

Quando as obrigações diárias, as dificuldades e os problemas, as surpresas – nem sempre agradáveis – levarem-te a dizer: – Que dia!

Lembra-te... Acorda a mensagem do Cristo adormecida em ti e...

Acalma-te!

Equipe de Redação do site www.momento.com.br

Estrela de Luz
Autor: Izoldino Resende
Pelo Espírito Ismael
Gênero: Romance
Formato: 14x21
Páginas: 336
ISBN 978-85-60451-04-3

Resgatando o Passado e Construindo o Futuro...
Autor: Izoldino Resende
Pelo Espírito Ernesto
Gênero: Romance
Formato: 14x21
Páginas: 310
ISBN 978-85-60451-01-2

Planeta Terra em Transição
Autor: Izoldino Resende
Pelo Espírito Ismael
Gênero: Romance
Formato: 14x21
Páginas: 320
ISBN 978-85-60451-16-6

Renunciando Por Amor
Autor: Izoldino Resende
Pelo Espírito Ernesto
Gênero: Romance
Formato: 14x21
Páginas: Indefinido
Lançamento em 2012

Fé e Razão
Autor: Rossano Sobrinho
Gênero: Doutrinário
Formato: 14x21
Páginas: 224
ISBN 978-85-60451-05-0

O Mensageiro da Regeneração
Autor: Rossano Sobrinho
Gênero: Romance
Formato: 14x21
Páginas: 256
ISBN 978-85-60451-15-9

Evolução Pelo Amor
Autor: Rossano Sobrinho
Gênero: Autoajuda
Formato: 14x21
Páginas: 224
ISBN 978-85-60451-13-5

Universo Maravilhoso das Parábolas
Autora: Eliane Alves Batista
Gênero: Estudo Evangélico
Formato: 14x21
Páginas: 352
ISBN: 978-85-60451-20-3

Encontros Com a Vida
Autor: Rossano Sobrinho
Gênero: Romance
Formato: 14x21
Páginas: 288
ISBN 978-85-60451-21-0

Há Solução
Autor: José Lázaro Boberg
Gênero: Auto Ajuda
Formato: 14x21
Páginas: 224
ISBN 978-85-60451-24-1

O Evangelho de Tomé
Autor: José Lázaro Boberg
Gênero: Doutrinário
Formato: 14x21
Páginas: 288
ISBN 978-85-60451-08-1

O Poder das Suas Palavras
Autor: Celso Batista Inácio
Gênero: Doutrinário
Formato: 14x21
Páginas: 256
ISBN 978-85-60451-19-7

Viver Melhor
Autor: Celso Batista Ináico
Gênero: Autoconhecimento
Formato: 14x21
Páginas: 224
ISBN 978-85-60451-14-2

O Espiritismo Seg. a Bíblia
Autor: José Reis Chaves
Gênero: Romance
Formato: 14x21
Páginas: 224
ISBN 978-85-60451-12-8

A Misericórdia Divina Nos Liberta do Passado
Izoldino Resende pelo espírito Ernesto
Gênero: Romance
Formato: 16x23
Páginas: 320
ISBN 978-85-60451-15-9

Diretrizes Para Uma Vida Melhor
Autor: Sergito de Souza Cavalcanti
Gênero: Autoconhecimento
Formato: 14x21
Páginas: 256
ISBN 978-85-60451-06-7

A Casa do Caminho
Autor: Sergito de Souza
Gênero: Doutrinário
Formato: 16x23
Páginas: 240
ISBN 978-85-60451-02-9

Sementes de Esperança
Wander Cardoso
pelo espírito Ignácio de Antioquia
Gênero: Mensagens
Formato: 12x17
Páginas: 192
ISBN 978-85-60451-29-6

Chico Estrela e Zé Foguetinho
Eliane Alves Batista
Gênero: Infantil
Formato: 17x24
Páginas: 24
ISBN 978-85-60451-26-5

Qualidade de Vida e Autoconhecimento
Autor: Rossano Sobrinho
Gênero: Autoconhecimento
Formato: 16x23
Páginas: 192
ISBN 978-85-60451-25-3

Programa Espírita de Rádio "O Cristo Consolador"

Ouça na rede de rádio Boa Nova às quintas-feiras às 22:00hs. 1450 AM ou na Parabólica atráves do Canal do Boi (audio 615).

Prezados Companheiros da Seara Espírita,

Em 1996, pela orientação do Mundo Espiritual, o Grupo Espírita Eurípedes Barsanulfo recebeu através do médium Izoldino Rezende de Morais, seu fundador e dirigente, a incumbência da divulgação da Doutrina Espírita, pelo rádio, para todo o Brasil, com mensagens diversas e livros da Codificação Espírita, a preços populares para as casas espíritas. Junto dessas atividades, surgiu a doação de livros da Codificação Espírita, que o próprio Grupo Espírita Eurípedes Barsanulfo recebeu de uma editora espírita. Foi feita a distribuição gratuita de 3.000 exemplares do "O Evangelho Segundo o Espiritismo". E produzimos e distribuímos gratuitamente cerca de 3.000.000 de mensagens espíritas.

No decorrer desses 14 anos de nosso trabalho, o Grupo Eurípedes Barsanulfo fundou a Editora e Distribuidora de Livros Espíritas Chico Xavier, que edita e distribui livros espíritas para todo o Brasil. Hoje, ela tem o programa espírita "O Cristo Consolador", que está sendo transmitido por mais 160 emissoras de rádio de cidades de todos os Estados do Brasil.

Também você pode participar conosco dessa divulgação de nossa querida e consoladora Doutrina Espírita, conseguindo numa rádio de sua cidade um horário para a transmissão do "O Cristo Consolador", cujos programas ser-lhe-ão enviados pela Editora e Distribuidora de Livros Espíritas Chico Xavier sem nenhuma despesa. Para isso, comunique-se conosco pelo e-mail contato@editorachicoxavier.com.br ou o telefone 0800-283-7147. Podera escolher entre programas de 15, 30 ou 60 minutos.

Com os nossos agradecimentos e abraços fraternos.

Editora e Distribuidora de Livros Espíritas Chico Xavier

Santa Luzia, na Grande Belo Horizonte (MG).